国家文化产业资金支持媒体融合重大项目

产教融合校企“双元”育人项目成果

高等职业教育连锁经营与管理专业规划教材 · 职业店长系列

丁雯 编著

商品陈列管理

（第二版）

Shangpin Chenlie Guanli

东北财经大学出版社
Dongbei University of Finance & Economics Press
大连

图书在版编目（CIP）数据

商品陈列管理 / 丁雯编著. —2版. —大连：东北财经大学出版社，2022.3（2024.2重印）
（高等职业教育连锁经营与管理专业规划教材·职业店长系列）
ISBN 978-7-5654-4452-4

Ⅰ.商… Ⅱ.丁… Ⅲ. 商品陈列-高等职业教育-教材 Ⅳ.F713.83

中国版本图书馆CIP数据核字（2022）第017990号

东北财经大学出版社出版
（大连市黑石礁尖山街217号 邮政编码 116025）
网 址：http://www.dufep.cn
读者信箱：dufep@dufe.edu.cn
大连天骄彩色印刷有限公司印刷 东北财经大学出版社发行

幅面尺寸：185mm×260mm 字数：283千字 印张：12.25 插页：1

2022年3月第2版 2024年2月第2次印刷

责任编辑：郭海雷 赵 楠 责任校对：孟 鑫
封面设计：冀贵收 版式设计：原 皓

定价：43.00元

教学支持 售后服务 联系电话：（0411）84710309

如有印装质量问题，请联系营销部：（0411）84710711

第二版前言

未来实体店必将场景化，颜值、体验、独特性是顾客对零售店的期待。陈列不仅是把商品摆出来，还要通过场景来体现商品价值，让顾客觉得物超所值。品牌从原来的售卖商品转变到了现在的售卖体验。陈列的魅力就是通过打造场景，让商品自己开口说话。

本教材根据高等职业教育的特点和需求，针对连锁经营与管理、市场营销、工商企业管理等专业，为学生将来走上零售领域工作岗位（门店经营者、店长、主管、专业陈列师）打下良好的理论基础和专业技能。教材内容包括商品陈列导入、陈列色彩企划、陈列空间布局、橱窗陈列、顾客动线和磁石点设计、货架陈列、商超陈列、专业店与专卖店商品陈列、陈列维护与管理、名创优品综合陈列案例等。

与第一版教材相比，本次修订主要体现在以下几个方面：

1. 大力推进党的二十大精神和习近平新时代中国特色社会主义思想进教材、进课堂、进头脑，引导青年学子努力成为堪当民族复兴重任的“复兴栋梁、强国先锋”。教材采用项目–单元式体例设计，在完成项目学习内容与任务之外，还通过案例导入、课堂讨论、拓展阅读、小思考、陈列技巧、实践训练等栏目来提高学生的艺术修养与人文素养，培养学生精益、专注、创新等工匠精神，树立积极健康的审美价值观。

2. 追踪新发展、新变化，体现新零售门店陈列趋势。教材选取的是近三年零售行业一线品牌中的典型案例，陈列有榜样，看后有启发，学会方法和开阔视野一举两得。去掉不必要的理论知识和冗余的表达陈述，对接技能训练规律，遵循学生认知特点，实现知识传授与技术技能培养并重。

3. 充分利用粤港澳大湾区商贸、零售发展的资源优势和学校产教融合、校企合作基础，将与天虹、西遇、名创优品等企业多形式合作积累起来的课程开发经验融入教材编写，注重学以致用。

4. 响应国家信息化教学要求，开发新形态教材配套的富媒体资源。本教材全彩印刷，图文并茂，阅读体验良好。在项目开头案例导入和结尾的案例分析中大都配有二维码，扫码即可查看案例相关图片和视频。

5. 本教材是编者单位与京东合作开发的连锁企业门店运营管理“1+X证书”培训的参考用书，配有相关培训视频。

本教材由丁雯编著并主持修订、定稿。为方便教学，本教材配套了课程学习地图、课程网站、PPT电子教学课件及试题库。

在本教材修订过程中，编者得到了天虹数科商业股份有限公司、名创优品股份有限公司、兄弟院校同行和东北财经大学出版社的支持与帮助，在此表示诚挚的谢意！由于编著者水平所限，教材中难免有疏漏和不妥之处，欢迎各位同行、读者批评指正！

丁　雯

2021年10月于广州番禺职业技术学院

（2024年1月修订）

目　录

项目一 商品陈列导入

【学习目标】

知识目标：

掌握商品陈列的内涵；掌握商品陈列的两个依据；掌握影响商品陈列的主要因素；掌握商品陈列与品牌的关系；熟悉陈列师的工作内容和职责范围。

能力目标：

辨识商品陈列目的和类型的能力；发现并欣赏商店美好陈列的能力。

【案例导入】

没有家具的家具店——PIY

最近一家将坪效“玩儿”到极致的店火了，它就是原创家居品牌PIY的杭州金沙印象城店。PIY是一个土生土长的中国设计师品牌，PIY的理念是，希望用户从被动的Do it yourself到主动的Play it yourself，品牌方认为，当家具变成玩具，家才充满意义，所以PIY自诩用玩具思维做家具。

这间店以其有别于传统家具店的独特形象，荣获了2019年品牌与传达类别的红点奖。这是一家“没有家具的家具店”。其把所有零件都挂在了墙上。虽然这间小店只有36㎡，但它却有着超大的容量，能摆放3 616个零件，共能组装360件家具，而家具占地面积只要3㎡。店内墙面安装的是冲孔板，配有专用的挂钩，需要调整货架或是新品上市时都可以轻松、快速进行调整。地面铺设带有黄色格子图形的PVC软垫，避免磕碰，黄色格子图形里面的黄点对应的是不同家具的“落脚点”，引导客户快速组装。黄色格子图形源于中国民间传统游戏“跳房子”，把组装过程比喻成游戏过程，让家具变成玩具。

资料来源　Hi设计．这家没有家具的家具店，仅36㎡却把坪效玩到极致［EB/OL］．［2019-11-07］．http：//www.sohu.com/a/352187327_120044816.

案例启示：现在是实体店讲究颜值和体验的时代。不仅仅是服装店，连书店、玩具店甚至杂货店、家具店都开始讲究了起来。人们逛街不单单只是去买东西，更是去寻找有趣的体验。

随着社会的消费需求发生深刻的改变，零售业的新供给模式诞生了。这种被称为“新零售”的模式，不仅是线上线下的融合，更是通过大数据、人工智能等先进技术手段，对商品的生产、流通与销售过程进行全面升级改造。

“新零售”时代，商品会以极快的速度被陈列在卖场中。在这种背景下想要销售出更多的商品，就必须进一步提高卖场的陈列水平，将商品具有的价值信息更好地传达给顾客。

单元一 陈列是什么

一、陈列的概念

陈列（Display）是一门创造性的视觉与空间艺术，包括商店设计、装修、橱窗、通道、模特、背板、道具、灯光、音乐、POP广告、商品宣传册、商标及吊牌等零售终端的所有视觉要素，是一个完整而系统的集合概念。

通过陈列艺术处理过程，可以改善店容店貌、美化购物环境；通过陈列技术处理过程，可将商品的外观、性能、特征和价格等迅速地传递给顾客，并由顾客自主比较、选择，能减少询问，缩短挑选时间，加速交易过程；通过对销售商品品类数据进行分析等陈列管理过程，可以优化商品陈列结构。因此，我们可以用下式描述陈列：

陈列=艺术+技术+管理

二、陈列的两种模式

（一）量感陈列

量感陈列又称补充型陈列或开放式存储，常见于超市，是以自助式销售为主体的卖场打造方式（如图1-1所示）。以自助方式出售商品的量感陈列最早是在1930年由美国人Michael Karen开创的。他在纽约州长岛的牙买加开了一家名为Karen King的商店。而在此之前的商业习惯是顾客只有向店员询问才能知道价格。这种自助式销售方式至今仍被普遍使用，基本没有发生变化。超市通过大量陈列、低价销售名牌商品、直接邮寄广告等方式进行促销活动。

图1-1 量感陈列

（二）展示陈列

展示陈列又称秀场式演出，常见于百货商店，是以面对面销售为主体的卖场打造方式（如图1-2所示）。1852年，在法国巴黎诞生了由Bushiro夫妇开设的世界上第一家百货商店——Bon Marche。舞台式的橱窗陈列和大甩卖算得上是当时的一大发明。

图1-2 展示陈列

量感陈列和展示陈列两种陈列模式的对比见表1-1。

表 1-1 量感陈列和展示陈列模式的对比

项目	量感陈列	展示陈列
商品分类	日用品	耐用品、专营商品
商品品种	多	少
购买频率	习惯性	选择性
陈列成本及所需劳力、时间	低价、简单	高价、需要技巧
特征	充足感、热闹而有生机的展示	具有主题性、能够展现商品魅力的组合陈列方法
陈列场所	平台、流动服务车、货架等	橱窗、舞台、机会角、墙壁上方等
陈列方法	堆码式、端头式、岛式	舞台·箱上陈列、VP、PP

【小思考 1-1】

书店里的书籍陈列采用的是哪一种陈列方式？谈谈你的看法。

______

______

______

______

三、陈列的基本法则

（一）顾客购买的 AIDCA 法则

1898 年，美国刘易斯提出了具有代表性的消费心理模式——AIDCA 法则，翻译成中文则为爱德玛法则，总结了消费者在购买商品前的心理过程。消费者先是注意商品及其广告，对那种商品感兴趣，并产生出一种需求，最后是记忆及采取购买行动。此法则在现实生活中的指导意义非常重大，尤其是对于销售和信息传播者。AIDCA 法则如下：

Attention（关注）—Interest（兴趣与需求）—Desire（联想体验）—Confirmation（确认试穿）—Action（行动）

在商品陈列中运用 AIDCA 法可以准确了解顾客的心理和行为，制定有效的商品陈列策略，满足顾客的购买过程，提高商品成交率（见表 1-2）。

运用陈列模式实现视觉销售的方法，是通过主题陈列、重点陈列和单品陈列这几个功能模块的系统运作，来实现视觉销售的功能和效率。

主题陈列（VP）：可以达到吸引顾客关注，激发顾客兴趣和联想体验的作用，解决顾客提出的“这个品牌是什么/它主要卖什么”的第一眼识别问题。

重点陈列（PP）：深度激发顾客兴趣，挖掘和满足顾客需求，通过联想体验实现顾客试穿，解决顾客提出的“有没有我喜欢的款式/颜色/搭配”的购买疑问。

单品陈列（IP）：引导顾客的主动试穿需求，使购买成为可能，满足顾客选择尺码和确认价格的需要。

当“主题+重点+单品”的陈列模式完整出现在卖场中时，不仅可以直接促进顾客购买，还可以实现品牌识别与品牌记忆，产生品牌影响，培养潜在顾客。

表 1-2 陈列的营销原理

<table>
<tr><th colspan="2">顾客消费行为</th><th>顾客消费心理</th><th>关联陈列模块</th></tr>
<tr><td colspan="2">第一步：Attention
（关注）</td><td>被卖场的视觉主题吸引，放慢脚步看：到底是什么？</td><td>主题陈列
VP</td></tr>
<tr><td colspan="2">第二步：Interest
（兴趣与需求）</td><td>停下脚步仔细浏览视觉主题和主要商品内容，是否有意思？是否有我所需要的？</td><td>主题陈列+重点陈列
VP+PP</td></tr>
<tr><td colspan="2">第三步：Desire
（联想体验）</td><td>无意识的逛街状态暂时消失，注意力开始集中于视觉主题及商品引发的联想，产生体验向往</td><td>主题陈列+重点陈列
VP+PP</td></tr>
<tr><td colspan="2">第四步：Confirmation
（确认试穿）</td><td>需要吗？适合我吗？可以搭配吗？价格合理吗？品牌有保障和服务吗？
…</td><td>重点陈列+单品陈列
PP+IP</td></tr>
<tr><td rowspan="2">第五步：
Action
（行动）</td><td>确认
购买</td><td>好吧，现在就买下它！</td><td>单品陈列
IP</td></tr>
<tr><td>品牌
认同</td><td>这次虽然不买，但我记住它了，它是我认可的</td><td>系统陈列
VP+PP+IP</td></tr>
</table>

（二）零售业绩公式法则

衡量零售业绩的常用公式如下：

销售额=进店量×成交率×客单价

客单价=动线长度×停留率×注目率×购买率×购买件数×购买商品单价

如何进行卖场商品陈列还有客单价公式需要考虑，该公式源于卖场销售规划理论。所谓卖场销售规划，是指在零售店铺里，以最有效和最高效的方法，将符合市场要求的商品及商品结构展示给消费者，以此实现资本和劳动生产率最大化的活动。卖场最终客单价是由六大因素的相乘结果所决定的，即要想提高客单价就要提高各个因素的数值，力求最大化。

1. 延长顾客动线的长度。顾名思义，动线长度就是指顾客在商店内活动线路的长度。通过延长动线长度使顾客在店内走动的时间延长，这一点非常重要。因此应尽量提高顾客的回游性，但是并不是胡乱延长就可以。这需要一个让顾客在店内愉快购物并获得满足的动线设计，如果无意义地勉强延长动线，会使顾客感到不满，应该制订主动的动线延长计划，增加利用磁石点将顾客吸引过来的地方。

2. 提高顾客停留率。延长动线长度可以延长顾客在店内的停留时间，同时要让顾客感到卖场是一个令人心情愉快的卖场。如果顾客喜欢该卖场并且觉得这是个有价值的地方，就会长时间地在店里停留，其购买时间一旦变长，自然就会接触到更多的商品信息，也就可能会增加购买件数，继而带来销量的上升。例如，在通道两侧的陈列架上配置关联商品，顾客通过时会在通道内“Z”形前进，以提高停留率。

3. 提高顾客注目率。注目率就是指该区域整体及商品能够在多大程度上让顾客看到。注目率关系到各卖场商品的捆扎方法，分区规划方法，展示形态，陈列空间数量、色彩和货架层的变化及POP粘贴方法等。我们将商品陈列在顾客眼前的方法称为前进式陈列，顾客的视野如果不能达到货架的下层位置，即看不到商品，此时就会错失销售机会。

4.提高顾客购买率。购买率就是在陈列架上被顾客注意到的商品之中有多少可以被顾客拿到手里并购买的比率。销售不好的商品，首先想到降低价格，这其实是不对的。在卖场中，需要对与客单价相关的动线长度、停留率、注目率等诸多要素进行探讨。让顾客在购买中易拿、易放很重要，例如，用衣架陈列衣服，顾客可以轻易地确定衣服的设计、色彩以及尺寸的差异，容易将商品放回同一地方。另外，在试衣间旁，摆放回收盒，顾客试穿之后不想购买的衣服不是由顾客专程放回陈列架而是由顾客直接放入回收盒，从细节上体现购物的便利。

5.增加顾客购买件数。商场不能仅让顾客感觉只购买一个商品就够了，还要考虑让顾客购买多个商品，即买一个不如买两个，买两个不如买三个……要设法提高顾客的购买件数。要开展把多个商品进行组合的成套销售和依据商品类别的关联性销售，例如，可以采用批量购买更合算的销售策略，使顾客购买更多数量从而确保销售额。另外，为了方便顾客拿取多个商品，要准备专用手提袋，作为多件购买的特殊待遇，还应该将促销的赠品连同商品一起陈列在卖场。

6.提高顾客购买商品单价。提高顾客购买商品单价就是使顾客购买价格更高的商品。实践证明，顾客并不是在寻找便宜的卖场，而是希望在“感觉便宜”的卖场享受购物。在陈列时要考虑让顾客购买售价较高的商品，就需要使顾客通过POP了解高附加值商品的内容，使其与特价商品进行比较购买。另外，还应该使高档商品的陈列与普通商品的陈列实现差别化，从而给人高品质的感觉。

【拓展阅读1-1】

日本百年文具店——伊东屋

伊东屋是一家跨世纪的文具店，也是文具控们的圣地。这里的文具之所以吸引人，并不只是文具产品本身的有趣、创意、美感，更重要的是，好的文具能够帮助人们更愉悦地工作和生活，帮助艺术工作者创作出更美的作品。伊东屋采用的方法如下：

1.用极致色彩。伊东屋有五米高的玻璃回旋门，回旋门旁边是伊东屋标志性的红色回形针。伊东屋七楼有一面用和纸排列成的巨大纸墙，是与有百年历史的纸张品牌竹尾见的合作专区。纸墙按照颜色工工整整地排列，让人非常舒服。

2.美好的艺术装置。伊东屋奉行让文具世界里的一砖一瓦都有它独一无二的角色。很多商铺出于利益最大化的考虑，一楼贩卖的商品一般价格都比较高。而伊东屋的首层，却以价格较低的贺卡为主。它们都是从全国各地搜集而来的，尤其适合做伴手礼。把定制进行到底的伊东屋，连手账本都没放过，三种格式、六种纸质、两种书封，任君挑选。顾客把喜欢的排列组合交给工作人员，30分钟后就能拿到心仪的手账本了。

3.场景化。伊东屋每一层都有一个专属的名称，如二楼的名称是“Share”。顾名思义，就是各种倾诉和分享的东西：信纸、明信片、信封和笔等。甚至，你还可以马上把信写好寄出。在靠窗的地方有一块专门的区域写信，写完之后可以投到旁边红色的邮筒，新鲜滚烫的爱马上寄出，简直不要太贴心。

伊东屋

其实再伟大的奇迹，也总是诞生在细枝末节之间。许多人用“极致”来形容日本文具，因为它总能刷新极限，想人所不敢想、做人所未能做。

资料来源 lnstagram优选. 日本人花116年在银座盖了一座12层大楼，竟然只卖文具？[EB/OL].[2019-11-07]. https: //www.sohu.com/na/403555507_120437650.经编者整理。

四、商品陈列的意义

合理的商品陈列可以起到展示商品、提升品牌形象、营造品牌氛围、提高销售额的作用，这些是它的基本意义。

(一) 展示商品

陈列是要将商品“生动”起来：既有商品摆放在“视觉”上表现出的活力，也有在“空间”位置上依据季节和销售策略进行不断调整，更有在“时间轴”上根据品类和结构的生长发展产生的变化。优秀的商品本身就极具吸引力，商品陈列通过优化选购环境，倡导顾客自主自选，减少推导，让商品自己开口说话。

(二) 提升品牌形象

众所周知，商品陈列是促成终端销售的最后机会之一。有关调查表明，顾客最后做出购买决定87%取决于该商品陈列的科学性与显眼度。而商品陈列又是最为廉价、最为基本的促销方式。只要根据经营商品的特点、顾客的购买习惯，从审美的角度对商品摆放进行艺术的加工，就可以方便、刺激顾客购买，而且可以借此提高企业商品和品牌的形象。

(三) 营造品牌氛围

一个门店的陈列，或令人愉悦舒适，或令人焦躁失望，陈列的细节不同，会在无形当中影响到顾客的情绪。打造陈列氛围的目的是感动顾客，让顾客多停留、多观望、多购买。例如，商品本身不会说话，但我们可以利用陈列手法、造型艺术和灯光让其“活”起来，这种展示生动而有趣地给消费者提供一个身临其境的联想空间。

(四) 提高销售额

陈列的好坏，对销售额的影响很大。这是众多生产企业和商家极度重视商品陈列的原因之一。好的商品陈列可以引起消费者的购买欲，并促使其采取购买行动。据统计，店面如能正确运用商品的配置和陈列技术，销售额可以在原有基础上提高10%。当然陈列需要根据天、时、地、人等各种因素综合考虑，才可达到理想的陈列效果。

【课堂讨论1-1】

随着我国社会主义市场经济体制的建立和逐步完善，价值规律开始客观地发挥作用，消费者的需求通过生产力的大幅度提升而得到了很好的解决，社会进入一些结构性的过剩和结构性不足相并存的时代，消费者有了更多的商品选择，市场竞争不可避免，特别是新零售业强势崛起，这种竞争显得更加激烈。而与此同时，消费者对美好生活的需要日益增长，对商品品质和服务要求也越来越高，对消费价格越来越敏感，品牌忠诚度越来越低，面对海量的商品和信息，在更多的选择面前，却纠结于到底要购买怎样的商品而无从选择？

资料来源 谢启军. 商品条码让商品开口说话 [J]. 条码与信息系统，2021 (1) .

问题：陈列如何让商品开口说话？

提示：利用色彩突出商品，辅助道具衬托产品，场景化陈列产生联想，争取到最好的陈列位置和空间，商品属性及特征呈现等。

单元二 品牌与陈列的关系

一、顾客购物心理的转变

时代不同，社会习惯和消费心态也会不同。

20世纪50年代到60年代末，买一件东西大多只是说要实用，注重功能性。到了70年代末期的时候，很多品牌增加了一些设计功能，一些非物质的需求出现了。到了80年代社会发展了，人们钱多了，购物追求的是多多益善。抛弃的物品多是因为物品过时了，这里面多了很多情感因素。90年代，消费者的消费观念进入了一个新的时代，有时买的物品不是生活必需的，但是可以满足其情感需求。随着社会的进步、经济的发展，消费者家庭必需品的配备大部分都完成了，汽车、房子、厨房的设备等开始追求情感的满足。

有研究表明，20世纪50年代人们买东西时，95%是看功能和实用性，情感因素只占5%；70年代，情感因素增加到30%；80年代是物质丰富的年代，情感因素占了60%；90年代末至今，情感因素占95%。

二、顾客感官认知

人们通过视觉、听觉、嗅觉、触觉和味觉等，接受外部世界信息。例如，当我们用眼睛观赏优美风景的同时，会听到风吹树叶的沙沙声和潺潺的流水声，还能闻到树木花草那沁人心脾的清香和感受到自然界的各种气息等，并将这些信息储存在大脑中，以区分事物的属性。顾客对某一品牌陈列的感官认知包括：

1.品牌陈列的视觉：店铺面积、色彩，打折信息，橱窗布置，吸引人的景观、标志，井然有序的商品展示，服务人员的着装、笑容等，这些构成顾客对店铺经营的整体印象。

2.品牌陈列的听觉：优美的音乐，适合品牌的定位。

3.品牌陈列的触觉：拿在手里的感觉，商品的品质感。

4.品牌陈列的嗅觉：顾客喜欢闻起来清新自然的店铺，不愿到有刺激性气味的店铺。

5.品牌陈列的味觉：商品的新鲜感。

三、陈列与销售业绩的关系

丰田汽车公司流传着一句话："你给顾客第一印象的机会，只有一次。"这句话用在陈列中也很合适，陈列与销售业绩有着密不可分的关系。

（一）激发顾客的潜在购物欲

不少爱逛街购物的顾客常常有这样的感慨：同样一件衣服，在买的时候觉得其雍容华贵、内涵非凡，很想拥有，但一拿回家就感觉很一般，有时候甚至连吊牌都没摘就让它躺进深橱里。这就是陈列的功劳。在卖场里，陈列师通过灯光、背景色、功能道具、搭配呼应、大背景内涵等系列的陈列手段，来演绎你久藏心底的一份情愫，大大刺激你的购买欲望，从而刺激消费。

（二）充分体现商品的价值感

陈列要体现商品的价值感是在很多商品陈列中会被忽略的一个重要问题。同样的商品，陈列地方和陈列方式不同，顾客可接受的价格会产生巨大变化。要把商品卖给顾客，就得有和顾客的心理定位相符合的陈列。

【课堂讨论1-2】

如何陈列才能让商品显得不廉价？

为什么有些时候同样一条街，同样的商品有的人摆出来就是有档次、看起来贵，顾客不敢砍价。而有些店的商品一看就很廉价，不打折顾客还不买……

其实，商品的价格预期取决于顾客对它的价值判断。而商品的价值是可以通过陈列来赋予甚至增加的。

问题：那么如何陈列才能让商品显得不廉价呢？

提示：店铺保持干净和整洁，一家店铺在进行陈列布置的时候，有序整洁就是最基本的原则；控制店铺商品数量，俗话说：物以稀为贵。数量过多可是会让人感觉到廉价的，故意留白，是非常有用的陈列技巧；控制店铺商品色彩，色彩一多就杂乱，一杂乱就显得廉价了；利用陈列道具，比如，以灯光、氛围道具等作为辅助，增加产品的视觉效果，提升产品的档次。

（三）展示渲染、诱惑视觉以促进感性消费

随着消费水平的提高，人们的购物观念发生了新的变化，已从过去“纯购物型”向“购物休闲娱乐型”转变，因此消费者对购物环境提出了更高的要求。美化购物环境，其实质就是渲染卖场气氛。著名营销学家菲利浦·科特勒指出：“设计良好的气氛在消费者身上产生了特殊的情感效果，因而提高了其购买的可能性。”随着消费心理的变化，今天到商场购物的消费者除了希望买到好的商品外，还追求其他的，例如浪漫的情调、幽静的气氛、快捷的服务、礼貌待客等。

（四）充分体现顾客群的生活方式以引导消费

现在消费者的低层次需求已经基本被满足，消费者提出更高层次的社交和尊重的需求，甚至是自我实现的需求。消费者追捧并且愿意消费有些高端商品/品牌的原因，除了商品本身具备的品质以及品牌效应之外，更重要的是其所形成的品牌价值标准能引导消费者意识，从而灌输并引导消费者的生活方式。如图1-3橱窗中展示的严谨的风衣、拉杆箱以及模特的肢体语言等，充分展现了职场商务人士随时面临出差、忙碌而奔波的生活状态。这个场景说明模特穿着的服装非常适合此类型的顾客。

图1-3　橱窗展示

四、陈列与品牌形象的关系

陈列是终端店铺无声的销售语言，是在营销策略基础上的视觉设计。陈列绝不仅仅是商品的陈设，它联系了商品与销售，缩短了商品与消费者的距离。

（一）品牌形象构成

1. 商品形象。商品形象是品牌形象的代表，是品牌形象的物质基础，是品牌最主要的有形形象。品牌形象主要是通过商品形象表现出来的。商品形象包括商品质量、性能、造型、价格、品种、规格、款式、花色、档次、包装设计以及服务水平等。商品形象的好坏直接影响品牌形象的好坏。

2. 环境形象。环境形象主要是指品牌的生产环境、销售环境、办公环境和品牌的各种附属设施。销售环境的设计、造型、布局、色彩及各种装饰构成店铺形象。店铺形象能展示品牌文化和品牌形象的个性，对于强化品牌的知名度和信赖度、提高营销效率有更直接的影响。

（二）店铺形象

店铺的陈列风格是品牌文化的具体表现，它的定位、诉求等都是通过店铺的视觉陈列彰显，尤其是零售行业的竞争越来越激烈，品牌如何在最短的时间内让目标群体识别到，店铺形象则是最为关键和直接的方式。陈列师可以通过对商品、橱窗、模特、灯光、音乐、海报等一系列卖场元素进行有组织的规划，加深顾客对商品的印象，树立良好的品牌形象，传递品牌文化精神。

合理的店铺形象可以起到展示商品、刺激销售、方便购买、节约空间、美化购物环境的作用。

店铺形象具有两面性：

1. 艺术性。终端卖场形象具有艺术性，能够通过艺术手段的塑造去打动和感染顾客。

2. 商业性。终端卖场形象具有商业性，能够利用流行趋势、市场变化和消费心理成功地将其中的商品推销出去，使公司获利。

店铺形象设计时，既要考虑艺术性，又要考虑商业性。卖场不是一个纯粹的做秀场，也不是一个纯粹的买卖场。我们既要排除不符合营销规律、华而不实的终端卖场形象设计，也要避免只追求商业利润的思维。

【拓展阅读1-2】

李宁品牌引领国潮

近年来，国潮已经成为年轻人的新选择。国潮是国货潮流的缩写，其内涵就是“国风+潮流”，是以中国传统文化为基础，集时尚与格调于一身，既是传统与现代碰撞的产物，又是东方美学的淋漓展现。国潮之风之所以愈演愈烈，与一些大的企业及品牌推动不无关系。李宁（中国）体育用品有限公司（以下简称“李宁公司”）就起到了重要的表率作用，其开发和推出的品牌成为国潮中的佼佼者。

李宁品牌文化主体颜色是“中国红”。“中国红”是一个民族的颜色，最初在中国传统民俗中象征着幸运、快乐、活力和庆祝，红色在中国代表喜庆和正统。当消费者看到李宁品牌的服装设计中运用红色和汉字符号元素时，自然而然就会联想到“中国红”，可以说，李宁品牌很好地营造出了对中国人身份认同的联想。

李宁潮牌最具代表性的是印有“中国李宁”4个大字的卫衣，这是李宁公司在纽约时装周推出的新品，也是其品牌新形象的最新展示。李宁的卫衣设计体现的是扑面而来的复古中国风，同时也兼具李宁运动品牌属性，从整体上看有潮流气息，符合年轻人的喜好特点。李宁潮牌在研发过程中，十分重视前卫感、现代感，同时兼具运动感，在很多场合都具有很高的适配性。更令消费者惊喜的是，李宁公司在大力发展潮牌过程中没有丢掉中国魂，其产品中随处可见中国元素、中国特色、中国汉字，更能让年轻人找到归属感。

李宁

近年来，李宁公司让人印象深刻的是其国潮风的设计。李宁公司除了在国潮风格上有着对自身品牌独特的见解，在不同设计风格上，也呈现出品牌的多面性和可塑性。

资料来源　李俊斌. 李宁品牌：国货潮流的引领者［J］. 企业文明，2020（4）：111-112.有改动。

单元三　陈列师

一、陈列师的概念

陈列师是一种职业，通过对商品的相互联系、内在含义、价值定位、品牌文化以及销售策略等方面的展示，利用艺术的、文化的甚至另类的手段引起顾客对商品的兴趣，满足顾客体验商品内涵和服务品质的需求，从而最大限度地开发出商品潜在的附加值，达到商业的目的。

【课堂讨论1-3】

优秀的陈列师应该是一个“杂家”，他们要会色彩搭配，关注店铺销售，了解空间动线布局，懂平面设计，还能进行数据分析和统计，甚至应该是一个拥有美感的现实主义者。

问题：没有美术基础如何成为一个优秀的陈列师？结合自身说一说成为陈列师或店长的职业规划。

提示：如果能够掌握平面设计软件Photoshop和CorelDRAW，即使没有平面设计师的帮忙，自己也可以表现出心中的创意；学着做几种手工，如折五角星、纸飞机、千纸鹤、百合花；多去旧货市场淘宝，可以到旧货市场淘些家具、电器（收音机、古老的唱片机），经过改色和加工后进行二次组合，创造出独特的环保主题；经常去个性小店扫街，个性小店里的服饰虽然不是特别高档的，但却往往是前沿、流行的；熟知各种花草品类及其含义，花卉市场也是陈列师经常需要关注的地方，花卉是陈列展示时最常用到的装饰道具，哪个季节盛开哪种花草，哪种花卉有哪些特殊含义，这些常识千万不要弄错；多接触各类艺术学科，陈列师在某种程度上可以称之为“杂家”，因为在陈列过程中，不免要采用一些音乐、声音、色彩等，故此在平时应该多投入一些精力在这些方面。

二、陈列师的工作职责

1.结合企业文化、商品特性协助编制VMD陈列方案、陈列手册、商品手册等。

2.负责终端店铺VMD方案设计。

3.负责静态展方案的设计以及推广。

4.负责橱窗道具（包括季度性道具以及模特、衣架等辅助道具）的开发以及采购判断。

5.负责大型活动以及特殊区域的VMD陈列设计以及调整。

三、陈列师的工作要求

（一）有责任心，不畏惧辛苦

巡店是陈列师的必做功课——要定期巡店，对店内的服装、饰品等进行调整。陈列师要了解销售情况，将应季的新品摆放在显眼处，将好卖的商品放在方便消费者浏览挑选的地方。陈列师还要做一些很具体的工作，比如从店内陈列设计，到画图、拍照，将陈列方案印刷成册、下发各店；采购材料、装饰品，买不到的话还要自己动手制作并安装等。

（二）要有很强的色彩协调能力

消费者在购买商品时，并不是百分之百的理性思维在起作用，感性思维也起着相当大的作用。在判断性能和用途方面等由理性思维主导，而在判断款式、色彩感觉等方面则由感性思维主导。这就需要陈列师通过布景、专业的色彩搭配、灯光的布置等来规划整体购物氛围。

（三）理解消费者的感性需求

随着市场的细分，在激烈的竞争中理解消费者的感性需求和热切希望，是视觉营销成功的核心要素。这也在另一方面说明，陈列师需要努力提高专业水准，满足职业的要求。虽然陈列的最终目的是销售，但还是要以人为本。

（四）面对商品时与面对企业时的态度得当

陈列师从事一件工作时需要变换的两个角色：面对商品时，是艺术家，将通过艺术手段等打动和感染消费者；面对企业时，又是一流的商人，能够利用流行趋势、市场变化和消费心理等成功地把商品推销出去，为企业获利。

（五）不能光看美感，最终的目的还是为销售服务

陈列师工作的成功与否最终还要看销售业绩，必须牢记“服从商业需要，兼顾艺术创意”的信条。陈列的最终目的是为销售服务，时刻了解公司的销售报表，了解商品在每个区域的销售情况，以及去做陈列之前一定要先看这个店的销售报表，都是陈列师要做的功课。

四、陈列师的工作项目与工作内容（见表1-3）

表1-3　陈列师的工作项目与工作内容

工作项目	工作内容	工作项目	工作内容
（一）新店开业计划	1.店铺开业时间确定 2.店铺陈列物料准备 3.店铺陈列方案设定 4.沟通陈列方案 5.店铺陈列开展与培训	（四）四季的陈列手册的编写	1.橱窗陈列 2.模特陈列 3.侧挂陈列 4.点挂陈列 5.层板 6.展台 7.单款说明
（二）店铺日常维护和监督	1.维护和监督的方法 2.维护的要求和标准	（五）各销售节点的陈列指引	1.橱窗 2.店内陈列 3.海报
（三）上市货品的陈列指引	1.批次内容说明 2.侧挂 3.模特出样 4.单款与搭配说明	（六）培训	1.确定培训的形式 2.确定培训的内容 3.培训的效果检验

乔治·阿玛尼是国际时尚界的一个传奇人物，谁能想到他接触时尚圈的第一份职业是橱窗陈列师。他对陈列的定义是："我们要为顾客创造一种激动人心而且出乎意料的体验，同时又要在整体上维持清晰一致的识别。商店的每一个部分都在表达我们的美学理念。我希望能在一个空间和一种氛围中展示我们的理念，为顾客提供服务。"简单来说，品牌本身有自己的定位和价值，但是陈列的作用就在于让顾客觉得其所看到的、感受到的是要高于这个品牌价值的。

五、中国陈列师的职业发展与趋势

陈列设计在我国是一门新兴的行业，从业人员应具备较高的综合素质，将艺术与商业相结合。目前，陈列师对品牌和销售的促进作用已获得普遍共识。陈列师在国内将获得越来越多的关注，面对巨大的市场需求，他们将成为备受商家青睐的稀缺人才。专业人士认为，陈列师在企业当中，具有区别于其他商业人才的"艺术气质"。在未来几年，陈列师将有更为广阔的发展空间。

陈列师除了可以就任企业的专业陈列设计顾问，协助企业在较短时间内树立全新科学的卖场形象外，有志创业者还可以开设自己的陈列设计和咨询公司，承接各类卖场橱窗和大型展示活动的陈列设计业务；或者成立自己的陈列工作室，自主地承接陈列设计工作，自由支配时间。另外，全方位的陈列技能与创意也可以作为辅助资源在多种行业发挥综合作用。

知识掌握

1.陈列是什么?

2.陈列有哪两种基本模式?

3.什么是AIDCA法则?

4.简述零售业绩公式法则在陈列中的应用。

5.陈列与销售的关系是什么?

6.陈列师的工作要求是什么?

知识应用

● **案例分析**

Z世代：中国消费市场新势力

超3亿移动用户数、日均上网8小时、月均可支配收入3 501元人民币……成长于移动互联网时代的Z世代备受关注。他们的消费能力、消费理念、消费模式等对消费市场的影响持续加大，成为消费的"新势力"。华兴资本发布的《中国创新经济报告2021》预测，中国Z世代整体消费规模到2035年将增长4倍至16万亿元人民币，是未来消费市场增长的关键。

2021年7月20日，河南遭遇一场超级暴雨，多家国货品牌大手笔捐款捐物，其中，低调捐出5 000万元物资的鸿星尔克一夜火爆，被誉为"国民品牌""良心企业"。一时间，网友大规模涌入鸿星尔克电商直播间，超过200万人参与扫货，用下单来表达对"良心国货品牌"鸿星尔克的支持。京东公布的数据显示，7月22日和7月23日，国潮运动品牌的整体销售额同比增长超出280%，鸿星尔克销售额同比增长超52倍。此外，安踏、361°等国潮品牌的销售规模也出现了暴涨。

随着中国经济快速增长而生的Z世代，不仅是本能地爱国，更有空前的民族自信。在这样的背景下，他们并不迷信国外品牌，只要民族品牌在性价比上不输其他品牌，会更为偏好国货。

听国潮音乐，逛潮玩展会，吃文创雪糕等，都是文化自信的明证。穿上汉服，不仅觉得自己很美，还能从中感受到穿越千年的中华文化所承载着的深厚的文化积淀和历史底蕴。许多身穿汉服的Z世代穿梭于街头、地铁、商场，在现代社会中形成了一道靓丽的风景线。第一财经商业数据中心联合天猫服饰发布的《2020汉服消费趋势洞察报告》显示，天猫的汉服消费者已有2 000多万，潜在消费者高达4.15亿元人民币。

可以说抓住了Z世代就抓住了未来。当Z世代成为带动消费增长的主力军，商业世界必将深入研究这一群体的不同特质，在以国内大循环为主体、国内国际双循环相互促进的新发展格局中，推动中国品牌发展。

资料来源　南汐. Z世代：中国消费市场新势力［J］. 今日中国，2021，70（9）：22-24.

问题：Z世代的消费习惯有哪些？

分析提示：越来越多的Z世代偏好富有视觉感官刺激、参与感强的品牌，他们愿在此打卡、社交，彼此参与、认同。出挑的店面装修设计风格、包罗万象的SKU、注重互动体验的场景式营销，对其无疑非常有诱惑力。

实践训练

实践项目：一家小店，一半生活，一半梦想——搜店行动

要求：

1. 每3人组建一个团队。
2. 实地或（网上）搜索一家特色店，经营内容不限。
3. 从门头、店面形象、橱窗、空间造型、货架组合、布局、通道设计、照明、商品组合、色彩搭配、风格、结构等方面解析门店。
4. 制作PPT，并在课堂上汇报。

项目二 陈列色彩企划

【学习目标】

知识目标：

熟悉色彩的基础知识；掌握商品色彩搭配方法；掌握商品陈列色彩秩序；理解店铺色彩规划要点。

能力目标：

运用色彩搭配和组合知识与技巧展现商品的能力；丰富自己的色彩感觉，能够对橱窗或卖场进行色彩规划。

【案例导入】

PANTONE（潘通）生活体验馆

从2000年开始，每一年潘通色彩研究所都会预测一种代表色，以此作为潮流趋势。2021年年初潘通正式公布了2021年度双流行代表色：极致灰+亮丽黄。

随着流行色的预测公布，众多时装周上的流行服饰配也是马上跟进，亮丽黄色彩系列注入力量与正向，描述着我们周遭的原始之美。

2021年，潘通这个色彩研究所竟然开始“不务正业”了，开了一家线下生活体验馆——PANTONE生活体验馆。

PANTONE生活体验馆充满鲜明撞色的装饰风格，让人想不进去看一眼都难，其内部展示装修也极为简单，采用潘通经典的色卡形式呈现，对比色玫红与蓝色搭建的展台十分吸睛。

PANTONE生活体验馆侧面规整的展示柜摆放着众多以色卡为形式包装的服饰、床上用品……进入内部后还有实物的床品展示区，缤纷色彩的床上用品，看上去充满了活力气息。

这个线下展示馆不仅卖服饰、床上用品，还卖日常家居用品，如毛巾、杯碟、拖鞋、毯子等。

资料来源　MICU设计. 潘通竟然开店了［EB/OL］.［2021-04-26］. http：//www.sohu.com/a/463062754_127159.

PANTONE（潘通）生活体验馆

案例启示：色彩是构成视觉美感的最重要的因素之一。感观世界中的各种物体呈现着不同的色彩，人们无时无刻不与色彩发生关系。

单元一　色彩基础知识

一、色彩原理

人的色彩感觉信息传输的途径是光源、彩色物体、眼睛和大脑，这些也是人们色彩感觉形成的四大要素。

光源的辐射和物体的反射属于物理学范畴，而大脑和眼睛却是生理学研究的内容。色彩以物理学为基础，而色彩感觉包含色彩的心理和生理作用的反应，使人产生一系列的对比与联想。

在我国国家标准中，颜色的定义为：色是光作用于人眼引起的除形象以外的视觉特征。根据这一定义，色是一种物理刺激作用于人眼的视觉特征，而人眼的视觉特征是受大脑支配的，可以说色也是一种心理反应。色彩感觉不仅与物体本来的颜色特性有关，还受时间、空间、外表状态以及该物体所处环境的影响，同时还受个人的精力、记忆力、看法和视觉灵敏度等各种因素影响。

（一）有色彩

色彩可分为无色彩和有色彩两大类。凡带有某一种标准色倾向的色（也就是带有冷暖倾向的色），称为有色彩。如图2-1所示，光谱中的全部色都属于有色彩，有色彩是无数的，以红橙黄绿蓝紫为基本色，基本色之间不同量的混合，以及基本色与黑、白、灰等无色彩之间不同量的混合会产生成千上万种有色彩。

图2-1　红橙黄绿蓝紫

（二）无色彩

黑、白、灰、金、银等属于无色彩。从物理学角度看，黑、白、灰（如图2-2所示）不包括在可见光谱中，故不能称为色彩，但在心理学上它们有着完整的色彩性质，在色彩系中也扮演着重要角色。当一种颜料混入白色后会显得比较明亮，混入黑色后会显得比较深暗，而加入黑和白混合的灰色后会推动原色彩的彩度。因此黑、白、灰不但在心理上，而且在生理上和化学上都可称为色彩。

图2-2　白灰黑

二、色彩的属性

有色彩系的颜色具有三个基本特性：色相、纯度（也称彩度、饱和度）、明度。在色彩学上也称为色彩的三大要素或色彩的三属性。

（一）色相

色相即各类色彩的相貌称谓，如大红、普蓝、柠檬黄等。色相是色彩的首要特征，是区别各种不同色彩的最准确的标准。任何黑白灰以外的颜色都有色相的属性。最初的基本色相为红、橙、黄、绿、蓝、紫。在各色中间加插一个中间色，其头尾色相，按光谱顺序为红、橙红、橙、橙黄、黄、黄绿、绿、绿蓝、蓝、蓝紫、紫、紫红，可制出十二基本色相。伊顿十二色相环（如图2-3所示）是由近代著名的瑞士色彩学大师约翰内斯·伊顿（Johannes Itten，1888—1967）先生设计的。

图2-3 伊顿十二色相环

（二）纯度

纯度又称为饱和度或彩度，指色彩的纯净程度，也称色彩的鲜艳程度（华丽与朴素）。它表示颜色中所含有色成分的比例。含有色成分的比例越大，则色彩的纯度越高；含有色成分的比例越小，则色彩的纯度越低（如图2-4所示）。可见光谱的各种单色光是最纯的颜色，为极限纯度。当一种颜色中掺入黑、白或其他颜色时，纯度就产生变化。

图2-4 色彩的纯度

（三）明度

明度是指色彩的明亮程度。色彩越明亮越接近白色，越暗越接近黑色。各种有色物体由于其反射光量的区别而产生颜色的明暗强弱（如图2-5所示）。色彩的明度有以下两种情况：

图2-5 色彩的明度

1. 同一色相不同明度。如同一颜色在强光照射下显得明亮，弱光照射下显得较灰暗模糊；同一颜色加黑或加白掺和以后能产生各种不同的明暗层次。

2. 各种颜色的不同明度。在无色彩中，明度最高的是白色，最低的是黑色。在有色彩中，红橙黄绿蓝紫六种标准色之间比较，其明度是有差异的：黄色的明度最高，仅次于白色；紫色的明度最低，和黑色相近。有色彩是由光的波长和振幅决定的，波长决定色相，振幅决定色调。

三、常用色彩名词

（一）三原色

三原色是指色彩中最基本的三种颜色，即红、黄、蓝。三原色颜色纯正、鲜明、强烈，而且三原色本身是调不出的，但是它们可以调出多种色相的色彩（如图2-6所示）。

图2-6　红黄蓝三原色

（二）间色

间色是指由两个原色相混合得出的色彩，如黄加蓝得绿、蓝加红得紫、黄加红得橙（如图2-7所示）。

（三）复色

复色是指将两个间色（如橙与绿、绿与紫）或一个原色与相对应的间色（如红与橙、黄与绿）混合得出的色彩（如图2-8所示）。复色包含了三原色的成分，只是各原色间的比例不等，从而形成了色彩纯度较低的含灰色彩。

（四）对比色

对比色是指在十二色相环中相隔120°至150°的任何三种颜色（如图2-9所示）。

图2-7　绿、紫、橙间色

图2-8　复色

图2-9　对比色（120°）

（五）同类色

同一色相中不同倾向的系列颜色被称为同类色（如图2-10所示）。如红色中可分为深红、大红、橘红等，都称之为同类色。

（六）互补色

在十二色相环中相隔180°的颜色，被称为互补色（如图2-11所示）。例如，红与绿，蓝与橙，黄与紫互为补色。补色相减（如演练配色时，将两种补色颜料涂在白纸的同一点上）时，就成为黑色；补色并列时，会引起强烈对比的色觉，比如，会感到红的更红、绿的更绿，如将补色的饱和度减弱，即能趋向调和。

图2-10　同类色

图2-11　互补色（180°）

（七）类似色

在十二色相环中相隔60°的颜色，被称为类似色（如图2-12所示）。

四、色彩的心理反应

不同波长色彩的光信息作用于人的视觉器官，通过视觉神经传入大脑后，与以往的记忆及经验产生联想，从而形成一系列的色彩心理反应。

（一）色彩的冷、暖感

色彩本身并无冷暖的温度差别，是视觉色彩引起人们对冷暖感觉的心理联想。外界物体通过表面色彩可以给人们或温暖或寒冷或凉爽等的感觉（如图2-12所示），这与人们对客观世界的经验是分不开的。如阳光呈现出红、橙、黄等颜色，所以人们一看到红、橙、黄等就联想到火热和烈日给人们的感觉，故红、橙、黄等颜色称为“暖色”；当人们看到蓝绿、蓝、蓝紫等颜色时，会与寒冷相联系，如冰川、海洋、夜空、树荫等，故蓝绿、蓝、蓝紫等颜色称为“冷色”。红色一般给人积极、跃动、温暖的感觉；蓝色给人宁静、消极的感觉；绿与紫色是中性色彩，视觉刺激小，效果介于红与蓝之间，中性色使人产生休憩、轻松的感觉，可以避免产生疲劳感。

图2-12 色彩的冷暖

1.暖色：人们见到红、红橙、橙、黄橙等颜色时，马上联想到太阳、火焰、热血等，产生温暖、热烈、危险等感觉。

2.冷色：人们见到蓝、蓝紫、蓝绿等颜色时，则很容易联想到太空、冰雪、海洋等，产生寒冷、理智、平静等感觉。

色彩的冷暖感觉，不仅表现在固定的色相上，而且在比较中还会显示其相对的倾向性。如同样表现天空的霞光，用玫红画早霞那种清新而偏冷的色彩，感觉很恰当，而描绘晚霞则需要暖感强的大红了。但如与橙色对比，前面两色又都加强了寒感倾向。人们往往用不同的词汇表述色彩的冷暖感觉：暖色——阳光、不透明、刺激的、稠密的、深的、近的、重的、男性的、强性的、干的、感情的、方角的、直线型、扩大、稳定、热烈、活泼、开放等；冷色——阴影、透明、镇静的、稀薄的、淡的、远的、轻的、女性的、微弱的、湿的、理智的、圆滑、曲线型、缩小、流动、冷静、文雅、保守等。

3.中性色：绿色和紫色是中性色。黄绿、蓝、蓝绿等色，使人联想到草、树等，产生青春、生命、和平等感觉。紫、蓝紫等色使人联想到花卉、水晶等，故易产生高贵、神秘等感觉。至于黄色，一般被认为是暖色，因为它使人联想起阳光、光明等，但也有人视它为中性色，当然，同属黄色相，柠檬黄显然偏冷，而中黄则感觉偏暖。

（二）色彩的轻、重感

这主要与色彩的明度有关。明度越高越感觉轻，给人一种柔软、安静的感觉；明度越低越感觉重，给人一种硬、厚重的感觉。此外还有一些高级感。

明度高的色彩易使人联想到蓝天、白云、彩霞、花卉、羊毛等，给人一种轻柔、飘浮、上升、敏捷、灵活等感觉；明度低的色彩易使人联想到钢铁、大理石等，给人一种沉重、稳定、降落等感觉。

（三）色彩的软、硬感

色彩的软、硬感主要与色彩的明度有关，与纯度亦有一定的关系。明度越高越感觉软，明度越低越感觉硬，但黑白两色的软硬感并不分明。明度高、纯度低的色彩有软感，中纯度的色彩也呈柔感，因为其易使人联想起骆驼、狐狸、猫、狗等好多动物的皮毛，还有毛呢、绒织物等。高纯度和低纯度的色彩都呈硬感，如果它们明度也低，则硬感更明显。色相与色彩的软、硬感几乎无关。

（四）色彩的前、后感

由于各种不同波长的色彩在人眼视网膜上的成像有前后，红、橙等光波长的色彩在后面成像，感觉比较迫近，蓝、紫等光波短的色彩在外侧成像，在同样距离内感觉就比较后退。实际上这是视错觉的一种现象，一般暖色、纯色、高明度色、强烈对比色、大面积色、集中色等有前进感觉；相反，冷色、浊色、低明度色、弱对比色、小面积色、分散色等有后退感觉。

（五）色彩的大、小感

由于色彩有前后的感觉，因而暖色、高明度色等有扩大、膨胀感，冷色、低明度色等有显小、收缩感。

（六）色彩的华丽、质朴感

色彩的三要素对华丽及质朴感都有影响，其中纯度关系最大。明度高、纯度高的色彩以及丰富、强对比的色彩，让人感觉华丽、辉煌；明度低、纯度低的色彩以及单纯、弱对比的色彩，让人感觉质朴、古雅。但无论何种色彩，如果带上光泽，都能获得华丽的效果。

（七）色彩的活泼、庄重感

暖色、高纯度色、丰富多彩色、强对比色等，让人感觉跳跃、活泼有朝气；冷色、低纯度色、单调色、低明度色等，让人感觉庄重、严肃。

（八）色彩的兴奋与沉静感

对色彩的兴奋与沉静感影响最明显的首先是色相。红、橙、黄等鲜艳而明亮的色彩给人以兴奋感；蓝、蓝绿、蓝紫等色彩使人感到沉着、平静；绿和紫为中性色。其次，纯度的关系也很大。高纯度色给人以兴奋感；低纯度色给人以沉静感。最后，是明度。暖色系中高明度、高纯度的色彩给人以兴奋感；低明度、低纯度的色彩给人以沉静感。

（九）色彩的舒适与疲劳感

色彩的舒适和疲劳感，实际上指的是色彩刺激视觉生理和心理的综合反应。红色刺激性最大，容易使人兴奋，也容易使人疲劳。凡是刺激强烈的色彩都容易使人疲劳；反之，则容易使人舒适。绿色是视觉中最为舒适的。一般来讲，纯度过强、色彩过多、明度反差过大的对比色容易使人疲劳。

（十）色彩的季节感

1. 春天。具有朝气、生命力旺盛的特点，一般以各种高明度和高纯度的色彩为主（如图 2-14 的 A 所示），尤以黄绿色为典型。黄色是最接近于白色的色彩，黄绿色则是它的强化色，浅粉红色和浅蓝色扩大并丰富了这种和谐色。黄色、粉红色和淡紫色等是在植物的蓓蕾中常见的色彩。

2. 夏天。具有阳光强烈的特点，一般以高纯度的色彩形成对比为主（如图 2-14 的 B

所示），尤以高纯度的绿色、高明度的黄色和红色为典型。

3. 秋天。具有成熟、萧瑟的特点，一般以黄色和暗色调为主（如图2-14的C所示），秋天的色彩同春天的色彩对比最为强烈。在秋天，草木的绿色已经消失，即将衰败而变为阴暗的褐色和紫灰色。

4. 冬天。具有冰冻、寒冷的特点，一般以灰色、高明度的蓝色、白色等冷色为主（如图2-13的D所示）。

A. 春的颜色

B. 夏的颜色

C. 秋的颜色

D. 冬的颜色

图2-13　春夏秋冬的代表色

【小思考2-1】

我国古代有很多与色彩相关的诗句，比如：

千里莺啼绿映红，水村山郭酒旗风。（《江南春》杜牧）

两个黄鹂鸣翠柳，一行白鹭上青天。（《绝句》杜甫）

日出江花红胜火，春来江水绿如蓝。（《忆江南》白居易）

请指出这些诗句里使用的描写色彩的词语都有哪些？它们的使用及搭配为诗句增添了哪些意境？你还能列举出类似的诗句吗？

五、人对色彩的情感

每个人对色彩的情感不尽相同，或多或少存有差异，导致这种差异的主要原因是年龄、性别、色性和种族等因素。

（一）年龄差异

随着年龄的增长，人们对于色彩的喜爱就会有自己的偏好。研究发现，从儿童成长到成人，大多数人会说，儿童偏爱红、橙、黄绿等暖色系色彩，而成人偏爱绿、蓝、蓝紫等非暖色系色彩。当然，这只是一般的规律，人是情感丰富而又复杂的高级动物，对色彩的喜爱有许多特殊性，不能说是一成不变的。

（二）性别差异

一般来说，男性喜爱的色彩大多是冷色，纯度较高的色彩，如蓝色、灰色；女性则偏爱暖色，纯度较低的粉色及白色等。另外，男性喜欢的色彩大致相仿，色彩集中；女性则因人而异，色彩分散。

（三）色性差异

各种色彩都有其独特的性格，简称色性。它们与人类的色彩生理、心理体验相联系，从而使客观存在的色彩仿佛有了复杂的性格。

1. 红色。红色的波长最长，穿透力强，感知度高。它易使人联想起太阳、火焰、热血、花卉等，给人温暖、兴奋、活泼、热情、积极、希望、忠诚、健康、充实、饱满、幸福等向上的感觉，但有时也被认为是幼稚、原始、暴力、危险、卑俗的象征。红色历来是我国传统的喜庆色彩。

深红及带紫的红给人的感觉是庄严、稳重而又热情的色彩，常见于欢迎贵宾的场合。含白的高明度粉红色，则给人柔美、甜蜜、梦幻、愉快、幸福、温雅的感觉，几乎成为女性的专用色彩。

2. 橙色。橙与红同属暖色，具有红与黄之间的色性。它易使人联想起火焰、灯光、霞光、水果等，是最温暖、明亮的色彩，给人活泼、华丽、辉煌、跃动、炽热、温情、甜蜜、愉快、幸福等感觉，但也有疑惑、嫉妒等消极倾向性。

含灰的橙呈咖啡色，含白的橙成浅橙色（俗称血牙色），与橙色本身都是服装中常用的甜美色彩，也是众多消费者特别是妇女、儿童、青年喜爱的服装色彩。

3. 黄色。黄色是所有色相中明度最高的色彩，给人轻快、光辉、透明、活泼、光明、辉煌、希望、功名、健康等感觉。但黄色由于过于明亮而显得刺眼，并且与其他色相混易失去其原貌，故也有轻薄、不稳定、变化无常、冷淡等含义。

含白的淡黄色给人平和、温柔的感觉，含大量淡灰的米色或本白则是很好的休闲自然色，深黄色却另有一种高贵、庄严感。由于黄色极易使人想起许多水果的表皮，因此它能使人引起富有酸性的食欲感。黄色还被用作安全色，因为它极易被人发现，如室外作业的工作服的颜色很多是黄色的。

4. 绿色。在大自然中，绿色所占的面积很大，各种植物几乎随处可见。通常，绿色被用来象征生命、青春、和平、安详、新鲜等。绿色是最适宜人眼注视的色彩，有消除疲劳、调节的功能。黄绿色能带给人们春天气息的感觉，颇受儿童及年轻人的欢迎。蓝绿、深绿色是海洋、森林的色彩，有着深远、稳重、沉着、睿智等含义。含灰的绿，如土绿、橄榄绿、咸菜绿、墨绿等色彩，给人以成熟、老练、深沉的感觉，是人们广泛选用及军警规定的服色。

5. 蓝色。与红、橙色相反，蓝色是典型的寒色，表示沉静、冷淡、理智、高深、透明等含义。随着人类对太空事业的不断开发，它又有了象征高科技的强烈现代感。浅蓝色系明朗而富有青春朝气，为年轻人所钟爱，但也有不够成熟的感觉。深蓝色系沉着、稳定，为中年人普遍喜爱的色彩。其中，略带暧昧的群青色，充满着动人的深邃魅力；藏青则给人以大度、庄重的印象；靛蓝、普蓝，因在民间广泛应用，似乎成了民族特色的象征。当然，蓝色也有其另一面的性格，如刻板、冷漠、悲哀、恐惧等。

6.紫色。紫色具有神秘、高贵、优美、庄重、奢华的气质，有时也给人孤寂、消极的感觉，尤其是较暗或含深灰的紫，易给人以不祥、腐朽、死亡的印象。但含浅灰的紫红或蓝紫色，却有着类似太空、宇宙色彩的幽雅、神秘之时代感，为现代生活所广泛采用。

7.黑色。黑色为无色相无纯度之色，往往给人沉静、神秘、严肃、庄重、含蓄的感觉，另外，也易让人产生悲哀、恐怖、不祥、沉默、消亡、罪恶等消极印象。但是黑色的组合适应性极广，无论什么色彩特别是鲜艳的纯色与其相配，都能取得赏心悦目的良好效果。黑色不能大面积使用；否则，不但其魅力会大大减弱，相反会产生压抑、阴沉的恐怖感。

【课堂讨论2-1】

不同国家对色彩的好恶不同

对色彩的好恶，因人、因地有很大的不同。早在1894年，德国人科恩就提出了一种简单的“色彩好恶调查法”，即选择几种颜色，让特定的受试者回答他们喜欢或厌恶其中哪种颜色，然后归纳出结果。一位叫艾森克的英国人曾经把世界各国的色彩好恶调查进行再归纳分析，最后得出一个结论：世界上大多数人都喜欢蓝色，厌恶黄色或橙色。

问题：你最喜欢的颜色是什么？喜欢这种颜色的人与他的性格有什么联系？

提示：日本色彩研究人员通过各种试验，对色彩与性格以及色彩象征的人的心相进行了归纳，结果如下：喜欢红色的人的性格是希望通过自己的行动得到强烈的体验和充实的生活内容。其心相表现为热情、兴奋、野心、反抗、攻击、不满和责难；喜欢黄色的人的性格是希望幸福、受到他人尊敬，并从心浮气躁、压抑和紧张的状态中解脱出来。其心相表现为自我显示、爽朗、快乐和需要爱情等。

资料来源　王小梅. 有趣的色彩心理学［J］. 发明与创新（中学生），2020（9）：55-57.

8.白色。白色给人洁净、光明、纯真、清白、朴素、卫生、恬静等感觉。在它的衬托下，其他色彩会显得更鲜丽、明朗。但多用白色可能产生平淡无味的单调、空虚之感。

9.灰色。灰色是中性色，其突出的性格为柔和、细致、平稳、朴素、大方。灰色不像黑色与白色那样会明显影响其他色彩，因此作为背景色彩非常理想。任何色彩都可以和灰色相混合，略有色相感的含灰色能给人以高雅、细腻、含蓄、稳重、精致、文明而有素养的高档感觉。当然滥用灰色也易暴露其乏味、寂寞、忧郁、没有激情的一面。

10.土褐色。含一定灰色的中、低明度各种色彩，如土红色、土绿色、熟褐色、生褐色、土黄色、咖啡色、咸菜色、古铜色、驼绒色、茶褐色等色，性格都显得不太强烈，其亲和性易与其他色彩配合，特别是和艳色相伴，效果更佳。也使人想起金秋的收获季节，故有成熟、谦让、丰富、随和之感。

11.光泽色。除了金、银等贵金属色以外，所有色彩带上光泽后，都有其华美的特色。金色富丽堂皇，象征荣华富贵、名誉忠诚；银色雅致高贵，象征纯洁、信仰，比金色温和。它们与其他色彩都能配合，几乎达到“万能”的程度。小面积点缀，具有醒目、提神的作用；大面积使用则会过于眩目，显得浮华而失去稳重感。如若巧妙使用、装饰得当，不但能起到画龙点睛的作用，还可产生强烈的高科技现代美感。

（四）种族差异

一个国家或一个民族对色彩的好恶是与其生活环境、社会文化、宗教信仰等分不开的。不同国家的人对色彩的好恶各有不同，如中国人偏爱红、黄、天蓝、浅蓝等；美国人偏爱浅黄、红、明灰、明蓝等；法国人偏爱黑、白、灰、红、蓝、绿等；德国人偏爱黑、白、天蓝、咖啡色等；菲律宾人偏爱浅黄、黄、金色等；印度人偏爱红、黄、蓝、绿等；埃及人偏爱绿、红、黑、蓝、紫等。

单元二　色彩搭配

色彩搭配就是通过色与色的组合，产生新的效果。色彩搭配时明确配色的目的至关重要。虽然色彩搭配追求的是色彩组合的美感，但是成功与否还与配色目的是否明确有着密切的关系。

一、色彩搭配基本原则

（一）和谐之美

和谐是指色彩作品中色彩相互协调，在差异中趋向一致的视觉效果。和谐的原则是构建画面氛围的重点之一。

（二）对比变化

对比是一幅作品形成的基本条件，对比是一种艺术的表现手法。一幅作品的色彩在色相、纯度、明度上的差异，以及色块的大小、曲直、虚实、动静、强弱、清浊、冷暖、聚散、断续、阴阳、简繁、疏密等都是艺术的重要对比关系。恰当地运用对比手法，强化对比效果，可以提高艺术表现力和感染力。

（三）主次原则

画面色彩有主次之分：形成画面基调的色彩是主体色，比如蓝色调中大面积的蓝色；衬托色和点缀色是次要色彩，对画面的色调不起决定作用，通过对比，它们能达到丰富画面的作用。

（四）均衡原则

画面的均衡包括两层意思：一种是画面重量感的均衡；另一种是色彩对比上的相对稳定感。要使画面均衡、统一，一定要避免一边倒或头重脚轻的情况出现。均衡的画面是以画面的偏中心为基准，向上下、左右或对角线进行力量相当的配置。稳定的色彩关系使画面有舒适、优雅的视觉效果，是色彩具有美感的表现。

（五）节奏原则

作品中色彩的配置富有节奏感，才能产生统一中有变化的美感。如果画面中都是比较极端的颜色，如大红、大紫，就会令人烦躁不安；画面全是灰色，就会显得消沉、没有活力。只有将纯色、中间色、灰色等作合理搭配，用心考虑位置，推敲用色，才能获得富有节奏感的画面效果。

二、色彩搭配基本方法

（一）同色相配

同色相配是指深浅、明暗不同的同类色相配（如图2-14所示），如青配天蓝，墨绿配浅绿，咖啡配米色。同类色是指在同一色相中混入白色或黑色而得到的色彩群。如果在配色上拿不定主意，不妨试着在同类色的基础上进行调和。对于初学者来说，同类色的搭配简单易行。

图2-14 同色相配

1.用同类色创造出统一感。在一种色相中混入白色或黑色而得到的色彩群称为同类色。因为色相相同，所以不同明度的组合，会给人带来协调统一的感觉。比如运用棕色的同类色，能营造出一种高雅厚重的氛围。

2.加大明度差，使设计色彩更分明。由于同类色色相统一，所以极为协调且容易搭配，但若明度差过低的话，画面就会显得不够清晰。因此要调节明度差，使画面丰富起来。

3.强调色相的意象。同类色的优点除了具有协调感外，如果所选色相符合设计内容的话，还将有助于强化色相给人留下的印象。同类色是配色的基础，可以轻松地传达出设计内容和意图，所以必须牢牢掌握同类色的搭配方法。

【陈列技巧2-1】

一场视觉的盛宴——看《布达佩斯大饭店》学色彩表现

粉色是这部电影的灵魂——粉色的布达佩斯大饭店，粉色的饭店装潢，粉色的蛋糕盒子，德米特里也带一丝污蔑性地骂古斯塔夫先生“小粉红”。粉色贯穿了整部电影。

布达佩斯大饭店的主色调为“粉色”，并将电影中其他“莫兰迪色系”的色调也归于“粉色调”，是因为“千禧粉”的色调原理与“莫兰迪色系”基本相通。莫兰迪色系的名字来源于意大利著名画家乔治·莫兰迪，与传统油画高饱和浓艳明丽的色调不同，莫兰迪在自己的色彩里加入了灰色和白色，“灰调”便成了“莫兰迪色系”的灵魂，“低饱和度”和“低纯度”则是它的调色方式。这种色调给人的整体感觉便是高级、温柔，以及优雅。

布达佩斯大饭店的外观主色调为粉色，内部装潢也以粉色为主（部分空间是橙红色调），暖色调给人非常明亮、治愈而又温馨的感觉。

《布达佩斯大饭店》给予观影者的视觉享受是无与伦比的，导演韦斯·安德森以自己独特的审美技巧打造了一个童话般的梦幻王国，在这样一个粉色的、均衡对称的世界里，发生的所有故事都变得温柔而优雅。

资料来源 李丹华. 一场视觉的盛宴——论电影《布达佩斯大饭店》的色彩表现［J］. 艺术大观，2020（26）：87-88.

（二）类似色相配

类似色相配是指两个相邻色相的相配，特点是比较和谐，如红与橙红或紫红相配，黄与黄绿或黄橙相配。色相环上一个颜色与其左右两边的颜色称为类似色。类似色的搭配会给人一种平静、舒适的感觉（如图2-15所示）。

图2-15　类似色相配

1.用类似色搭配出协调感。在色相环上位置相邻的类似色，由于色相差较小，所以搭配起来非常方便，效果也极为和谐。

2.类似色搭配需要注意的问题。类似色虽然极为协调，但有时也会略显乏味，因此要丰富图形和排版的变化。

（三）对比色相配

对比色如黄色和紫色、红色和蓝色、橙色和绿色等，给人鲜明、饱和、跳跃、醒目的感觉。

对比色相配中强烈的视觉效果能产生新奇的形象，但由于个性特征明显也会有不协调的过分刺激的感觉，造成视觉紊乱，因此可以通过以下配色技巧，达到一定形式的美感：

1.利用面积的比例关系达到协调。也就是说，确定主次色彩面积的配置，从而减弱对比的强度。

2.避免两色同明度或者同纯度放置，明度可采取一高一低，纯度可采取一明一暗。

3.利用隔离色的分割进行协调。在对比色中以无色彩和中性色进行隔离排列，可以弱化对比的强度，在矛盾中寻求美感，维持色彩的统一性。

（四）补色相配

补色相配是指互补色的配合，互补色如红和绿、蓝和橙、黄和紫等（如图2-16所示）。这种配色对比比较强烈，视觉冲击比较大，经常被用于橱窗展示。这种搭配各色相互排斥，既活泼又鲜明，可以通过处理主色与次色的关系达到协调。

图2-16　补色相配

（五）有色彩和无色彩的配合

有色彩和无色彩的组合最好是以明度为中心来进行配色，因为明度差距越大，对比越强烈，越能强调有色彩。

三、色彩搭配表现

（一）用色彩表现年龄

各个年龄都有其相应的表现色彩。

1.表现成年人。明度和纯度都较低的暗色调、灰色调，能够表现成熟稳重的成年人风格，特别是以灰色调为主调，能给人一种精明干练的印象。因此常用素雅的冷色系来表现成年男性，素雅的暖色系来表现成年女性。

2.表现年轻人和老年人。用来表现年轻人的色彩范围很大，既可以用鲜艳明亮的配色来表现年轻人的朝气蓬勃，也可以用纯色搭配来表现年轻人的青春活力。老年人则适合采用比成年人更暗淡一些的配色，或纯度、明度和对比度都较低的配色来进行表现。

【拓展阅读2-1】

搭配小姑娘

这家店铺奇葩。为什么说它奇葩呢？因为这店铺家的袜子都不是按双卖，而是按单只来卖。

传统的袜子，一只丢掉以后，另外一只即使完好无损，也不能再穿，但是丢掉又觉得可惜。为了解决这个问题，几个美国年轻人专门出售不成对的袜子，款式、颜色随意搭配，只要不是一对就成。为了保证每只袜子都是“独立”的，袜子均为奇数包装出售，三只或七只一套。

搭配小姑娘初期的销售对象定位为8～12岁的少女，她们骨子里还是小女孩，她们更喜欢可爱风，而且她们本身就是经常丢袜子的“主力军”。袜子使用明亮轻快的颜色和可爱的风格，迎合这个年龄段的少女的审美。每只袜子的设计都采用一种经典图案，波尔卡圆点、条纹、心型、花朵或波浪，有4个系列：“传统系列”、“惊艳系列”、“前卫系列”和“幽默系列”。另外，每只袜子都有一个特别编号，比如“惊艳4号”，或者“前卫25号”，这样便于收藏袜子，就像收藏棒球卡、麦当劳的小玩具，促使人们越买越想买。如果凑齐一整套134只袜子，就能产生8 911种搭配。想象一下以下的情景——足够一个人连续穿24年，每天都是不重复的搭配；还可以连续穿67天，不用洗袜子。虽然这些袜子的款式设计看上去很随意，甚至有点滑稽，为了平衡，不过于浮夸，设计者在用色与图案上选用经典搭配，所以整体效果还不错，错配却和谐，而且什么时候穿都不会过时。

通过这个案例，我们发现人们对袜子的惯性认识一直是颜色呆板，款式单一，穿着方式固定，与成衣、皮鞋、包等外用商品相比完全不具备表达个性，体现情绪的能力，更加不具备搭配和提升品位的能力。搭配小姑娘实际上就是用袜子这样一个看似平淡无奇，人们常常视而不见的产品，通过销售方式和设计搭配的创新满足了人们猎奇，表达个性的潜在需求，最终成为美国众多女孩的心仪品牌。

资料来源 陈列研习社. 真奇葩！这家店袜子单只卖，2年竟然卖出60万只！［EB/OL］.［2017-03-26］. https：//www.sohu.com/a/130460326_687522.经编者整理。

3.表现儿童。像粉色调这种柔和的淡色调容易让人联想到儿童，而这种淡色调越淡、越明亮，则越容易让人联想到婴儿。

（二）用色彩表现男性

在选择表现男性的配色时，可以将冷色作为主基调。黑色、灰色等无色彩和沉稳的暗清色搭配在一起，能让人联想到成年男士。

同为男性，年龄和嗜好不同，其配色表现也会有所不同。可以用色调将男性分为不同的年龄段，例如：从少年到青年人用鲜艳的冷色，而成熟男性则用暗清色（暗清色即纯色加入黑色的颜色；明清色即纯色加入白色的颜色；中间色即纯色加入灰色的颜色）的冷色和无色彩等。

用纯度和明度都较低的茶色系和棕褐色系，能让人联想起充满都市感的时尚男性。

（三）用色彩表现女性

表现女性时，要用以红色和粉色等为基调的暖色，加上柔和的色彩渐变，可以突出女性的亲和力。

和男性一样，女性也可根据年龄和嗜好，用色调分为不同的年龄段，例如：浅色调等温柔的色调会让人联想到可爱的少女，而强烈色调和深色调等从中明度到低明度的暖色调则会让人联想到成熟的女性。

表现坚强和妖艳性感的女性时，在红色或紫色的基础上点缀上一点黑色更能达到理想的效果。

（四）用色彩表现高级感和廉价感

1. 有高级感的配色。无论是选择同色系搭配，还是色彩互补搭配，在选择颜色时候要注意，饱和度低的颜色较高级。

2. 表现廉价的配色。使用单纯的红色和黄色等暖色，会让人觉得价格便宜，因此商场广告大多都会采用这种既能突显文字特征、颜色又醒目的配色。

3. 充满时尚感的配色。以无色彩和冷色系的灰色调为基调的设计，会让人觉得时尚。通常越简约的设计就越时尚，因此要最大限度地抑制素材的信息，极力淡化个性。

单元三　陈列色彩秩序

色彩本身并没有美丑之分，但是当两种或者两种以上的颜色搭配在一起时，色彩之间的关系就会出现矛盾或者平衡。卖场中色彩陈列的方式有很多，最常见的是将多样的色彩根据色彩的规律进行规整和统一，使之变得有序化，使卖场色彩的主次分明，易于消费者识别与挑选。我们在掌握了色彩的基本原理后，根据实际经验，还可以创造出更多的陈列方式。陈列色彩秩序主要有以下几种：

一、支配式

在一个陈列创意空间、一个陈列面或一组商品组合中，以一种色彩占主导地位，使陈列设计形成一个整体的视觉感受，便于顾客对商品的识别，吸引顾客的视线（如图2-17、图2-18所示）。

图2-17　绿色占主导

图2-18　红色占主导

二、隔离式

在两种配色中插入一种隔离色，达到色彩调和与平衡的作用。当互补色等对比强烈的颜色令人厌烦，而颜色相近的色彩组合又使画面不分明时，只要在这些颜色之间加入另外一种颜色，就能使醒目色更加柔和，柔和色更加醒目。

（一）基本要领是夹杂无色彩

隔离所用颜色基本都是黑、白、灰等无色彩。因为无论是对比强烈的配色，还是暧昧的配色，无色彩都能不受其他颜色的影响进行色彩分离（如图2-19A、图2-19B所示）。

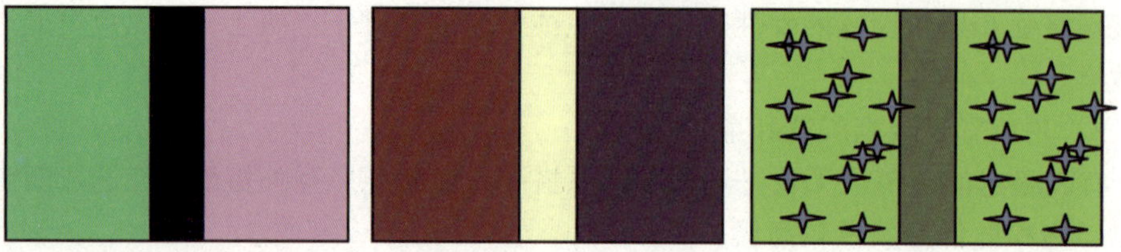

A　　B　　C

图2-19　隔离色

（二）同一色相之间使用暗色

如果不想使用白色或黑色等作为隔离色，可以将同一色相、明度较低的色彩作为边界，这样既能保持协调又能强调想要展示的部分。这种技巧在由同类色和类似色构成的设计中尤为有效（如图2-19C所示）。

（三）隔离式在服装陈列中的运用

隔离式是在陈列中最为广泛运用的手法，尤其适用于不同风格、不同类型的服装陈列。一般根据品牌的风格和服装色彩设计的特点进行组合变化，隔离式的色彩陈列方法融入服装的叠式陈列（如图2-20所示）和挂式陈列（如图2-21所示）中，会产生不同的视觉效果。

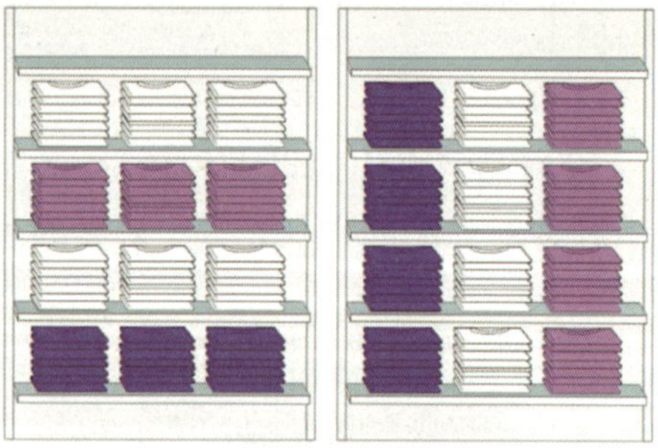

图2-20　叠式服装陈列

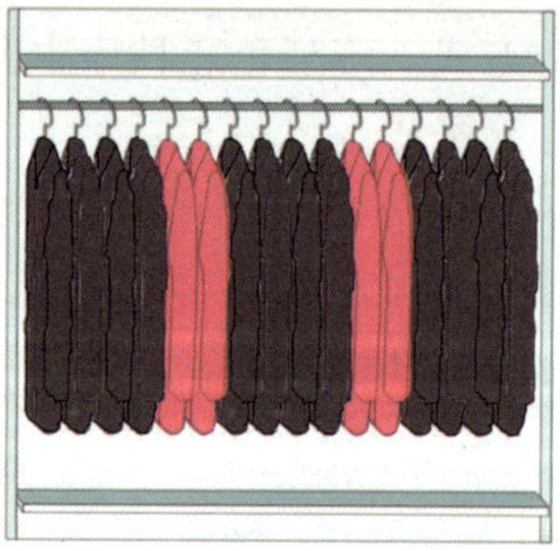

图2-21　挂式服装陈列

叠式服装只能看到款式的局部，主要根据色彩的变化进行陈列。利用双色、三色的变化形成横向、纵向间隔色彩组合。运用冷暖色间隔排列也是较为常见的色彩组合方式。

在挂式陈列中，影响陈列效果的因素更多，包括服装的色彩、厚薄、长短、图案等，每组采用的色彩数量及间隔件数的变化也会影响整体色彩变化的陈列效果。采用隔离式对色彩变化多样的服装是最佳陈列手法。无论是对比色、补色，经过适当的调配都能形成稳定感和韵律感，使卖场的整体色彩富于变化。

一般情况下，服装根据不同的品类进行分类，然后根据款式和色彩的特点进行陈列，同款同色服装可挂2件到4件，当然也有一些高档服装品牌每款服装陈列一件，不同款式、色彩、长短的服装，采用侧挂的方式进行陈列，通过间隔色、长短变化呈现韵律感。

在运用时要避免采用同明度或者同纯度的并置组合。这样很容易造成色彩混乱，影响整体的视觉效果。

三、渐变式

渐变式是对有阶段性变化的色彩进行有序排列的多色配色法，可以有色彩、道具高低、材质、造型等逐渐改变的视觉体现。渐变会带给顾客在视觉方向上的指引，使整体画面更加柔和，更便于搭配。渐变配色分为色相渐变、明度渐变和纯度渐变等，不同的搭配呈现不同的效果（如图2-22所示）。

A.色相渐变　　B.明度渐变　　C.纯度渐变

图2-22　渐变配色

渐变式适合款式设计相对简约、色彩变化丰富的品牌陈列。通常情况下，人们倾向于追求稳定的色彩视觉感受，因此要保持色彩的稳定性，可以根据色彩由明到暗、由浅到深进行陈列。总之，运用色彩原理中的明度、纯度等的变化进行渐变式色彩陈列，还能形成较强的韵律性和节奏感。在实际运用中具体形式有以下几个方面：

1.上浅下深（如图2-23所示）。货柜层次较多时，可以自上而下按照明度高的色彩放上一格、明度低的色彩放下一格的方式陈列。运用上浅下深的陈列方式可使整个陈列在视觉上有稳定感。有时为了增加与众不同的律动性，也可以采用上深下浅的陈列方式，打破这种常见而稳定的陈列效果。

2.左深右浅和右深左浅（如图2-24所示）。左深右浅和右深左浅陈列方式在陈列中被广泛应用在同一组货架上，将色彩深浅不同的商品根据色彩照明度的变化有序地按左深右浅或右深左浅的方式进行排列，使之在视觉上产生井然有序的感觉。左深右浅和右深左浅色彩陈列有很强的秩序感和节奏感。品牌一旦建立统一的卖场陈列规范，就可根据需要采用其中任何一种方式进行陈列。

3.前浅后深。在对整个卖场进行陈列时，要充分考虑色彩具有这样的基本韵律和情感特征：色彩明度高低的变化能令人产生亲近感和厚重感的变化。纯度高的色彩与纯度低的色彩相比更具吸引力，能让人产生眼前一亮的感觉。由此可以在卖场前放色彩明度高或纯度高的商品，明度低或纯度低的商品放在后面，以增加陈列环境的空间感（如图2-25所示）。

将色彩按明度、纯度的不同依次进行陈列，色彩的变化按梯度递进，给人宁静和谐的美感（如图2-26所示）。在侧挂中，渐变式色彩陈列一般适合于明度有一定梯度的类似色、临近色等色彩，但如果色彩的明度过于接近，就很容易混合在一起，反而没有生气。

图2-23 上浅下深

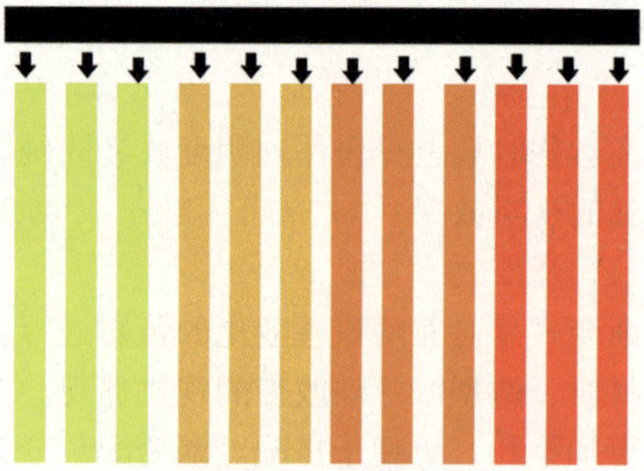

图2-24 右深左浅

图2-25 上暖下凉（色相渐变）

图2-26 前浅后深（明度渐变）

四、复数式

复数式也称为韵律手法，指一种或多种元素有规律地重复出现，从而增加韵律与整齐的视觉效果，以加强顾客的印象。

复数式使用同样大小的复数色块进行配色，并通过这些色块的色彩对比创造出华丽的画质效果（如图2-27所示）。复数式不具有某种特定色彩的意象，而是通过整体色彩来构造强烈的、有代表性的画面印象。此外，将多种色彩的背景色设为黑色或白色，更能突出色彩的魅力。

图2-27 复数式色彩陈列

使用复数色时，如果色彩面积不同，面积较大色彩的意象会成为整体意象，从而削弱复数色的效果。此外，如果将复数色有序排列，又会太统一而没有变化，无法发挥出复数色的强烈效果。

复数式色彩陈列具有很强的气势，给人以雷霆万钧的印象。

五、彩虹式

彩虹是雨后太阳光波被折射后形成的光学现象，在天空上产生拱形的七彩光谱。在日常生活中所见到的这组颜色组合能让人感觉绚烂和华丽，有种莫名的亲切感。彩虹式色彩陈列是运用彩虹颜色组合将商品进行有序陈列的方式。这种方式在色彩的选择、组合方式、面积的大小等各方面给陈列提供了无限的塑造可能性和丰富的形象创意，能够表达不同的设计主题和设计风格。

彩虹式色彩陈列适合于色彩比较丰富的商品，如童装、运动装、休闲装等服装，家居用品及文具等（如图2-28所示）。根据色彩变化的方法配置商品组合要注意明度、纯度的层次感，还要注意与室内环境的协调，与周围的墙面、地面、家具、顶棚等装饰陈列的平衡和对比。

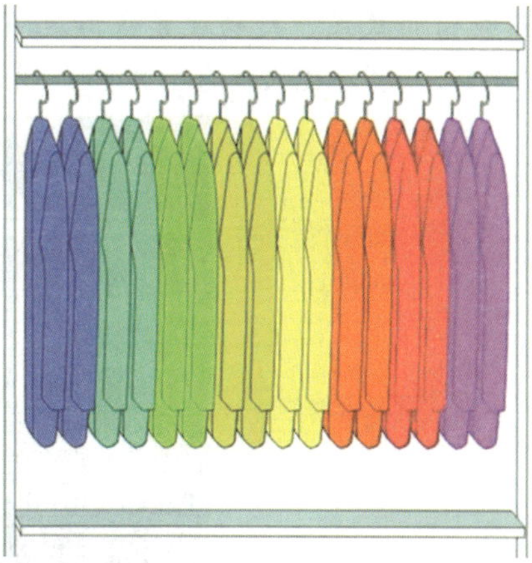

图2-28　彩虹式色彩陈列（1）

在运用彩虹式色彩陈列时，不一定要把七种颜色都利用起来。彩虹式色彩陈列是为陈列师提供一种设计思路，就是在商品色彩比较多时，可以把它们综合在一起，做出渐变、跳跃或完整的彩虹色彩，是一个可行的办法（如图2-29所示）。

图2-29　彩虹式色彩陈列（2）

【拓展阅读2-2】

U式陈列

宜家的陈列动线经常被视为行业的典范，它做到让顾客“自觉”地逛完整个商场，尽可能地看到所有商品，极大地促进了销售。在优衣库，则是反其道而行之。它的陈列动线就是讲究一个字——快。优衣库的陈列，使用的分区方式是“长通道+小格子”，最大化地利用了卖场空间。而且，每个区域都有明显的标识或划分，能够让顾客在最短的时间内找到自己心仪的商品。这对于讲究“效率”的年轻人来说，实在是再完美不过了。

在优衣库的店内陈列中，经常会使用大量的模特道具，通过搭配来展示衣服的优点，促进销售。因此，优衣库的模特经常处于很高的位置，越深的位置则模特越高，其就是通过这样的方式，来吸引顾客进店。

单品陈列中，有两个原则：易看到和易拿取。优衣库的单品不仅做到了，还发挥出了吸引顾客深入的作用。在壁面区域，最多使用的就是叠装。将其常规款的纯色商品集中折叠、整齐划一地放置在一起，做成T恤墙，想不吸睛都难。这正是将SKU过大的烦恼变成优势的典型案例。在T恤墙上，每一摞的T恤都是15件，会将格子装满，正好符合平价品牌货源充足的形象。

在颜色和花纹的排列上，优衣库的陈列宗旨是由浅到深、从冷色系到暖色系进行排列，顺序可以具体到“红橙米黄绿蓝紫”，按光谱顺序从通道入口向后排列。花纹方面则是由单色系、波点至条纹陈列，这也是最符合购物行为的花色选择方式。优衣库会把最畅销的款式、尺码放置在离地90~120厘米之间的货架陈列空间，也就是我们所说的"黄金区域"。优衣库色彩陈列如图2-30所示。

图2-30 优衣库色彩陈列

资料来源 柳井正. 一胜九败：优衣库风靡全球的秘密［M］. 徐静波，译. 北京：中信出版社，2018.

单元四 卖场色彩设计

色彩的设计在卖场设计中起着改变或创造某种空间格调的作用。在店铺内部恰当地运用和组合色彩，调整好店内环境的色彩关系，对形成特定的氛围空间能起到积极的作用。进入一个卖场最初几秒的印象75%是对色彩的感觉，然后才会去理解感受空间的形状和装饰风格。

一、色彩在陈列设计中的作用

（一）导识性作用

色彩本身具有很强的识别度和引导力，这种识别度和引导力构成了塑造品牌形象的重要内容。比如，李宁的红。色彩成为商品特征、品牌特性、企业文化的浓缩符号。正是因为人的视觉感知的一切色彩现象都具备特征，所以在商品陈列中，运用人们熟知的代表品牌符号的色彩体系，能传达品牌的流行性和经营理念，也能深化消费者对品牌的信赖度与认知度。

（二）优化性作用

色彩是具有感染力的视觉要素。人们对商品陈列色彩所产生美与丑的心理感受极大地影响着商品的销售，具有形式美的商品陈列色彩能塑造陈列环境的整体色调，增强陈列空间的秩序感，最大化地展现商品色彩的优势，增添商品的美感，增强视觉冲击力，从而提高消费者的关注度。

（三）聚焦性作用

著名的"七秒色彩定律"论证了色彩作为视觉要素的影响力。因此要吸引消费者的注意力，必须在商品陈列设计中最大化地发挥色彩的优势，灵活运用视觉规律，可以在卖场显著位置运用色彩的对比关系突出鲜明的主题陈列；利用商品色彩的衬托和点缀法，营造出强烈的视觉冲击，控制整个区域的色彩范围达到以点带面的效果。

二、卖场色彩设计参考因素

（一）品牌VI

知名品牌都有自己独特的视觉识别系统，且基本上都有自己固定的标准色彩。卖场主色彩由品牌标准色彩来确定。在卖场中，品牌之间通过标准色彩的运用，将自己的品牌同相邻的其他品牌区别开来。品牌色彩在卖场中被良好利用还可以在一定程度上提高消费者对于品牌文化和品牌精神的重新解读，使得品牌价值得到更好传播和认同。品牌色彩要想给消费者留下比较难忘的第一印象，除了标准色彩的运用外，在墙壁、卖场、陈列道具、服装相关配饰等上注重色彩的运用也显得非常必要。ZARA品牌VI及卖场陈列如图2-31所示。

图2-31 ZARA品牌VI及卖场陈列

（二）产品风格定位

卖场陈列设计的色彩风格是需要准确表达的设计要素，是卖场的基调。色彩风格流派很多，常用的分类方法是按地域来分，分为东方色彩风格和西方色彩风格。中国、日本、印度等东方国家的传统风格是东方色彩风格的代表；而西方色彩风格以西欧早期的罗马风格、哥特风格、巴洛克风格、洛可可风格，以及新古典主义、现代主义和后现代主义的风格为代表。除此之外，还有一些包含了各种形式的综合风格，崇尚自然的风格等。

【小思考2-2】

什么是巴洛克风格和洛可可风格？这两种艺术风格的代表作有哪些？

____

____

____

____

（三）流行色

每年由全球流行色专家和权威机构公布下一年度或下一季的色彩流行预测，被公布的色彩称为流行色。与社会上流行的事物一样，流行色是以政治、经济、文化、科学等为背景的具有时代特征的社会心理的产物，是某个时期内人们对某几种色彩产生共同美感的心理反应。流行色随着时代潮流和社会环境的变化而变化，与当时的社会情形、社会风尚相协调，具有新颖、时髦、刺激的特征，在一定程度上对消费市场有积极的导向作用。卖场的色彩设计以及道具色彩的选择紧跟流行色是必要的。

（四）产品色彩

有些色彩会给人以酸、甜、苦、辣的味觉感受，甚至某些不同的嗅觉感受。比如，淡红色、奶油色和橘黄色，点缀少量的绿色等，是促进食欲的颜色，因而食品类的陈列普遍采用暖色系的配色。不遵照规律和习惯的创新，都会起到适得其反的效果。比如，用青绿色调设计饼干的陈列，用银灰色设计午餐肉的陈列，势必会使人产生厌恶感，食欲减退。例如，美国一家无人售货商店发现最近肉类的销售量下降了，经过调查才发现，店里新安了一扇蓝色的窗，蓝色使消费者对肉类感到反胃。在消费者的消费习惯中，不同的商品具有不同的色彩形象。

（五）目标顾客的偏好和敏感程度

如果只是向消费者提供大众化商品，一般要求采用较清新明亮的色彩，或者利用色彩的远近感，调配不同的色调来“修饰”空间状况，扩展卖场的空间感，改变顾客对卖场的视觉印象，给予其舒展开阔的良好感觉。

（六）商品销售季节

应随季节（节日）变化不断调整卖场陈列方式和色调，尽量减少店内环境与自然环境的反差。不同的季节都有与之适宜的颜色。春天：使用明快的色彩，黄色中含有粉红色、豆绿色或浅绿色等。夏天：以素色为基调，给人以凉爽感，使用蓝色、浅灰色、白色、玉色、淡粉红等。秋天：使用中性色彩，金黄色、翠绿色、米色等。冬天：使用深沉的色彩，黑色、藏青色、古铜色、深灰色等。

【陈列技巧2-2】

童装陈列技巧

不同年龄的童装具有不同的商品色，童装卖场的色彩设计要符合不同年龄的童装的颜色。在童装卖场氛围营造中，色彩设计除考虑季节的变化和节日的更迭外，应主要从小顾客的年龄和性别入手。

童装陈列除了研究流行色、指导消费市场外，还要关注儿童身心的基础色研究，专家研究发现：2岁以下的婴幼儿视觉神经尚未发育完全，色彩心理不健全，在此阶段，不可用大红大绿等刺激性强的色彩去伤害其视觉神经。婴幼儿的皮肤娇嫩，浅淡色不仅能避免染料对皮肤的毒害，还可以衬托出婴幼儿清澈的双眸和细滑的皮肤。儿童在2～3岁时视觉神经发育到可认识颜色，善于捕捉和凝视鲜艳的色彩。发育到4～6岁时，智力发展较快，可以认识4种以上的颜色，能从浑浊暗色中辨明明度较大的色彩。6～12岁是儿童德、智、体等全面发展的关键时期，童装色彩的应用会直接影响儿童的心理素质。

专家通过观察实验发现，从小常穿暗色调服装的小女孩，易产生懦弱、羞涩、不合群的心理；若换上橘黄和桃红的鲜亮服装后，会改善女孩孤僻、无靠的心理状态。经常给小男孩穿紧身的深暗色服装，会使其多动并可能伴有“破坏癖”；若换穿黄色和绿色系列的温和色调的宽松服装，小男孩的心态可转变，趋向乖顺和听话。

资料来源　郑琼华，于虹. 服装店铺商品陈列实务［M］. 2版. 北京：中国纺织出版社，2021.

三、卖场色彩设计要点

（一）卖场的冷暖感与空间感

根据色调给人的基本感受，色调常被分为暖色调和冷色调。暖色调主要有红色、黄色和橙色，冷色调主要有蓝色、蓝绿色和蓝紫色。总体上，暖色调给人一种舒适、随意的感觉，而冷色调给人一种比较严肃、正式的感觉，使人不太容易接近，然而只要应用得当，冷、暖色调均可创造诱人的卖场氛围。对于狭长的店堂来说，把两侧墙壁涂成冷色，里面的墙壁涂成暖色，就能给人以店堂宽敞的印象。相反，对于短宽的店堂来说，把两侧的墙壁涂成暖色、里面的墙壁涂成冷色，能给人以店堂变大的印象。冷色调卖场和暖色调卖场分别如图2-32和图2-33所示。

图2-32　冷色调卖场

图2-33　暖色调卖场

（二）主色调

在众多颜色当中，红色是一种比较刺激的色彩，在使用过程中必须小心谨慎，一般只用作调色而不是基本的背景颜色，但当作一种用于着重特定部位的颜色，其效果往往不错。在元旦或春节及其他重要节日，红色是一种非常合适的展示色。黄色同红色一样，也非常惹眼并且易造成视觉上的逼近感，对一些背景光较为暗淡的墙壁、标记等地区可以运用黄色。另外，黄色被认为是一种属于儿童的颜色，所以在装饰婴儿活动区域经常用黄色。橙色是一种比较特殊的颜色，常常被用于秋季，代表丰收的时节。一提起蓝色，常常将苍凉蔚蓝的天空和平静湛蓝的大海联系在一起，通过蓝色的添加能够创造一种恬静、极为放松的购物环境。蓝色常常被作为一种基本的色调，尤其是在销售男士用品区域，代表一种深沉的力量。绿色则常被认为代表清新的春天以及和平安详的大自然，是一种最为大众广泛接受的颜色。另外，绿色的空间感较强，能让较小的地区显得更为宽阔。紫色在卖场内景中被用得较少，除非为了达到一些特殊效果，否则，如果卖场内部运用过多的紫色会让顾客情绪低落。

（三）色彩的组合

色彩的不同组合可以表现不同的情感和气氛。为了表现“和谐美丽”，可以用对比色组合，如红与白、黑与白、蓝与白等；而要表现“优雅与稳重”，则可用同色不同深浅的颜色组合，如深蓝色与浅蓝色、深褐色与浅褐色、绿色与浅绿色、黄杨色与浅驼色等。

卖场色彩运用要充分发挥色彩对室内的美化作用，正确处理好色彩的协调和对比、统一与变化、主题与背景、色彩面积大小运用的关系。

（四）背景色

在空间色彩上，天花板的颜色一般采用反射率高的色彩，不要让天花板转移顾客的注意力，从而冲淡了店内陈列的商品对顾客的吸引力。同样，为了使地面不分散顾客的注意力，一般采用反射率低的色彩，避免喧宾夺主。而墙壁被陈列的货架所倚靠，其颜色一般采用较淡的色彩，如白色或淡绿色，这样显得比较远，给人以面积扩大的感觉。

四、陈列色彩规划案例

第一步：衣墙主题色（如图2-34所示）。

第二步：衣墙展示区主色（如图2-35所示）。

第三步：衣墙冲击区主色陈列（如图2-36所示）。

第四步：衣墙容量区主色陈列（如图2-37所示）。

图2-34 衣墙主题色

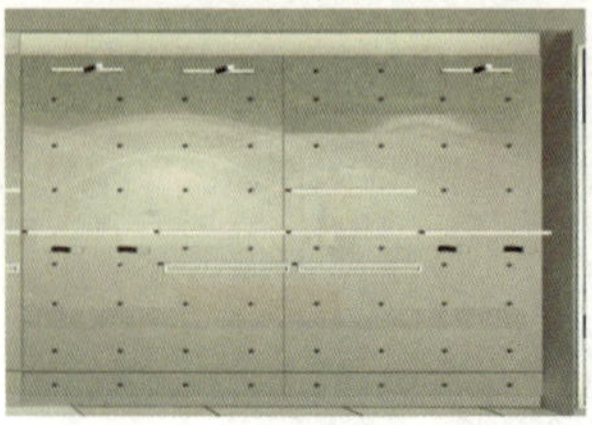

图2-35 衣墙展示区主色

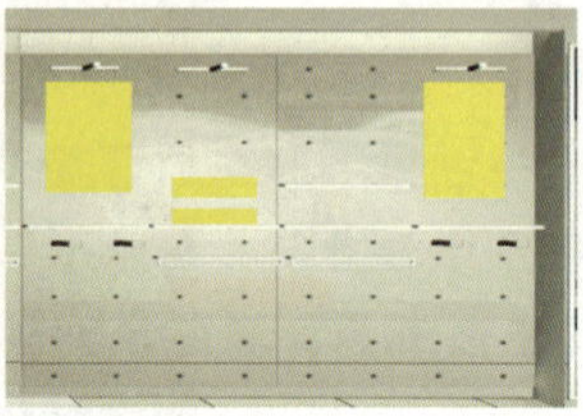

图2-36 衣墙冲击区主色陈列

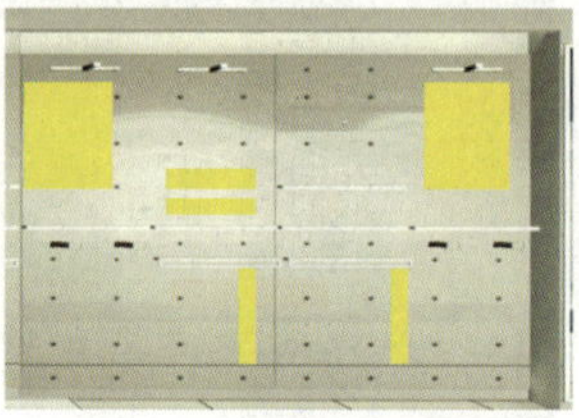

图2-37 衣墙容量区主色陈列

第五步：衣墙搭配色陈列（如图2-38所示）。

第六步：衣墙点缀色陈列（如图2-39所示）。

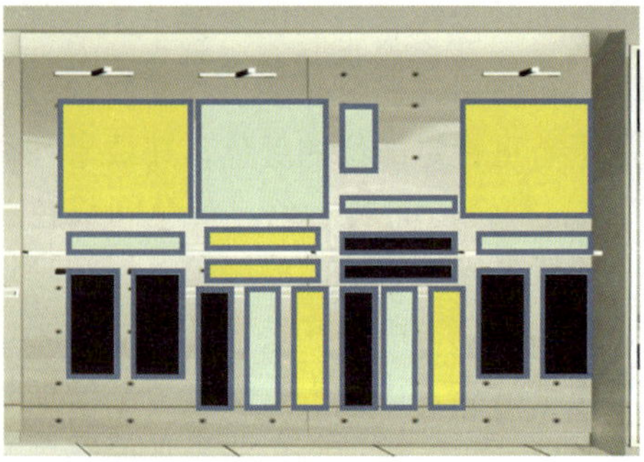

图2-38 衣墙搭配色陈列

图2-39 衣墙点缀色陈列

第七步：衣墙实物陈列（如图2-40所示）。

图2-40 衣墙实物陈列

知识掌握

1. 色彩的属性有哪些？
2. 如何理解色彩的心理反应？
3. 人对色彩的情感有哪些？
4. 简述色彩搭配的基本原则。
5. 色彩搭配的基本方法有哪些？
6. 色彩陈列秩序有哪些？
7. 色彩在卖场陈列中的作用有哪些？
8. 卖场色彩设计需要考虑的因素有哪些？
9. 简述卖场色彩设计的要点。

知识应用

● 案例分析

打造让人“尖叫”的新场景？

2019年国庆节，调色师在广州丽影广场开出第一家店。国内第一家大型美妆集合店诞生。当日，源源不断的人流，挤爆了这家近400平方米的门店，队伍排了数百米。这种以颜值吸睛、以自由轻松的购物体验获客，以丰富且高性价的产品取胜，俘获大批Z世代的新型美妆集合店，究竟是顺应时代变化的新物种，还是昙花一现？

调色师在此后的一年半时间，在全国百家城市的A类商圈开出超300家直营店，且依旧在不断攻城略地。此外，在中央电视台经济频道近期播出的《经济信息联播》中，调色师也被作为新型美妆市场大爆发现象中的首个代表案例。

为深度吸引年轻人，调色师从店铺的每一处细节入手，打造出一个个让年轻人“尖叫”的消费场景。走进调色师门店，复古雕花彩妆盘、卡通印花眼影盘、糖果造型的唇釉……充满设计感、拥有个性外观的各种新锐美妆品牌产品，直指消费者的“少女心”。

调色师的门头，以金属色和珊瑚粉为主色调，呈现出科技感与少女心混搭的风格。内部设计则摒弃了以往许多购物中心店常用的黑色，以白色为底色，同时大胆使用彩色元素，设计出调色板、口红墙、美妆蛋墙等特色场景。

打开小红书、微博或抖音等年轻人聚集的社媒平台，与调色师相关的内容里，出现频率最高的就是“美妆蛋墙”。就是这样一个看似平淡无奇的道具场景陈列，却吸引了大量女生前往打卡，并拍照分享在各大社交平台上。

资料来源　刘贝妮，陶文刚. 化妆品观察，你看不懂的调色师们，为什么越做越火［EB/OL］.［2021-04-11］. https：//mp.weixin.qq.com/s/3HATcrvrysOPAbcRWsxJiw.

问题：为什么调色师能吸引Z世代的消费群体？

分析提示：Z世代的消费群体有着鲜明的个性，追求自由，拒绝被定义，对事物的变化感知非常快，在消费时会呈现出3个特点：颜值即正义、体验即动力、社交即货币。调色师就是顺应消费大潮，在颜值和体验方面满足了年轻人的消费诉求。

调色师门店

学生作品

● **实践训练**

实践活动：涂色

1.工具材料准备：

（1）每人一张填图纸（一组模特，见附件1）；

（2）每小组准备一盒色彩笔、铅笔。

2.要求：

（1）先根据模特服装特点设计陈列主题，再根据主题选择相应色彩；

（2）用所选色彩填图；

（3）时间：45分钟。

3.提交方式：

（1）制作完成后写上班级、姓名、学号，提交作品；

（2）把图拍成照片，上传到指定班级微信群以供同学欣赏和评价。

附件1：

项目三 陈列空间布局

【学习目标】

知识目标：

了解不同业态以及经营特征；熟悉门店选址的原则；掌握门店空间布局原则及要求；掌握视觉营销基本内容；熟悉门店气氛营造的方法，掌握POP放置方法及内容呈现技术。

能力目标：

能够设计并绘制简单门店布局图；能够评估门店空间规划的合理性。

【案例导入】

荣耀高级服务体验店

荣耀高级服务体验店位于河北唐山市路北区爱琴海购物公园一楼，总面积大约200平方米，荣耀高级体验店主要是将销售门店与服务门店进行结合，店内分为产品销售区、客户体验区以及售后服务区，能为顾客提供一站式的服务体验。

来到门店，首先吸引顾客的是该店的颜值，灰色的门头配上白色发光的荣耀LOGO，非常醒目，同时看去很高端。大门采用内玄关的设计，这种设计的主要好处就是能够让顾客有更加想进店的冲动。进到店内，整个氛围非常有科技感，灯光明亮，产品分层，配上动感的音乐，仿佛置身在一个科技馆当中，这种体验非常沉浸。这家门店合理地将店铺进行了分区，零售区放在进门处最显眼的位置，占用最大的面积，通过长条桌的形式陈列手机单品，顾客能很轻松地触摸和体验到产品，周围的墙上也陈列了各种手机配件，与手机做一个非常好的衔接。更有意思的是，墙上的这些产品进行了分类，比如说影音娱乐类、移动办公类、专业游戏类，令人一目了然。

服务是这家体验店的重头戏，比如专门设置了一个可视化的维修区，顾客可以亲眼看见自己的产品整个维修的过程，修完之后你还会给你的产品消毒清洁，取机的过程也超有仪式感。除此之外还提供了很多服务，比如说荣耀的延保服务等，以及每个月举办的服务日活动，另外，体验店还会举办丰富的主题活动，比如说一些线下的摄影展、手绘沙龙，就像一个社区一样把顾客链接在一起。

资料来源　商业观望．智慧全场景融合服务 荣耀打造门店体验新方式［EB/OL］．［2021-04-09］．https：//www.sohu.com/a/459750847_100135471.

荣耀体验店

案例启示：一家门店，一定要具备感性空间和理性空间，这样才能给顾客美好的体验，荣耀的这家体验店以创意、趣味、科技为关键词，以“体验”为钥匙，实现销售、售后、体验和社交活动的整体融合。

我们所处的社会是一个消费社会，大小商场的商品琳琅满目，人们的吃穿住用等已不再是物质匮乏时代的能吃能穿能住能用等就行，而向着更高的品牌需求、审美需求发展。在消费社会中最根本的变化是顾客不仅会从具体的用途上去看待单个的商品，而且会从其全部的意义上来看待。顾客更多地关注商品的符号价值、文化精神特性与形象价值。

因此，在商品陈列过程中，要注意现实感的体现和情调、气氛的营造，并且要强调艺术性和创新性，店铺布置要使顾客既得到启发和审美享受，又有身临其境之感，同时，要能生动、形象地说明商品的用途、特点，从而对顾客起到指导作用。

单元一 商业业态与门店选址

一、商业业态

（一）商业业态的含义

商业业态是指针对特定消费者的特定需要，按照一定的战略目标，有选择地运用商品经营结构、店铺位置、店铺规模、店铺形态、价格政策、销售方式、销售服务等经营手段，提供销售和服务的类型化经营形态。

（二）商业业态的种类

商业业态可以根据商品特点和品类多少两个维度来分，目前主要的商业业态包括百货店、超级市场、大型综合超市、便利店、专业店、专卖店、购物中心和仓储式商场8种形式（如图3-1所示）。

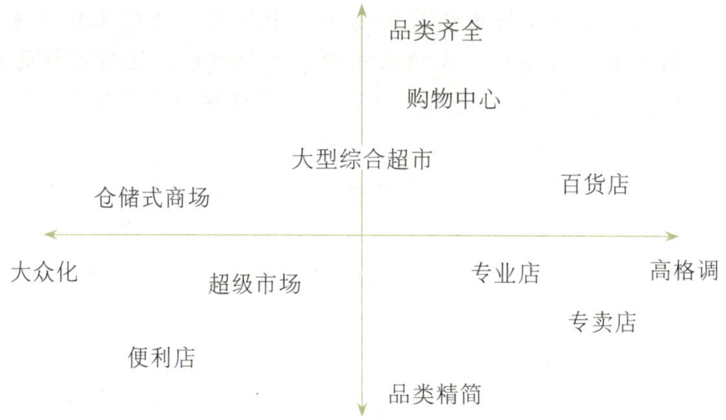

图3-1 商业业态分布

（三）8种商业业态的经营特征

1.购物中心。购物中心是指企业有计划地开发、拥有、管理运营的各类零售业态、服务设施的集合体。

（1）由发起者有计划地开设，布局统一规划，店铺独立经营。

（2）选址为中心商业区或城乡接合处的交通要道。

（3）内部结构以百货店或超级市场为核心店，并与各类专业店、专卖店、快餐店等组合。

（4）设施豪华、店堂典雅、宽敞明亮，实行卖场租赁制。

（5）核心店的面积一般不超过购物中心面积的80%。

（6）服务功能齐全，集零售、餐饮、娱乐于一体。

（7）根据销售面积，设计相应规模的停车场。

【课堂讨论3-1】

博物馆还能零售？

K11 Art Foundation（KAF）是K11旗下在2010年所成立的艺术基金会，它是中国第一个非官方的艺术基金会。2009年，全球第一家K11艺术购物中心在中国香港尖沙咀落地，与此同时正式对外推广“Museum Retail”（博物馆零售）这一全新的商业模式。K11是将艺术·人文·自然三大元素融合为核心的全球性原创品牌。

“博物馆零售”模式不是简单地将几件艺术品置入一个固有的商业空间当中，这种模式突破了艺术与商业之间的界限，构建了一个良好的平台让艺术与大众之间形成更好的交流与互动，通过一系列的艺术活动将艺术更好地推向大众，“博物馆零售”的商业模式是建立一个推动中国当代艺术文化发展的生态圈。

K11艺术购物中心表面上看只是一座以零售为主的商业百货，但实则却涵盖了许多民营美术馆应该兼具的内容和功能。由此可见，“博物馆零售”并不只是一个纯粹的艺术介入商业空间，本身更像是一所美术馆，并且将艺术的推广发展作为重要目的。所以“博物馆零售”商业模式的建立对于推广中国当代艺术市场具有积极的影响。

资料来源 饶贤君．新世界中国行政总裁黄少媚：打造年轻一代的文化新地标［N］．经济观察报，2021-08-09（032）．

问题：如何从K11看未来购物中心的商业模式创新？

提示：K11的商业模式是商业+艺术。购物中心的模式还包括：商业+大型主题乐园，如南京新宏阳广场；商业+体育，如上海七宝万科广场；商业+航空，如新加坡的星耀樟宜等。越来越多的购物中心开始探索新模式的创新，包含跨界融合与线上线下融合两方面，满足消费者个性化需求并带来便捷服务体验。

2.百货店。百货店是指在一个大建筑物内，根据不同商品部门设销售区，开展进货、管理、运营，满足顾客对时尚商品多样化选择需求的零售业态。

（1）选址在城市繁华区、交通要道。

（2）商店规模大，营业面积在5 000平方米以上。

（3）商品结构以男装、女装、儿童服装、服饰、衣料、家庭用品为主，种类齐全、少批量、高毛利。

（4）商店设施豪华，店堂典雅、明快。

（5）采取柜台销售与自选（开架）销售相结合方式。

（6）采取定价销售，可以退货。

（7）服务功能齐全。

3.超级市场。超级市场是指采取自选销售方式，以销售生鲜食品、副食品等食品和生活用品为主，满足顾客每日生活需求的零售业态。

（1）选址在居民区、交通要道、商业区。

（2）以居民为主要销售对象，10分钟左右可到达。

（3）商店营业面积在1 000平方米左右。

（4）商品构成以购买频率高的商品为主。

（5）采取自选销售方式，出入口分设，结算由设在出口处的收银处统一进行。

（6）营业时间每天不低于11小时。

（7）有一定面积的停车场地。

4.大型综合超市。大型综合超市是指采取自选销售方式，以销售大众化实用品为主，满足顾客一次性购足需求的零售业态。

（1）选址在城乡接合处、住宅区、交通要道。

（2）商店营业面积在2 500平方米以上。

（3）商品构成以衣、食、住等用品为主，种类齐全，重视本企业的品牌开发。

（4）采取自选销售方式。

（5）设置与商店营业面积相适应的停车场。

5.便利店。便利店是以满足顾客便利性需求为主要目的的零售业态。

（1）选址在居民住宅区、主干线公路边，以及车站、医院、娱乐场所、机关、团体、企事业单位所在地。

（2）商店营业面积在100平方米左右，营业面积利用率高。

（3）居民徒步5～7分钟可到达，80%的顾客为有目的的购买。

（4）商品结构以速成食品、饮料、小百货为主，有即时消费性、小容量、应急性等特点。

（5）营业时间长，一般在10小时以上，甚至24小时营业，终年无休日。

（6）以开架自选货为主，结算由收银统一进行。

6.仓储式商场。仓储式商场是指以经营生活资料为主的，储销一体、低价销售、提供有限服务的零售业态（其中有的采取会员制形式，只为会员服务）。

（1）在城乡接合处、交通要道。

（2）商店营业面积大，一般为10 000平方米左右。

（3）目标顾客以中小零售商、餐饮店、集团购买和有交通工具的消费者为主。

（4）商品结构以食品（有一部分生鲜商品）、日用品、家用电器、体育用品、服装衣料、文具、汽车用品等为主。

（5）店堂设施简朴、实用。

（6）采取仓储式陈列。

（7）开展自选式销售。

（8）设有较大规模的停车场。

【拓展阅读3-1】

离消费者更近的新零售业态“露头”——前置仓模式

在太原市迎宾路美特好超市西门南侧，有个绿色基调的门脸，时不时看见穿绿色工装的工作人员从窗口拿到绿色袋子后放进绿色保温箱飞驰而去，还有不少人在遮阳棚下排队，手机递进窗口操作一番，一袋袋的土豆、半成品蔬菜、消毒纸巾、水果等递出，人们开心地接过。

这个小门上面写着“多歌儿生鲜食材，19分钟到家”。后面的院子和仓库，就是最近兴起的前置仓。前置仓其实就是一个“中小型仓储+配送”中心。多歌儿不仅能满足用户下单之后19分钟即时送货上门，还能预约时间配送。一个前置仓服务范围仅仅是周边1.5千米，冷链生鲜配送速度极快。电动车骑行1.5千米最多5分钟，再加上接单后3分钟到5分钟拣货打包时间和路途时间，19分钟送到没有问题。配送员送货后还会主动帮助客户扔垃圾，此外，也能帮助顾客代买一些商品。

前置仓和一般的超市区别不大，但这里没有顾客，只有满满的货架和冷鲜柜、冰柜。除了方便面、挂面、米面油和调味品之外，还有很多家用快消品，如纸巾、湿巾、消杀用品等在日用品区摆得满满当当。前置仓里面的亮点是生鲜食品。和实体超市不同的是，这里的生鲜食品包装量比较小，胡萝卜、生姜、玉米、茴子白、紫甘蓝乃至香蕉，都有单个包装的。做菜的辅料朝天椒，5个装一小袋；菜瓜、桃子、西红柿有不同个数的小包装；量最大的要算土豆，因为和支付宝合作推出1元购活动，1元5斤的土豆受到消费者青睐，推车里堆得满满的。此外，还有火锅食材、海鲜、速冻食品，随时被拣货员拣走。有一个拣货员直接拣了8袋带鱼和好多袋4个装馒头。

前置仓的客户年龄基本上在20岁到45岁之间。再细分的话，年轻点的以“宅人”居多，他们大多不爱出门；年龄大些的有家庭主妇居家带娃的，或者是工作特别忙没时间进实体店的，他们对食品品质要求较高，新鲜净菜和半成品菜为这类人解决了大问题。

资料来源　王昕，崔晓农．太原：离消费者更近的新零售业态“露头”［N］．山西经济日报，2021-08-16（001）．

7.专业店。专业店是指以经营某一大类商品为主，且拥有具备丰富专业知识的销售人员和提供适当售后服务的零售业态。

（1）一般选址多样化，多数店设在繁华商业区街或百货店、购物中心内。

（2）营业面积根据主营商品特点而定。

（3）体现专业性、深度性，品种丰富，选择余地大，主营商品占经营商品的90%。

（4）经营的商品、品牌具有自己的特色。

（5）采取定价销售和开架面售。

（6）从业人员需具备丰富的专业知识。

专业店一般包括办公用品专业店、玩具专业店、家电专业店、药品专业店、服饰店等形式。

8.专卖店。专卖店指专门经营或授权经营某一主要品牌商品为主的零售业态。

（1）专卖店一般选址于繁华商业区街或百货店、购物中心内。

（2）营业面积根据经营商品的特点而定。

（3）以著名品牌、大众品牌为主。

（4）销售体现量小、质优、高毛利。

（5）采取定价销售和开架面售。

（6）注重品牌名声，从业人员必须具备丰富的专业知识，并提供专业知识性服务。

二、门店选址

（一）选址定义

选址是指根据门店发展战略，对可能建店的地址进行调查、分析、比较、选定，并最终确定对该土地或房产的使用权的一种行为。门店选址是一种投资选择，是决策，有合理判断的方法。

（二）选址重要性

俗话说“一步差三市”，好的门店地址就是成功的一半。门店选址的意义非常重大，这是因为：

首先，门店选址是一项长期性投资，相对于其他因素来说，它具有长期性和固定性。当外部环境发生变化时，其他经营因素都可以随之进行相应调整，以适应外部环境的变化，而店址一经确定就难以变动，店址选择得好，企业可以长期受益。

其次，门店选址是影响企业经济效益的重要因素之一。古人非常重视“天时”“地利”“人和”。对于门店来说，占有“地利”的优势，就可以吸引顾客。实践证明，由于门店所处的地理位置不同，尽管在商品质量、服务水平方面基本相同，也会导致经济效益的差距。

最后，门店选址是制定经营目标和经营战略的重要依据。商业企业在制定经营目标和经营战略时，需要考虑很多因素，其中包括对门店所在地址进行研究，从而为企业制定经营目标提供依据，并在此基础上按照顾客构成及需求特点，确定经营战略。

（三）门店选址的原则

1.最短时间原则。门店的位置应位于人流集散最方便的地区，一般以吸引行车10～20分钟以内的人流最为理想。

2.易达性原则。易达性原则即进入性原则。商业企业设点应分布在交通最便捷的区位，即最容易进入的区位。

3.接近购买力原则。商业企业利润是建立在消费者购买力基础上的，而购买力水平取决于消费者的消费水平。

一般来说，商业企业的存在是以服务一定的人口为前提的。这种维持一个商业企业存在的最低服务人口数量称为该企业的人口门槛。因而商业企业用地必须考虑该区域的人口密度和人口数量，人口是购买力的基本因素，它只有与一定的消费水平相结合才能形成现实的购买力，而人们的消费水平取决于经济收入和消费倾向。

4.适应消费者需求的原则。适应消费者需求是一切商业行为都必须遵守的原则。要根据消费者的收入水平、消费态度、职业、年龄等特征来决定商品结构、商品价格、促销活动等。

5.接近中央商业中心的原则。商业活动有扩延效应，一旦一个商业中心形成，在其附近布局的商业企业就会有利可图。商业中心具有极高的繁华度，是城市人流、物流、资金流的中心，是城市商业活动的焦点。在这个中心附近取得一席之地，从事商业经营，能获得较大的利润。

（四）门店选址的黄金地段

一般来说，以下几个地方被称为黄金地段（以适宜“粉丝公社”店面的选址为例，可供参考）：

1.商业闹市区。此地段（例如商业街/商业城/超市）是人们约会、聊天、逛街、休息等云集的场所，自然也是适宜开店的地点，同时也是所需投资较大的地段。周末及假日顾客较多，当然也就好赚钱。

2. 学生聚集区。学校附近是一个很好的地段。学生是最注重时尚和个性的人群，花钱的动机除了看书、学习之外，还有同学聚会、生日聚会、照相、娱乐等。学生的消费随机性较大，看见自己喜爱的、价钱又不是太高的东西绝不放过，但大学附近的淡旺季受学生寒暑假的影响比较大，不过没关系，这段时间正好休整一下，做好迎接开学高峰期的准备。

3. 旅游景点。比如，用热转印技术做的个性化东西是很有纪念意义的，能将自己在某旅游胜地的照片印在杯子上，在别人面前展示会被认为是一种荣耀。而人们在旅游时候也是最舍得花钱的时候，纵使贵一点也无所谓。

4. 车站附近。车站附近一般人流量较大，一天的营业时间也相对较长，特别是在火车站，外地的人口也较多，制作一些纪念品是很好的生意，在假日的时候更是不可多得的好机会，应该早日备货，避免在生意火爆之时出现缺货现象。

5. 公司集中地区。最好是在写字楼的附近，顾客以上班族为主。他们有一定的经济实力，对于个性化的东西也容易接受，但要不断创造新奇感以吸引他们经常光顾。

6. 居民区。居民区主要针对的顾客是家庭主妇和上班族。家庭主妇的消费较理性，而上班族早出晚归，在节假日的时候也是去外面逛逛，很少光顾附近的店铺。另外，由于居民区客户流动性不大，如果长时间没有什么新品引进就难以维持。所以，选择居民区作为经营点要慎重。

对于场地的选择，开始时一定会在心中做一番构想。到了具体操作时，因为某些限制，可能会退而求其次。因此，就算是候补地点，也要亲自去考察。另外，在选址时要确认消费者的流动量，即使隔一个拐角、一条街，销售情形可能也大不相同；还要看看有无竞争对手，并对竞争对手做一些具体的分析，看看自己的门店有无明显的优势……总之，选址这一重要环节，一定要慎重，不容忽视。

【拓展阅读3-2】

楼宇店

楼宇店大致起源于日本和中国香港，由于临街店铺的租金越来越高，为了减少租金成本，不少门店被迫从临街门面转移到写字楼里，各具特色的小店受到了消费者的喜欢，慢慢就形成了一种独具特色的“楼宇店”模式。后来，这种楼上开店的风潮被带入内地的部分城市。在2010年前后，全国一二线城市陆续出现了楼宇店业态，但在许多眼镜店老板看来，开眼镜店应当以一线黄金位置为佳，楼宇店似乎难登台面。

然而，总有一些率先吃螃蟹的人，眼镜零售行业也不例外。作为资深楼宇店经营者，老张告诉笔者，其在接触眼镜业之后萌生了开店的想法，但当时的市场格局中，既有经营多年的品牌连锁店，又有外商零售品牌、大型眼科配镜中心等，如何开店、在哪里开才能让自己活下来，并且活得更长久一些呢？经过多番思量，他决定“上楼开店”，而这一开就是十多年，在当地积累了几千名会员顾客，很多顾客来店就像是朋友来访一样的轻松、自在。

从楼宇店的分布来看，其选址大多集中在一二线城市的核心商圈范围内，以交通便捷、固定人流量大的写字楼为主，周边的商业配套十分成熟。以重庆为例，其核心商圈之一的观音桥商圈中，据不完全统计，仅在几幢写字楼中，就分布着30多家眼镜零售店，由此粗略推算，重庆主城区有上百家眼镜楼宇店分布在9大商圈中，为不计其数的消费者提供配镜服务。

资料来源 高玉冰. 楼宇店，新消费模式下的另类崛起［J］. 中国眼镜科技杂志，2021（9）：16-19.

单元二 门店布局

商品陈列是一个整体和系统的工作。对门店的商品陈列来说，第一项工作就是对整个卖场进行空间规划。合理的空间规划可以有效引导顾客光顾整个卖场，并创造一种舒适的购物体验，对于塑造品牌形象和促进卖场商品销售都可以起到积极作用。

一、门店空间布局原则

（一）让顾客想进来，容易进来

只有让顾客进来了，才是生意的开始，才能创造营业的客观条件。卖场规划必须以顾客为中心，每一处都应该充分考虑方便顾客的购物行为，例如卖场的入口要宽敞。

（二）最有效利用空间

卖场布局的设计应依照经营商品的范围和类别以及目标顾客的习惯和特点来确定，以别具一格的经营特色，将目标顾客牢牢吸引到卖场里来。使顾客一看外观，就驻足观望，并产生进来购物的愿望；一进内部，就产生强烈的购买欲望和新奇感受。

（三）让顾客在店内停留得更久

一项市场调查显示，到商店买预先确定的特定商品的顾客只占总顾客的25%，而75%的顾客都属于随机购买和冲动购买。因此如何做到商品丰富、品种齐全，使顾客进店看得见、拿得到商品至关重要。

（四）营造最佳销售气氛

销售气氛指在卖场布置中，通过卖场服务、员工装束举止等表现出的某种风格、情调和感觉。某国际权威研究结果显示：顾客到门店购物，70%以上的决定是在门店里面做出的，冲动消费占了很大一部分。良好的终端气氛对销售有着非凡的贡献和巨大的意义。

【课堂讨论3-2】

中国最美书店

钟书阁是一个集书店、本土民族特色文创产品、艺术文化展演与文化沙龙于一体的文化交流空间。钟书阁目前在全国一共有28家店，连锁却不复制，每家书店都独具当地文化特色。钟书阁致力于将当地的人文脉络梳理融合进空间规划，呈现出钟书阁独有的气质和当地人文气韵的完美融合。

当读者走进任何一家钟书阁，独具地方特色的文化体验感扑面而来。钟书阁（扬州店）聚焦当地的水文化，把书架做成拱形代表桥梁，放在水面一般平滑的黑色玻璃上。当读者走在黑色玻璃面上，实物与倒影浑然一体。钟书阁（重庆店）则融合了巴渝地理文化特色，以阶梯打造出错落有致的山城风光，通过现代造型艺术设计，呈现出重庆的“8D”魔幻视觉效果。钟书阁（广州店）直接选址广州西关百年老街永庆坊骑楼街上，书店以岭南特色建筑“镬耳屋”为主要设计元素，镬耳屋造型的阅读区、菱形拼花地板、华丽复古的水晶吊灯、西关风貌的老照片……

有人说，天堂其实就是个书店的模样，每天有好书读，便是最幸福的事。一个城市的书店，就像一个城市的灵魂，是人心灵的港湾。书店承载着城市的文化和底蕴。在钢筋水泥的高楼之中，我们可以透过书店感受这座城市的一种生活方式，及其所承载的精神层面。

打开书，就如打开了一个世界，因为一个书店，我们也会爱上一座城。

资料来源　张萱．“颜值”升级之后，书店还能做什么？[N]．中国出版传媒商报，2021-06-01（007）．

问题：你还见过哪些书店，曾给你留下怎样的美好体验？

提示：近年来，以场景体验为主的网红书店集精致景观、图书文创销售、咖啡餐饮和文旅休闲等于一体，拓展了发展空间。

钟书阁
（都江堰店）

二、门店布局需要考虑的要素

（一）消费者生活方式、购买习惯和价值观念

门店布局设计与地域消费者的需求有着直接而密切的关系。只有对商圈内消费者的生活方式、购买习惯、价值观念有充分的了解，才能创造出针对商圈消费者需求的带有生活提案的设计。

（二）目标顾客和企业经营理念

目标市场的确立应具有双重的含义。首先，商家必须明确自己是什么性质的企业；其次，要让顾客认识到你是什么性质的企业。只有当二者一致时企业的经营才能展开。当企业确定了目标顾客，就要围绕目标顾客确立自己有别于其他企业的经营概念，而顾客的识别就是对企业经营概念的认识。

（三）商品的分类和构成

企业的经营理念是通过卖场中的商品演绎和表现出来的。门店是由若干部门和商品品种等构成的，它们之间的不同组合决定了卖场的特点。因此，这就要求对门店布局进行设计时，应充分理解商品的特性、商品知识、重点商品、主力商品、季节性商品、新商品、流行商品等，同时还要了解这些商品的购买对象以及他们使用这些商品时的生活场景。

（四）商品布局与商品陈列

如果说以上的部分是门店布局设计中的企划部分，那么商品布局、商品陈列、商品表现则带有鲜明的计划特征。它们与企业的销售计划、促销计划、宣传计划等同步进行，是通过各营销技术手段，在平面与立体的空间形成视觉效果。

三、空间规划类别

（一）导入区域

导入区域是吸引顾客最重要的区域之一，这个区域决定了是否能将顾客吸引入店。典型的导入区域通常规划在店铺临主要街道的位置，并运用灯光招牌和橱窗增加引人注目的效果。可配合弧形中岛组合布置，以展示商品，达到吸引顾客的效果。

（二）营业区域

营业区域是直接进行商品销售活动的地区，也是卖场中的核心区域，在卖场中所占

的面积最大，设计的内容也最多，营业区域规划的成败直接影响商品销售的好坏。

（三）服务区域

服务区域是为了更好地辅助卖场销售活动，使顾客能更好地享受品牌超值服务而设置的区域。市场竞争越来越激烈的今天，为顾客提供更好的服务已成为许多品牌的追求。服务区域主要包括试衣间、体验区、收银台及仓库等。

如图3-2所示，一般导入区域在店铺的最前端，是吸引消费者入店的重要区域；营业区域在卖场中所占的面积最大，是商品销售的重要区域，一般在店铺的最中心；服务区域一般会放置在店铺的最后端，这样既不会浪费商品销售的黄金区域，又能让顾客穿过卖场，增加了销售的可能性。

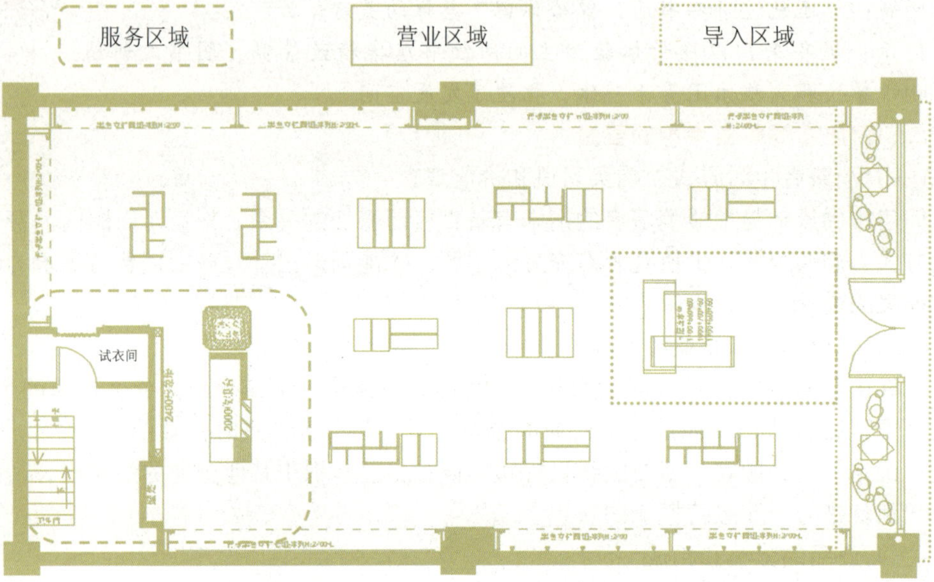

图3-2 某服装品牌店铺空间功能划分

四、连锁门店的基本布局

（一）出入口

门店设计第一关便是出入口的设计。招牌漂亮只能吸引顾客的目光，而入口开阔才能吸引顾客进店。入口设计的好坏是决定门店客流量大小的关键因素之一，不管什么样的门店出入口都要易于出入。门店的出入口设计应考虑门店规模、客流量大小、经营商品的特点、所处地理位置及安全管理等因素，既要便于顾客出入，又要便于门店管理。

1.出入口类型。出入口可分为封闭型、全开型和出入口分开型3种。

（1）封闭型。此类设计的入口尽可能小些，面向大街的一面，要用陈列橱窗或玻璃门遮蔽起来。进入门店内部，可以安静地挑选商品。此类设计主要适合以首饰、手表、化妆品、服装等商品为主的高级商店。由于不能随便把顾客引进店内，又要让顾客安静、愉快地选购商品，所以这些零售店大都店面装修豪华，橱窗陈列讲究，从店面入口即可给顾客留下深刻印象，可使到这里买东西的顾客具有与一般大众不同的优越感。

（2）全开型。它是把面向马路一边全开放的类型，使顾客从街上很容易看到门店内部和商品。顾客出入门店没有任何阻碍，可以自由出入。此类设计主要适合经营食品、水果、蔬菜、鲜鱼等大众化的商品。全开型出入口前面不能设置障碍物，在门店内的货架要低些。

（3）出入口分开型。它是指出口和入口通道分开设置，一边是进口，顾客进来之后，必须走完全商场才能到出口处结算，这种出入口设计往往适用于超市和大卖场（如沃尔玛）。

2.出入口设计注意事项。

（1）以人流量、路线为选取规律，以视线范围取向调查为基础，把门开在行人最多、路径最顺畅、最引人注目的地方。

（2）入口要有醒目而有特色的标志，标志包括企业标志、营业时间和其他提示标志。

（3）通过出入口能清楚地看见商店的内部，陈列要有强烈的吸引力。

（4）方便顾客进出，排除一切障碍。

（5）门槛应与街面持平。

（6）出入口大小应考虑当地气温和日照情况。

（二）通道

通道设计的要点是“引＋畅”：“引”是指引导，有利于引导消费者，使他们容易到达每个商品区；“畅”是指通畅，通道应该足够宽，最窄的地方都应该使迎面走来的两个人能比较容易错开。

1.通道类型。通道可以简单分为主通道和副通道两种。

（1）主通道。主通道就是店家引导顾客要走的通道，一般是指墙面和中岛架之间的距离。

（2）副通道。副通道就是顾客在超市内随意走动的通道，一般是指中岛架与中岛架之间的距离。

2.通道设计的原则。

（1）主通道明显。一般来说，顾客进店会沿着卖场设计的主通道行进。很多门店因为面积有限，各个通道都较窄，让顾客分不清主次，起不到引导顾客的作用。所以，门店在设计通道时，主通道的宽度要明显大于副通道，顾客进出方便，也不会产生碰撞与摩擦。

（2）直线设计、避免死角。直线设计方便顾客沿着货架一直前进，如果店内货架布置得横七竖八，那只会让顾客迷路。在通道设计上，要避免存在死角，比如通道被消防设备挡住，角落有大量摆不下的货与空箱，收银台与角落有不少商品被打入“冷宫”，顾客根本无法接触到，甚至连看都看不到。

（3）少拐角、多亮度。如果遇到店面空间极不规则，拐角很多，中间还有立柱，通道确实很难设计好。可见，要想有好的通道设计，也需要选址人员在选址时，提前留意卖场通道的设计问题，否则即使铺位便宜也并非好事。当然，并不是完全规避，而是尽可能少一些拐角，同时要配以合理的商品陈列线。有些门店的店内亮度明显不够，顾客进去后会有一种紧张感。事实上，门店有足够的亮度会令顾客感觉更舒适。

（4）收银台、堆头位置合理。一般来说，门店的收银台大都设在门口，这样顾客进去之后逛一圈，再从收银台经过出门。如果门店有两个门，则收银台应设在顾客进出相对少一点的那个门，这样能引导顾客走向其他商品区，带动其他区商品的销售。对于面积本来就不大的门店来说，堆头的设计非常关键。有些门店做好堆头后，顾客进出与收银都受到了影响。堆头的设计最起码不应影响收银与顾客进出。另外，可以通过调整货架位置，留出足够的空间来做堆头，避免出现后半场空、前半场又太挤的现象。

普通卖场通道宽度的基本设定值及服装卖场基本通道宽度情况可分别参考表3-1和表3-2。

表3-1 普通卖场通道宽度的基本设定值

单层卖场面积	主通道宽度	副通道宽度
300平方米	1.5～1.8米	1.2～1.3米
1 000平方米	1.8～2.1米	1.2～1.4米
1 500平方米	2.0～2.7米	1.4～1.5米
2 000平方米以上	2.0～3.0米	1.4～1.6米

表3-2 服装卖场基本通道宽度情况

序号	顾客运动状态	通道基本宽度（毫米）
1	一个人正面通过	男，631
		女，597
2	一个人面向货架选择	450
3	两个人并肩通过	两男，1 262
		两女，1 194
		一男一女，1 228
4	一个人正面通过，一个人面向货架	1 047～1 081
5	两个人面向货架选择，一个人正面通过	1 497～1 531

（三）货架组合

货架组合即货位设计，货位是指商场中存放、陈列和出售商品的各个部位所占用的营业面积。货架组合形式有直线式、岛屿式和自由流动式3种。

1. 直线式：就是货架和通道呈矩形分段布置（如图3-3所示）。它主要适用于超级商场和大型百货商店。其优点是：严肃而有效率；可充分利用卖场空间，便于选购；可节省成本；简化商品管理及安全保卫工作。其缺点是：气氛比较单调；易使顾客产生被催促的不良感觉；顾客自由浏览受到限制。

2. 岛屿式：就是货架呈岛屿式布置（如图3-4所示）。其优点是：可充分利用建筑物的特点；可以装饰和美化营业场所；增加消费者购物的兴趣；满足消费者对某一品牌商品的全方位需求。其缺点是：易造成顾客迷失；不便于补货；现场用人较多；货架成本较高。

3. 自由流动式：货架分布和顾客通道都是不规则的曲线形式（如图3-5所示）。它是开架销售常用的形式，主要适用于大型百货商店、服装商店等。其优点是：货位布局灵活；卖场气氛较为融洽，可促成顾客的冲动购买；便于顾客自由浏览，增加顾客的滞

图 3-3　直线式

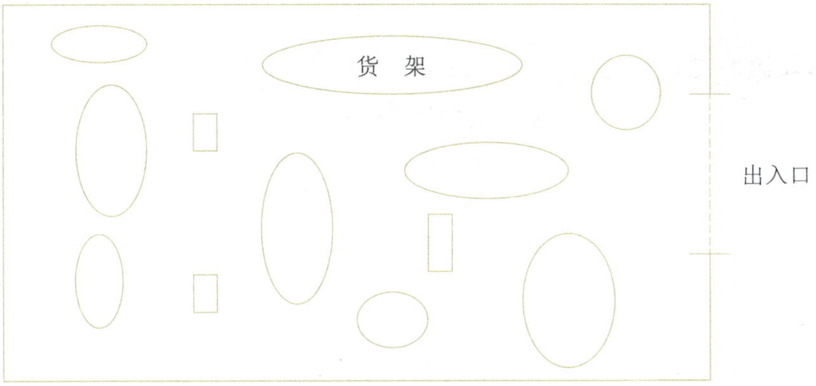

图 3-4　岛屿式

留时间和购物机会。其缺点是：难以寻找出口；不利于分流；不能充分利用卖场，浪费场地面积；对商店的管理要求很高。

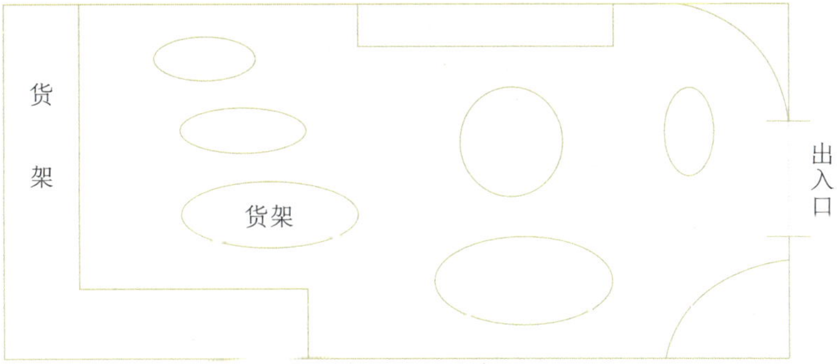

图 3-5　自由流动式

（四）收银服务台

收银台设计的要点是"捷+舒"："捷"即迅捷，即便于顾客结账购买；"舒"即舒服，要让顾客感觉舒服。收银台是顾客付款结账的地方。收银台既是收款处也是一个卖场的指挥中心，通常也是店长和主管在卖场中的工作位置，还承载着宣传品牌形象的附属作用。

收银台应该在"显眼"区域，减少顾客的"纠结"时间，方便顾客寻找、付款，有必要可以增加收银人员和收银机。如优衣库和ZARA收银台根据店铺销量同时设置了多个收银机，极大地减少了顾客的等待时间。收银台一般设置在卖场大门的正对面，面对卖场大门以便店员了解顾客的光顾情况，也可以根据卖场的具体平面形状设置收银台的位置。位置的设置主要应考虑顾客的购物动线、货款安全、空间的合理利用以及便于对整个卖场的销售服务进行调度和控制。

根据人体工程学，成年人在站直的时候，手腕摆动高度在80～120cm，最令人感到舒适的高度是90cm，所以收银台的高度一般在90cm上下。收银台的高度也是可以灵活变动的，比如，男装店会适当提高至100cm左右；超市为了方便装袋，降低至80cm左右，只要考虑到顾客人群，就可以设置适宜的收银台高度。

制作收银台所涉及的材料多种多样，可根据品牌的风格进行定位。单纯的收银台设计不宜烦琐，力求简洁大气，功能尽可能齐全。除了设置电脑收银的功能之外，为了提高销售额，收银台上和周围还可以放置一些小型商品，以增加连带销售。

【拓展阅读3-3】

别让成交毁在最后一步

付款是我们成交时的最后一个步骤，而收银台是顾客成交时最后停留的地方，它不仅发挥收银的作用，也体现了店铺对顾客的礼仪态度。也会影响顾客是否第二次光临，重要性都是不言而喻的。那么应选择哪些商品放在收银台呢？

价格亲民：收银台的商品多以走量为主，低价就可以减少顾客对价格的顾虑，从而提高销量。

大小合适：尽量选取热销的小体积商品，方便顾客拿取，也可减少占用空间。

吸引力强：吸引力强的商品可以迅速地增加顾客的好奇心，这也是增加销量的重要环节。

屈臣氏的收银台高度为1.2米，据说这是顾客在付款时感觉最舒适的高度，不会因太高而显得压抑；在每个收银窗口处有个凹槽，这个设计是专门给顾客埋单时放置购物篮的；在收银台上还有一些小货架，摆放轻便商品如糖果、电池等，可以刺激顾客即时购买，非常人性化。

屈臣氏的收银台除了有付款功能，还有服务功能，包含开发票、广播、顾客投诉接待、商品退换等。这样一个多功能的枢纽之地，屈臣氏有一套完整的独特操作方案。

屈臣氏的收银台还是一个促销中心，其一直都保持着3种超特惠商品。当顾客在付款的时候，收银员会在适当的时候向顾客推介超特惠商品，让顾客充分感受到实惠。

门店收银台赏析

资料来源 编者根据相关资料编写。

（五）后场设计

后场与前场的面积比例一般为2∶8。此外还要注意后场和前场的连接，是采用单线连接还是双线连接，单线可避免食品和某些商品串味儿，双线连接则比较方便快捷。

由于门店经营的商品种类和数量较多，因此还会在卖场附近设仓库，以便店员在最短的时间内完成卖场的补货工作。仓库的设计以及面积的大小，主要视门店的面积和销售情况而定。

总体来说，门店的空间规划应根据品牌的目标定位、门店风格及规模等来进行，后场中的收银台、试衣间和休息区等的设计应充分考虑品牌定位和顾客的需求。

单元三　门店气氛营造

合理有效地布置店内环境以营造气氛，不仅可以提高卖场的服务质量，增加销售额，还可以为顾客提供方便、舒适的购物环境。同时，也能满足顾客在精神层面上的追求，从而使顾客经常光临门店，最终提高门店的经济效益。门店内部环境的美化与装饰，也能使店内工作人员心情舒畅，提高工作效率。

一、灯光照明

（一）光的基础概念

光是电磁波。可见光是波长为380～780纳米的电磁波。波长大于780纳米的电磁波是红外线、微波和广播无线电波；波长小于380纳米的电磁波是紫外线、X-射线和宇宙射线。

光的波长不同人眼感觉到的颜色就不同。780纳米的光是红光，380纳米的光是紫光。780～380纳米的光依次主要是红、橙、黄、绿、青、蓝、紫七色光。

光通量（流明Lm）表示灯泡发光的多少，流明是光通量的单位（发光越多流明数越大）。

照度（勒克斯Lux）表示工作面上被照明的程度，勒克斯是照度的单位。1勒克斯等于1平方米得到1流明光照时的照度。

例如：用一只发光为1 750流明的100瓦白炽灯泡照明一个9平方米（3×3）的房间，其平均照度为：

$1\,750 \div 9 = 194.4\text{Lux}$

色温就是光的颜色，即黑体辐射温度，单位以开尔文（K）表示。低色温的是暖色，高色温的是冷色。

（二）照明的作用

照明在门店中扮演着非常重要的角色。它可以提高商品陈列效果、营造门店气氛，从而创造出一种愉快、舒适的购物环境。

1.引导顾客进入店铺，在适宜的灯光环境下选择商品。合理的灯光可以引导消费者的视线，使色彩、细节、质地、做工等都得到充分展示。为达这一目的，灯光的总亮度要超过周围，以表现商品的特征，使卖场形成明亮愉快的购物环境。如果光线过于暗淡，会使卖场产生一种沉闷的感觉，不利于顾客挑选商品，也容易发生销售差错。

2.吸引顾客对商品的注意力。优秀的灯光设置可以让人对所陈列的商品及店面环境留下深刻的印象，如橱窗中的局部射灯能使模特的服装成为视觉中心，起到提高橱窗吸引力的作用。布置卖场灯光时，应着重把光束集中照射到商品上，不可平均使用，可以考虑在商品陈列、摆放位置的上方布置各式灯光，使商品变得五光十色、光彩夺目。

3.使门店形成特定的气氛。合理地运用灯光可使门店形成愉快、温馨的气氛。

（三）照明设计原则

1.舒适。一个灯光强度适宜的卖场给人一种愉悦的感觉；一个灯光昏暗的卖场会让人觉得昏暗、沉闷，不仅看不清商品的陈列效果，还会使卖场显得毫无生气。舒适的灯光可以提高顾客进店停留和购买的概率，所以一个卖场必须满足基本的照明度。要使顾客在卖场中有舒适感，就要选择适当的照明度和理想的光源。照明度要适中，高的照明度可以作为局部点缀，以提高顾客的关注度。照明度影响卖场内部空间的明亮宽敞程度，商品清晰易见程度，卖场各部分照明度的高低要因功能不同而有所差异。

2.吸引。在卖场中，除了造型和色彩以外，灯光也是吸引顾客的重要元素之一。卖场不仅要制造一种轻松感还要提高顾客的兴奋度，引起顾客对卖场以及卖场中商品的关注，激发购买欲。在同一条街上，通常灯光明亮的店铺要比灰暗的店铺更加吸引人，适当地调高店铺里的灯光照度可以提高顾客的进店率；在同样的卖场内，明亮的灯光也会提高顾客对商品的注目度，所以店铺一般都会采用明亮的照明。

3.层次分明。卖场中的灯光像舞台剧中的灯光一样，可以用灯光的强弱来告知顾客卖场中的主角是谁、主要演员是谁。巧妙地运用灯光区分卖场各区域的功能、主次，可以给顾客一种心理暗示。如橱窗用指向分明的灯光来吸引顾客；用明亮的灯光让顾客仔细看清货架上的商品的细节；用柔和的灯光在服务区营造温馨的氛围。在重要部位调高灯光照度，在一般部位只满足基本的照明，这样用灯光会使整个卖场主次分明，并且富有节奏感，同时也可以控制照明成本。

4.与品牌风格吻合。针对不同的品牌定位和顾客群，灯光的规划也有所不同。一般情况下，大众化的商品由于价位比较低，往往追求速战速决的营销方式，所以灯光的照度比较高，这样可以在短时间内提高顾客的兴奋感，促使顾客快速买单；同时由于商品的款式和数量比较多，照明区域的分布以基本照明为主，与重点照明区域照度差距较小，其基本照明比高档品牌要相对亮一点。

【小思考3-1】

你有没有发现服装店的镜子人像比家里的“美”？原因是什么？

____

____

____

____

（四）照明设计

1.基本照明。这是为了保持店内起码的能见度，以方便顾客选购商品。大多数商店多采用安装吊灯、吸顶灯等，来创造一个整洁宁静、光线适宜的购物环境。能够采用自然光的位置，白天可以不必使用灯光照明。基本照明的照度在300Lux左右，常见的灯有白炽灯、筒灯、荧光灯。使用一般照明的区域包括公共区域、通道（350~450Lux）和休闲区。

2.重点照明。这是为了突出商品的特质，吸引顾客的注意而设置的店堂特殊照明。对于流行款及主打商品，应用重点照明显得十分重要。重点照明不仅可以使商品形成一种立体感，同时光影的强烈对比也有利于突出商品的特色。重点照明的照度在900Lux左右，常见的灯有卤钨灯、陶瓷金卤灯。重点照明一般运用在招牌、LOGO、形象墙、形象画，橱窗模特，壁架内新品、店内模特、畅销款，中岛挂架、中岛展台以及体现企业文化的道具上，用于增强品牌等的效果。

3.装饰照明。装饰照明的设计应与商店整体形象协调一致，主要作用在于突出店内色彩层次，渲染现场气氛与视觉效果，辅助增强商品吸引力与感染力。大型商店的灯光讲究富丽堂皇，中小型商店则应以简洁明快作为灯光设计的标准。营业厅内的不同位置应该配置不同照度的灯光，如纵深处照明亮度应高于门厅。

二、色彩

顾客进入店铺后首先觉察到的就是色彩。色彩设计是店铺气氛设计的头等大事。色彩与品牌、室内环境、商品风格等都有联系。有效的色彩设计能使顾客从踏入店门起便感受到品牌独有的魅力与个性，使顾客的感性因素得到升华，从而调动购买欲望。

（一）色彩运用的原则

1.满足色彩在商业空间中的功能性。在门店色彩运用中，首先要定好空间色彩的主色调。色彩的主色调在室内气氛中起主导作用。色彩对门店形状也有影响，对于狭长的卖场来说，把两侧的墙壁涂成冷色，里面的墙壁涂成暖色，就能给人宽敞的印象；相反对于浅短的卖场来说，把两侧的墙壁涂成暖色，里面的墙壁涂成冷色，卖场就好像变大了。为了取得统一又有变化的效果，大面积的色块不宜采用过分鲜艳的色彩，小面积的色块可适当提高色彩的明度和纯度。此外，室内色彩设计要体现稳定感、韵律感和节奏感。

2.遵循整体和谐的原则。色彩的协调意味着色彩三要素——色相、明度和纯度之间的靠近，从而产生一种统一感，但要避免过于平淡、沉闷与单调，因此色彩的和谐应表现为对比中的和谐、对比中的衬托（其中包括冷暖对比、明暗对比、纯度对比）。如中国古建筑上的藻井、彩画等，多运用了高纯度、多色相、强烈色彩对比的手法，但加入黑、白、金、银等调和性很强的色彩后，色彩富丽、庄重、协调，并不让人感到纷乱。

3.符合人类对色彩的情感规律。色彩的冷暖是人们对色彩的最基本的心理感觉。在掺入了人们复杂的思想感情和各种生活体验之后，色彩就变得十分富有人性和人情味了。一般说来，暖色给人以温暖、快活的感觉；冷色给人以清凉、寒冷和沉静的感觉。如果将冷暖两色并列，给人的感觉是：暖色向外扩张，前移；冷色向内收缩，后退。

4.注重文化主题。不同的民族文化对色彩有各自的传统，例如：赤色与黄色在我们中华民族传统的色彩语言中，象征着幸福、庄严、神圣，结婚、新年庆典等喜事活动都离不开，而西方在结婚喜庆的活动中更多的是用银色或白色来表达庄严、神圣、信任和纯真。绿色表示青春与希望；青色表示尊敬和诚实；橙色表示努力与忍耐。在英国，黑色象征着悲哀和悔恨；意大利人认为紫色是消极的色彩；荷兰人喜好橙色和蓝色；在印度，黑、白和浅淡的色彩被视为消极和不受欢迎的色彩。这些都影响了人们的审美观念。

【课堂讨论 3-3】

最值得一去的书店

一缕阳光一下午，
一杯咖啡一本书。
最好的书店，
就是让你能够安安静静一待一天的那种去处。

咖啡温暖手指，书香渐染时光。纸书的味道，无法代替；书店的意义，不会消亡。

问题：书店的气氛营造适合用什么色彩？

提示：书店以知识阶层为对象，要以象征智慧的青色、淡绿色、灰色等冷色调为主，适当配些鲜明的颜色。

（二）门店各部位的色调

1. 色彩运用要与商品LOGO相协调。这主要是通过卖场外围的色彩与品牌LOGO色彩的对比来吸引消费者。国际品牌在卖场外围的色彩设计上比较大气、统一，以暗灰色为主调，与硕大的品牌LOGO色彩对比之后，品牌标志性作用非常明显。如ZARA门店，外围为浅灰色，巨大的白色LOGO“ZARA”在对比之下显得非常时尚，抓人眼球。Dior店的外围是白色的，巨大的黑色LOGO在对比之下显得非常醒目，远远就能吸引顾客的视线。

2. 色彩运用要与商品本身色彩相协调。店内的货架、陈列台必须为商品的销售提供色调的支持，以衬托商品、吸引顾客。例如，华丽的色调给人高贵奢侈的感觉，适合奢侈品品牌；朴实的色调则给人自然稳重的感觉，适合休闲商务类的服装品牌；明快的色调给人轻松自然的感觉，适合运动、休闲、年轻的服装品牌；深重的颜色给人稳重、神秘、严肃的感觉，适合个性、商务的服装品牌；暖色调给人兴奋、热烈、刺激的感觉；冷色调则给人宁静的感觉。

3. 色彩运用要与楼层、部位相适应，营造不同的气氛。例如，多层建筑的一层营业厅或入口处对顾客的第一印象影响大，应使用暖色调，形成热烈的迎宾氛围；地下营业厅沉闷、阴暗，用浅色调装饰，给人赏心悦目的清新感觉。商店为了确定统一的视觉形象，应设定商店的标准色，以显示商店的独特个性。但在商店不同的楼层或商品部位，色调的使用又必须有所区别，形成不同的风格，以唤起顾客的新鲜感，减少视觉与心理疲劳。

三、音乐

在购物环境中，卖场背景音乐是影响消费者感受的一个重要因素。卖场背景音乐的编排与设计，直接体现品牌文化与品牌定位，对消费者是否进店选购商品会起到推动或阻碍的作用。一项调查显示：在美国有70%的人喜欢在播放音乐的零售店铺购物，但并非所有音乐都能达到此效果。调查结果显示，在零售店铺里播放柔和且节拍慢的音乐，会使销售额增加40%；快节奏的音乐会使顾客在商店里流连的时间缩短，从而购买的商品减少。

【拓展阅读3-4】

粉丝将MUJI店铺的音乐集结成CD售价百元

很多品牌的店铺音乐在民间有着极高的人气，在各大音乐网站、视频网站上，会有很多网友自发搜索“MUJI店铺音乐”，或者是“Hollister店铺音乐”。

由于很多品牌的店铺音乐都是定制的，感兴趣的客人只能依靠耳朵和经验来分辨播放的是哪首歌曲。“网上都会有大神罗列出Hollister每年的店铺播放曲目，然后大家根据这个榜单去下载，因为该店的歌曲都非常好听。”其实，也有诸如MUJI这样的品牌，在早几年推出过店铺音乐的CD，但是限量发行完之后，就再也不卖了。现在，网络上依然有人在寻找"MUJI店铺音乐"，购物网站上也有早年入手MUJI唱片的卖家，重新出售CD，售价高达百元。

在MUJI闲逛时，柔和的背景音乐会让你不由自主地放慢脚步，停下来享受这美妙的氛围。当然，在"享受"的同时，你免不了要细细欣赏那些精致的设计，免不了要去把玩令你心动的物件，最后也免不了将其中一些收入囊中。

（一）音乐的作用

1.正常的、令人愉快的音乐，可以吸引人们对商品的注意。

2.指导顾客选购商品，利用广播向顾客播放商品促销信息等，可以引导顾客选购。

3.营造特殊气氛，促进商品销售。卖场定时播放不同的背景音乐，不仅给顾客以轻松愉快的感受，还会刺激顾客的购买兴趣。

4.疏解顾客情绪。有一些来自外部的噪声会令人不愉快甚至难以忍受，破坏商店力求营造的气氛。对此，商店可有意放一些背景声音，以压下令人不愉快的声音。比较普遍的做法是播放背景音乐。但在使用背景音乐时，要注意控制好声音的强度和音量。

5.缓解店员疲劳。店员长时间工作难免会有疲劳感，音乐可以有效地缓解店员的疲劳感，让店员以最佳的状态面对顾客。

（二）门店音乐选择原则

1.音乐的选择单日时间性。每一天早中晚时间内所选择的音乐具有不同特点。以某商场音乐播放单举例说明（见表3-3）。

表3-3　某商场音乐播放单

时间	具体情况	播放音乐主要目的	所播放音乐名称	播放方式
8：00—8：20	开店	开店迎客，轻快的音乐	茉莉花	反复播放
8：21—11：30	营业中	欢快、舒缓的乐曲让人流连	微笑	反复播放
			有福气	
			月光水岸	
			德朗的微笑	
11：31—13：30	午休	激情的乐曲让店员、顾客处于兴奋状态	暗香	反复播放
			MELODY OF LOVE	
			爱是永恒	
13：31—17：20	营业中	欢快、舒缓的乐曲让人流连	来到今天	反复播放
			翅膀	
			变	
17：21—17：30	人流渐去，大厅收尾工作，准备打烊	动感快节奏的乐曲让顾客高兴回家	和兰花在一起	反复播放

2.音乐的选择主题时间性。比如情人节、母亲节、儿童节、圣诞节等节日，再比如会员专场或其他主题类营销活动。

3.音乐的选择相关性。音乐的选择要和促销主题等相关，比如新年促销活动时，选择和新年相关的背景音乐。

【陈列技巧3-1】

用音乐占领消费者的心智

2019年8月，日本快消品牌优衣库与腾讯QQ音乐合作，推出了很多跨界音乐营销项目。通过网络电台，优衣库使音乐和服装强关联，为六种生活场景（旅行、校园、商务、娱乐、宅家、运动）设计了六种不同的歌单和宣传语，让消费者无论在什么场景，总能找到一款他们的服装和歌曲。优衣库认为，服装和快消品对消费者而言只是消费中的一环，人们真正想做的是穿着喜爱的服装在明媚的阳光下做喜欢的事，服装只是为生活中的不同场景服务。音乐能够串接起服装和场景，唤起人们在不同场景下的体验和想象。

线上电台一个月就为优衣库带来了8亿次的品牌曝光和1 250万的收听人数，而真正的成果是线上粉丝被实实在在地引流到了店铺。音乐在品牌营销中扮演的角色取决于品牌的策略，音乐作为品牌营销的利器，可以帮助品牌提升用户参与度，激发用户活跃度，形成差异化的品牌形象乃至提高消费者的心智占有率，建立对品牌持久的记忆。

资料来源　钱丽娜. 音乐：品牌营销的魔术棒［J］. 宁波经济（财经视点），2018（9）：56-57.

问题：如何选择品牌音乐？

提示：品牌选择的音乐形式取决于受众的社交行为，受众想要分享的是哪种内容，可以和音乐人合作，甚至可以邀请受众共创。

（三）背景音乐设计注意事项

1.尽量不选曲艺类节目，比如相声、戏剧，因为这类节目很容易让顾客进入故事状态。

2.不宜播放强节奏、高频的音乐，如迪斯科和摇滚乐曲，这些音乐容易使人烦躁不安。

3.乐曲的音量应控制到既不影响消费者用正常音量说话，又不被噪声所淹没。

4.播放的曲目不能单调。

四、气味

好气味可以调节人的情绪，提高店家的商品销量。心理学研究表明：宜人的气味能够对人体生理产生积极的影响，如果人久留在芳香的气氛中，就会精神愉悦、兴奋，甚至是感到神清气爽。同时，市场调查也显示，异味会让顾客失去兴趣绕道而行，没有任何气味则会让顾客情绪疲劳懈怠，而散发适当的香味能够留住顾客。

必须指出的是，店内散发的味道一定要符合商品本身的属性，例如，如果卖面包，就要有面包的香气；若是花店，就要有花的香气；若是皮革店，最好要有优质皮革的味道，不加任何的辅助性气味；茶叶店也一样，要有干净的茶香，这样可以提升小店的品位。一般商品本身没有气味，店家可以使用一些提升氛围的香味，比如薰衣草、檀香等舒服、无刺激性味道的香味，要淡雅、提神，不宜太过，避免用一些相对而言比较刺鼻的味道。

店面气味的管理需要注意以下几点：

1.添加气味之前，要保证店内空气的清新，就像在化妆前先要做好底妆和隔离保湿一样，那样才能使彩妆达到想象中的效果。

2.要杜绝“串味儿”。例如，化妆品和食品、茶叶的味道等相混，会让你的店显得整体风格不伦不类。

3.像运用音乐一样运用香气，尤其是人为的香气要注意度的掌握。尽量要用一些经典的味道，莫要盲目地想要给人“刺激”，搞不好会适得其反。

4.消除不愉快的气味。例如，地毯的霉味，洗手间的气味，商店装饰材料的油漆味、塑料味，以及邻近商店飘来的气味等。对正常的气味可适当加大密度，对不良气味应尽可能降低其密度。

五、温度与通风

（一）国家规定公共场所温度

《国务院关于加强节能工作的决定》明确要求控制室内空调温度，并对此做了详细规定。其规定，所有公共建筑内的单位，包括国家机关、社会团体、企事业组织和个体工商户，除特定用途外，夏季室内空调温度设置不低于26℃，冬季室内空调温度设置不高于20℃。有关部门要据此修订完善公共建筑室内温度有关标准，并加强监督检查。有专家指出，冬季空调设定温度每低1℃，空调可以节电6%～7%。

（二）通风

一些热销卖场内客流量大，空气极易污浊，为了保证店内空气清新通畅、冷暖适宜，应采用空气净化等措施，加强通风等系统的建设。

一般来说，通风来源可以分自然通风和机械通风。采用自然通风可以节约能源，保证店内适宜的空气，一般小型店铺多采用这种通风方式。大型服装卖场或商场内店中店则必须接有大型机械通风设备，及时换气，从而保证顾客购物时的愉悦心情。

单元四　POP陈列

一、POP概述

凡是在商业空间，购买场所，零售商店的周围、内部以及在商品陈设的地方设置的广告物，都属于POP广告（point of purchase advertising）。利用POP广告强烈的色彩、美丽的图案、突出的造型、幽默的动作、准确而生动的广告语言，可以营造出强烈的销售气氛，吸引消费者的视线，激发冲动购买。

POP常在短期促销时使用，它的形式有户外招牌、展板、橱窗海报、店内台牌、价目表、吊旗、立体卡通模型等，具有夸张幽默、色彩强烈的特点，能有效地吸引顾客并唤起购买欲望，它作为一种低价高效的广告方式已被广泛应用。

二、POP种类

（一）根据POP设置场所分类

1.店头POP——置于店头的POP广告，如看板、海报、店招、立场招牌、大木偶站式广告牌、实物大样本、高空气球、橱窗展示、广告伞、指示性标志等。

2.悬挂POP——悬挂在超市卖场空中的气球、吊牌、吊旗、包装空盒、装饰物称为悬挂POP。悬挂POP的主要功能是营造卖场活泼、热烈的销售气氛，当微风拂动时，悬挂POP会轻轻摇摆，从各个角度都能引起顾客的注意。

3.橱窗POP——橱窗装饰、贴纸、海报等。橱窗POP现在比较流行，操作简单，效果明显，所以比较受商家的欢迎。

4.层面POP——立体陈列、篮子、立竿、架子、大木偶等。

5.货架POP——利用商品货架的有效空隙设置小巧的POP，如价目卡、商品宣传册、台卡、商品模型、精致传单、小吉祥物等。通过近距离阅读，“强制”顾客接收商品信息，它是一种直接推销商品的广告。

6.壁面POP——附在墙壁上的POP广告，如海报板、挂旗、告示牌、贴纸、装饰等，利用墙壁、玻璃门窗、柜台等可应用的立面，粘贴商品海报、招贴传单等。壁面POP以美化壁面、商品告知为主要功能，重视装饰效果和渲染气氛。

7.陈列架POP——附在商品陈列架上的小型POP，如展示卡、DM、标价卡、广告牌、货架卡等。

8.招牌POP——包括店面、布幕、旗、横（直）幅、电动字幕等。招牌POP的功能是向顾客传达企业的识别标志和销售活动的信息，并渲染活动的气氛。

9.标志POP——就是商场或商品位置指示牌，它的功能主要是向顾客传达购物的流程和位置的信息。

10.包装POP——是指商品的包装具有促销和企业形象宣传的功能，如附赠品包装、礼品包装、若干小单元的整体包装。

11.灯箱POP——超级市场中的灯箱POP一般较多地稳定在陈列架的端侧或壁式陈列架上面，主要起到指定商品的陈列位置和工厂专卖柜的作用。

12.价格卡POP——可使顾客在稍远的距离看到售价。

13.展示卡POP——具有促进冲动购买、推荐相关产品或强调特卖商品等作用，所展示的文字以15字为限，不超过3行。

14.卖场指引POP——在何处销售什么商品，可在头顶上方设置指示用的符号。

15.地面POP——是从店头到店内的地面上放置的POP广告，具有商品展示与销售功能。地面货架式POP广告是置于商场地面上的广告体，也包括商场外的空间地面、商场门口、通往商场的主要街道等。

（二）按POP的机能分类

企业使用POP的主要目的在于塑造商场的贩卖气氛，提高成交概率，它的种类按机能区分为：

1.季节性促销的POP。换季时，卖场通常以系列性POP来装饰店面，以重点衬托出各季节特有的气氛。例如，夏季时，将卖场布置为“海滩戏水”的凉快景色。

2.新产品上市销售的POP。这种POP是指新产品上市的广告一般持续短短2～3个月，为了在此期间能集中向消费者诉求，并使顾客注意新产品上市，而在终端售点布置的POP广告。

3.赠品促销的POP。赠品促销的POP最常使用的手法是将实际赠品直接展示出来。有时在展示实物时，也通常采用POP广告来强调所附赠的商品，这是极具吸引力的。

4.专用展示架上的POP。专用展示架上的POP是指在终端售点，厂商为突显单独陈列的本企业商品，特别设计用来装饰专用展示架的POP广告，在化妆品、洗发水、食品等行业较常使用。

5.增强商品演出效果的POP。如果商品本身具有个性和魅力，则可利用适合的气氛来衬托，例如使用照明、特别材料等各种POP来树立商品的良好形象，增强商品的演出效果。

6.大量陈列用POP。大量陈列用POP是指将商品堆积起来，形成特殊的商品陈列造型，并在商品上添加POP广告，如价格卡等。通常为了达到大量陈列的效果，还必须强调色彩和大量陈列后的造型。

7.现场展示促销的POP。现场展示促销的POP是指为了促销某商品，临时性地在销售现场搭建起POP摊位，其主要目的在于引起顾客的注意，方便展示人员的介绍和告知。

8.事件行销型的POP。在采用“事件行销”形式的促销手段时，为提高消费者的参与感，厂商通常会制作一些精美的POP，以利于消费者深入了解所参与的活动。

9.销售指导型的POP。在终端售点，为了增强所陈列商品的促销力，通常采用销售指导型的POP介绍商品的功能、传递商品的信息。

三、POP广告放置方法

（一）一件商品使用一张POP

如果在一件商品上粘贴多张POP，顾客的视线就会来回游走在各POP之前，可能会引起顾客的不满意，一般一件商品上只需贴一张POP。在推销中有时要使用写有广告语的POP，此时应该使用大型展示卡，在POP上部或下部的规定位置写上引人注意的广告语，然后将商品信息写在其余的空间上，这样一张POP就制作好了。

（二）不要遮住商品

无论如何，POP都是配角，商品才是主角。如果商品与POP的大小失衡，商品就有可能被遮盖。假设顾客从前面浏览，店员一定要确认POP是否遮住了商品。

（三）不要在商品上使用胶带或图钉固定POP

我们经常在服装店及百货商店看到将商品价签用大头针别在服装胸前口袋上，这种做法不好。即使是作为展示用的样品，也是为了让顾客观看陈列的重要商品，用胶带或图钉固定POP的行为等于伤害商品，因此应该利用专门的陈列方式与陈列台等。

（四）小型POP放在商品下方，大型POP放在商品上方

安装POP的基本方法是将小型POP设置在商品下方，使商品不被遮挡；大尺寸的POP（如展示板）要放在商品的上方。如果将大型POP设置在商品下方，商品有时会被遮挡，将大型POP设置在商品上方便于顾客的浏览。此外，左右侧POP基本放在商品中轴线上，这样商品和POP就能同时进入顾客的视野。

（五）如设置在旁边时要放在右侧

人的视线动向是由左向右的，因此要让顾客首先看清商品整体，然后浏览POP信息，因此，一般来讲，POP放在商品的右侧比较合理。要将在卖场和货架上的所有POP都张贴在右侧，如果有一部分放在中央或左侧，顾客的视线就会在看到POP时左右跳动，这样的卖场和货架让人觉得凌乱，也会引发顾客的不满情绪。

（六）垂直放置的POP背面也进行同样的表示

要提高顾客在店内的回游性，使其能够浏览所有商品，POP是必不可缺的辅助用

品。因为顾客会在店内来回走动，为了使顾客在通道上能够看到POP，所以在POP的背面也要标示上同样的内容。

（七）及时清洁，定期更新POP

店铺陈列手册中除了要注明地面、货架的清洁外，还要注明POP的清洁，要及时清洁POP上的尘土和污渍。随着时间流逝，POP的破损概率也会增加，商品的库存数和销售期限确认做得再好，如果POP外形很脏，也会影响卖场形象，因此POP一定要定期更新。记住，POP也是有鲜度的。

四、POP内容呈现方法

（一）基本思路

针对不同类型的商品，POP所展示的内容也应有所差别（见表3-4）。

表3-4 POP两种模式对比

指标	特价商品	高档商品、附加值高的商品
要点	价格标识最大	引人注目的广告语
纸张颜色	黄色	白色和黑色
文字颜色	红色、黑色	黑色、白色、金色、银色
字体	圆形字体	粗体、宋体
书写	手绘	电脑

（二）符合顾客视线运动规律

首先，顾客的视线基本上是最先浏览POP的中心部分。其次，视线的动向会由左向右，因此，要把图片和照片等图像放在左侧。最后，将希望顾客阅读的评论及价格等信息配置在右侧。

（三）用顾客喜欢的方式

1.表示价格时。在价格标示中抹掉原来的价格，写上降价后的价格。抹掉原来的价格时，要使用双横线，不要使用“×”，以免使顾客对该商品本身产生消极印象（如图3-6所示）。

另外，在表示数字时，要注意人们对数字的感觉是不同的，如“打9折”、“折扣10%”和“直降100元”，100是三位数，感觉降价的力度更大。再如，“折扣50%”就不如“半价”来得具体，所以半价更有价值。

2.表现“效果”时。新零售时代，顾客的购买行为正在由刚性需求向改善性需求转变，在这种情况下仅仅通过POP宣传商品和服务，是达不到让顾客购买的目的的。顾客购买的重点是效果，即通过购买眼前的商品和服务，会得到什么样的效果，顾客是在为这一效果买单。在POP上不要添加店方想要销售该商品的内容，而要添加顾客使用该商品之后所感受的内容（如图3-7所示）。

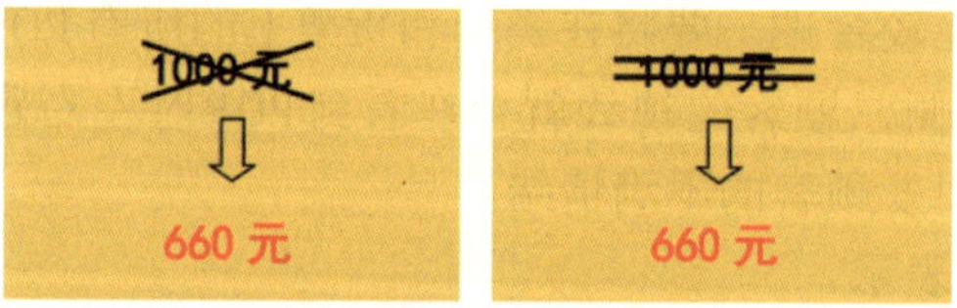

图3-6 降价POP示例

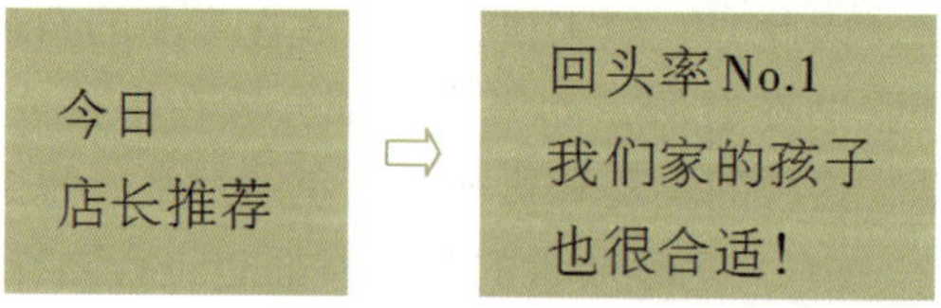

图3-7 POP内容示例

知识掌握

1.商业业态指的是什么？主要包括哪些内容？
2.门店选址基本原则有哪些？
3.POP绘制的三个基本要求是什么？
4.简述货架布置类型。
5.IP、VP、PP的作用分别是什么？
6.简述门店照明设计原则。
7.简述门店音乐的作用和选择原则。
8.简述POP广告的放置方法。

知识应用

● 案例分析

曼谷Siam Discovery——艺术类综合型购物中心

时代更迭下的商业业态，被赋予了更多社交的属性，不论是增加互动还是感官震撼，都旨在吸引大批客流，增强品牌影响力。各类商业业态为迎合消费者社交需求，越来越注重打造特色个性的社交空间。对于一个空间的体验感受，消费者会从色、光、声、温、味这五个维度进行评估。而随着消费者对于文化、艺术、情感和心灵归属感等产生越来越高的精神需求，正驱动着商业空间走向主题性，场景化与叠加性。

Siam Discovery地处曼谷的繁华商业圈，创意简洁的城市公共艺术，空间尺度宜人，被世界零售奖的评委称赞为“真正的未来黄金标准”。Siam Discovery是适合任何类型年轻人逛的购物中心，它有别于传统的百货商店，由零售购物与百货商店以及艺术设计组成，就消费者来说，这里像是一个四万平方米的超级买手店。Siam Discovery意为顾客提供“进行生活方式实验”一样的消费体验，用各种化学、科学元素来划分商家区域，建筑外墙和中庭用多层重叠的方形盒子营造无限延伸的视觉效果，大面积的白色灯光，以至于让你真的觉得自己走进长着怪植物的未来科学实验馆。Siam Discovery从内到外的设计改造，随处提供着贴合主题的、人性化的、新颖的感官体验。13个特色鲜明的展示区分布在商业中心的各个角落，设计师引入了烧杯、烧瓶、试管等实验器材以及分子结构图形、DNA序列、显微镜、阿米巴虫、烟雾和气泡等元素以呼应“实验室”这一设计理念，服饰、家居、家电、文具、餐饮等消费空间在这里没有明确的空间界限。Siam Discovery会定期邀请不同的艺术家设计空间内的艺术装置，以及规模不大的艺术展。

Siam Discovery在2017年国际零售大奖评选中获得最佳设计奖。

资料来源　加谷商业．颜值即正义，那些让人怦然心动的商业空间！[EB/OL].[2020-09-11].https://www.sohu.com/a/417694531_120730717.

问题：商业空间氛围营造包括哪些内容？

分析提示：一是作为商业展示，加强体验带入感、增强视觉冲击力和品牌宣发整体性的橱窗类艺术；二是能够有效快速烘托商业气氛，同时具有功能展示的标志类设计。如招牌、LED、海报展区等具有广而告之的位置和提示功能的导视等；三是建筑立面、互动装置、室内外景观如雕塑、花饰、植物配置，甚至休息区的座位、灯光照明等，这些元素都在设计师们的巧妙设计之中无形地影响着空间氛围营造。

● 实践训练

实践项目：某品牌卖场布局调查评估

要求：

1. 每3人组建一个团队。
2. 选取当地某一品牌门店，手绘或电脑制作门店布局图。
3. 根据评估表（见表3-5）完成调查评估。

表3-5 某服装门店布局调查评估表

1.品牌与LOGO形象		
2.店面装修（特点）		
3.店面卫生及整洁度		
4.现场广告（POP）		
5.店员形象与服务		
6.卖场色彩评估	（1）卖场整体空间色彩感觉	
	（2）服装及饰品色彩搭配	
7.卖场商品陈列评估	（1）陈列设计主题（季节）	
	（2）陈列分区情况	
	（3）主要陈列货架	
	（4）卖场通道规划评估	
	（5）主要陈列方式及特点	
8.卖场灯具灯光评估	（1）整体的灯光氛围（效果描述）	
	（2）灯具的类型名称	
	（3）灯光：基本照明是否合适，重点照明是否突出	
9.卖场氛围调研	（1）POP应用（位置、数量）	
	（2）卖场音乐（类型、效果）	
	（3）视频播放（内容）	
	（4）卖场气味（描述）	

4. 制作PPT，并在课堂上汇报。

项目四 橱窗陈列

【学习目标】

知识目标：

了解橱窗的起源和作用；掌握橱窗陈列的方法；熟悉橱窗陈列的流程；理解创意橱窗与品牌关系，掌握VMD三大区域作用、区分及设计方法。

能力目标：

提升创意橱窗的设计与欣赏能力，辨识空间视觉设计的合理性。

【案例导入】

在技能世界寻找人生坐标

世界技能大赛被誉为“世界技能界的奥林匹克”。

商品展示技术项目赛程为4天，竞赛模块分别为：调研分析、设计方案、安装准备、技术制作、产品陈列、橱窗安装，由一名选手独立完成。选手需在一个1.9m长、1.15m宽、2.4m高的模拟橱窗空间里完成某一类商品橱窗的整体展示。在长达21个小时的竞技中，参赛选手根据大赛提供的商品和主题，首先利用网络搜索分析品牌、商品特点，结合主题寻找设计灵感，通过电脑绘图软件将方案制作成效果图，然后利用100多种的材料、工具进行施工制作，从而最终完成整体的橱窗展示。

2019年8月的第45届世界技能大赛，来自广东省轻工业技师学院的罗丽萍，代表中国队出战，获得商品展示技术项目的银牌，打破了欧洲国家长期以来对该项目奖牌的垄断。商品展示技术通俗来讲就是橱窗展示，看似简单，小橱窗里却藏着大学问：要熟悉100多种材料、工具；要掌握平面设计、展示设计、空间设计、市场营销等专业知识；还要熟记很多深层的技术细节，如背胶技术测点误差不能超过2mm，切板不能有毛边，刷墙不能有“泪痕”……

资料来源　罗丽萍．在技能世界寻找人生坐标——第45届世界技能大赛商品展示技术项目选手罗丽萍［J］．职业，2020（25）：10-12.

案例启示：商品展示的魅力，在于把艺术创造和执着专注进行完美融合，它结合比赛标准，最大限度地把艺术和产品充分融合并加以展现，满足产品视觉营销。

单元一　橱窗陈列基础

“橱”的本义是放置东西的家具，“窗”本义是天窗，引申为房屋。《现代汉语词典》将橱窗定义为“商店临街的玻璃窗，用来展示样品”。橱窗是展示品牌形象的窗口，也是传递新货上市以及推广主题的重要渠道。人们对客观事物的初步了解，有70%

靠视觉，20%靠听觉。橱窗陈列能最大限度地调动消费者的视觉神经，达到诱导、引导消费者购买的目的。

一、橱窗的起源

（一）第一阶段

19世纪欧洲百货业开始发展，橱窗设计是作为商品的一种销售方式和销售技术出现的。

“橱窗文化”起源于欧美。1875年，路易·威登的店面设置了华丽的橱窗，里面摆满行李箱，整个巴黎都被吸引了，此举开创了奢侈品的橱窗时代。最初的店主们试图通过夸张地展示他们的店名或在街边的橱窗和展台上展示商品以吸引顾客进店。花商们不仅用最美的鲜花来装扮他们的橱窗，还将它们延伸到店外的人行道上，用色彩和香味诱使顾客进店。

（二）第二阶段

20世纪20年代，商品销售者开始注重将店中精美商品展示在橱窗当中。这段时期，人形模特和衣架开始流行，并得到广泛应用。

以琳琅满目的商品和超大的橱窗空间作为橱窗展示的先锋，这一现象起源于法国。1909年3月15日，戈登·塞尔弗里奇创立塞尔弗里奇百货商店。百货商店在大量安装有平面玻璃的橱窗里摆满了优质商品，并且橱窗在夜间也保持持续的照明，甚至在百货商店打烊以后也是如此，以便公众在电影院散场回家的途中仍然可以欣赏这些展示。这种做法意味着视觉营销的一项革新。

（三）第三阶段

20世纪40年代到60年代，由于第二次世界大战后购物狂潮的掀起，促使各种推销手段迅速发展，并使之愈加专业化。橱窗已不再是简单的布置而是开始向视觉营销方向转变。

20世纪40年代，随着新技术的出现，大型玻璃的生产得以实现。百货商店索性将自己的橱窗作为一个展示的大舞台，有些展示甚至会和百老汇表演一样充满戏剧味道，这无疑会将橱窗陈列艺术提升到一个更高的水平。如今，色彩、道具和渲染气氛的照明在许多场合下更容易抢占商品的光彩，然而视觉营销不仅仅是简单地突出商品，更是一种艺术形式，以其独特的魅力吸引着顾客的眼球。

（四）第四阶段

20世纪90年代后，在欧美等国家，品牌旗舰店、概念店开始出现并流行起来。品牌旗舰店是为了适合品牌现阶段推广的整体策略而设计的规范店，设计师和经营者通过运用大量的橱窗设计来营造这些店铺的气氛，通过这样的形式来向消费者进行宣传。

20世纪90年代，随着科技的发展和超级品牌的诞生，橱窗展示进一步发展为一种有效的宣传工具。当年橱窗造型师们的实践和经验，为今天的视觉营销者们积累了大量切实可行的陈列技术。

二、橱窗的分类

（一）按装修形式划分

1.通透式橱窗。店铺的整个正面都呈现在顾客面前，这类店铺会有很多顾客进入。这里看起来似乎没有橱窗设计的需要，然而可以在入口处放置一些展示的货架等来吸引顾客（如图4-1所示）。

图4-1　通透式橱窗

2.半通透式橱窗。半通透式橱窗又叫半封闭式橱窗，在橱窗与卖场之间有半透明物件（如广告画、纱类织物、网型材料、磨砂玻璃等）相隔，使得橱窗空间相对独立，既有较大的空间感觉，又不会减弱橱窗空间自身的视觉引力。很多零售商喜欢这类橱窗，因为通过它可以从外面看到商店的内部环境。然而，这也意味着商店的内部环境需要维护并保证随时看起来都具有吸引力。布置这种类型的橱窗难度较大，因为人们会从里外两个角度来观察橱窗。与封闭式橱窗不同的是，昂贵的商品在此陈列就显得不太安全，因而它不适用于这类橱窗。另外，也需要考虑顾客去触碰陈列品的可能性（如图4-2所示）。

图4-2　半通透式橱窗

3.封闭式橱窗。这类橱窗常见于百货商店，类似于一个房间，在正面有一大面玻璃（面向街上的顾客），后面和两侧是坚实的墙壁以及一扇门。这类橱窗的布置是最花心思的，因为它只能从一个角度来吸引大街上公众的注意。

在布置封闭式橱窗前要精心设计。由于空间较大，因而需要更多的商品来填充。同时，由于需要使用较大面积和较多数量的道具，因而增加了成本。另外，虽然可以陈列一些昂贵的商品，但要保证橱窗的门足够安全，以使顾客无法触及并随意摆弄商品的陈列。从设计的观点来看，由于这样的橱窗只能从一个角度来观察，因此只需要保证正面的效果（如图4-3所示）。

图4-3　封闭式橱窗

（二）按橱窗中的构成元素划分

每个橱窗根据设计需要的不同，通常会采用不同构成元素的橱窗，最常见的是由人模、道具、背景、灯光几种元素构成的橱窗。按橱窗中的构成元素的不同，橱窗可进行相应的划分。

（三）按展示时间划分

按展示时间，橱窗可划分为定期展示橱窗、时令展示橱窗和临时展示橱窗。图4-4所示即为秋季橱窗（时令展示橱窗）。

图4-4　秋季橱窗（时令展示橱窗）

三、橱窗的构造形式

（一）重复与渐变

图 4-5　利用重复的形式展示

1. 重复，即以不分主次关系的相同形象、颜色、位置距离做反复并置排列。

以一种形象做左右或上下反复并置，称为二方连续式；以一种形象做上下、左右同时反复并置，称为四方连续式。重复的特点是具有单纯、清晰、连续、平和、无限之感，但有时因为过分统一，也会产生枯燥乏味的感觉（如图 4-5 所示）。

图 4-6　利用重复、渐变的形式展示

2. 渐变，即运用同一色系不同深浅的商品组合陈列，富有层次感，如由浅至深，或由深至浅。如图 4-6 所示，背景中装饰物颜色的渐变。

（二）对称与均衡

1. 对称。在画面中心画一条直线，以这条直线为轴，其上下或左右对称，称为对称，或称均齐。

对称具有一定的规律性，是统一的、正面的、偶数的、对生的。在商业展示中，对称的手法常被采用，是一种较好的陈列形式，有庄重、大方、稳定之感。

2. 均衡，即在无形轴的左右或上下各方的形象不是完全相同的，但从两者形体的质与量等方面看确有雷同的感觉。均衡富有变化，具有一种活泼感，是侧面的、奇数的、互生的、不规则的。

（三）节奏与韵律

节奏，即根据反复、错综、转换、重叠原理，加以适度组织，使之产生高低强弱的变化。在商业展示设计艺术表现形式中，通常表现为形、色、音的反复变化，有时表现为相间交错变化，有时表现为重复出现，由周期性的相间与相重构成律动美感。

节奏与韵律的展示表现方法与技巧：一是利用反复的形式表现，如图 4-7、图 4-8 所示；二是利用放射的形式表现，如图 4-9 所示；三是利用渐变的形式表现，如图 4-10 所示。

图 4-7　利用反复的形式表现（1）

图 4-8　利用反复的形式表现（2）

图 4-9　利用放射的形式表现

图 4-10　利用渐变的形式表现

四、橱窗的作用

（一）与客户沟通的桥梁

由于橱窗位于店铺最易让顾客看到的位置，因此橱窗几乎是店铺当中最能有效展示商品的区域。当然橱窗不仅用于展示商品，有时也根据品牌或设计师的需要展示其他内容，比如，陈列几件艺术品、展示活动的装置或者真人表演等。但不管橱窗展示什么内容，总的来说，橱窗的最大作用在于与消费者沟通。陈列设计师对橱窗的创作，就是要把它当成一个沟通的桥梁，通过对橱窗的设计与布置将需要展示或交流的信息传递给消费者。

（二）品牌文化宣传的窗口

橱窗就如一个位置固定的广告，而且比起其他的广告形式，它离顾客更近且费用低廉。如果我们把店铺比作一个美丽的姑娘，那么橱窗就是其眼睛，其存在与好坏决定了店铺是否更吸引人。品牌广告往往体现品牌信息与品牌文化，橱窗设计师可以通过对橱窗风格的长时间把控，使受众经过长时间的信息接收后对品牌类型及其风格有一个深刻的印象，并能使品牌在受众的心中占有一席之地。如果你经常观察会发现，不管 LV 的橱窗如何变化，其主题几乎总是离不开箱包，这也让受众一想到名贵箱包就会想到 LV 品牌。

（三）信息传播的窗口

销售信息是我们在橱窗当中最常见的内容。橱窗通过展示销售信息，让顾客及时了解店铺内商品的情况，比如换季降价打折信息、新品上市信息等。

调查显示，顾客给吸引他们进店的几种主要因素排序，依次为品牌、橱窗、促销信息、导购员介绍、朋友推荐等。

【小思考 4-1】

橱窗效应

1973 年，法国人布鲁耶（Jean-Claude Brouiller）在玻利尼西亚买下一座小岛，打算与妻子在这里厮守一生。有一天，布鲁耶信步在海边闲逛，偶然发现岛旁的海水里栖息许多牡蛎，而牡蛎的唇肉里竟藏有闪闪发亮的黑珍珠。他取出不少样本，非常兴奋地将它们交给自己一位珠宝商朋友代为行销，结果不但没引起回响，甚至有人说："这些铁灰色的珍珠，看起来就像毛瑟枪子弹一样，一点价值也没有。"

布鲁耶拿回这些珍珠，原打算把它们通通丢掉，或贱卖给当地商人作为游客纪念品，然而，他的珠宝商朋友却一再劝他，说这些珍珠不是没有价值，只不过我们还没找到罢了。最后，这位珠宝商将这批黑珍珠交给他的一位老朋友，也就是著名的珠宝商温斯顿，温斯顿看完这些珍珠后，同意将它们放进自己位于纽约第五大道的精品橱窗，并标上吓人的数字。从此，这些黑珍珠就从“毛瑟枪子弹”，摇身变成曼哈顿社交名媛的梦幻逸品。

资料来源 编者根据相关资料编写。

什么是“橱窗效应”？为什么会有“橱窗效应”？

单元二 橱窗陈列方法和设计要求

一、橱窗陈列的方法

（一）系统陈列法

图4-11 系统陈列法示例

系统陈列法，即将相同质地或同一类别的商品，或者将同类、不同质的商品集中起来组织到一个橱窗里（如图4-11所示）。这样的陈列能让顾客系统、全面地了解商品，给顾客的选择提供了方便。

（二）综合陈列法

综合陈列法是指将不同质、不同类和不同用途的商品，经过合理的分组、处理，陈列在一个橱窗里，能够达到“丰富多彩”的效果（如图4-12所示）。在设计和布局上，要避免杂乱无章、眉目不清，商品陈列要错落有致，留有适当的空白。

（三）特写陈列法

特写陈列法是指运用电影特写镜头的处理方式，将名牌商品、新品放大，制成模型，使该商品得到突出和强调，从而达到引人注目的效果（如图4-13所示）。

图4-12 综合陈列法示例

图4-13 特写陈列法示例

（四）专题陈列法

专题陈列法是指围绕某个专题内容选择和布置商品，既能突出商品，又可使橱窗具有较强的思想性，通常用于专门介绍某种商品的性能、用途、使用与保养方法的专题橱窗。比如系列美容产品的专题陈列等。还有一类是带有鲜明的主题性的，比如根据商品的特点，围绕着某个主题来设计（如图4-14所示）。

图4-14　专题陈列法示例

（五）季节陈列法

季节陈列法是指随着季节的变化，将该季节所需要的商品合理组织陈列在橱窗中，能起到指导消费的作用（如图4-15、图4-16所示）。

图4-15　夏季橱窗示例

图4-16　冬季橱窗示例

（六）节日陈列法

节日陈列法是指按照节日的性质、特点和要求，在节日期间，组织和陈列商品，既表达节日的喜庆又能促销商品。图4-17为圣诞节橱窗示例。

（七）场景陈列法

场景陈列法是指将商品按生活中使用的状况，以某种生活情节或场面布置出来，从而引起顾客的联想，突出商品的特色，并能引起人们的购买欲望。如图4-18所示，橱窗中一个女士趴在床上，鞋子、外套都没有换掉，旁边放置着许许多多的闹钟。整个场景反映的就是正在职场奋斗的一位白领女士，由于工作竞争及压力，感觉非常疲惫，缺少睡眠，即使有再多的闹钟也不能把她叫醒。

图4-17　圣诞节橱窗示例

图4-18　场景陈列法示例

（八）抽象陈列法

它与前一种陈列法相反，是用非人格化、非戏剧性的场面，运用艺术的手法展示商品，并表达一定的思想内容，具有趣味性，从而达到吸引顾客的目的。比如，可以运用对比手法（色彩的冷暖对比、形态的对比、大小对比、肌理的对比、明暗的对比等）、节奏与韵律手法、象征与暗示手法（指具有象征意义的色彩或图形）、蒙太奇手法（打破时空，进行拼接组合）、透视与错觉规律手法（向心或放射式构图，利用视错觉现象等），也可以运用并列的手法、夸张的手法等。如图4-19所示，画面中一双非常夸张的

图4-19 蒙太奇手法示例

大长腿即为蒙太奇手法。

二、橱窗陈列的设计要求

（一）考虑顾客行走时的视线

虽然橱窗是静止的，但顾客却是在行走和运动的。因此橱窗设计不仅要考虑顾客静止时的观赏角度和最佳视线高度，还要考虑橱窗自远而近的视觉效果以及穿过橱窗的效果。为了使顾客在最远的地方就可以看到橱窗的效果，不仅要在橱窗的创意上做到与众不同，主题简洁，在夜晚还要适当加大橱窗里的灯光亮度，一般橱窗灯光亮度要比殿堂中高50%～100%，照度要达到1 200～2 500Lux。

（二）橱窗和卖场要形成一个整体

橱窗是卖场的一部分，在布局上要和卖场整体陈列风格吻合，从而形成一个整体（如图4-20所示），特别是开放式橱窗，不仅要考虑与整个卖场风格相协调，还要考虑和橱窗最靠近的几组货架的色彩相协调。橱窗可以传递卖场内的销售信息，这种信息的传递应该与店铺中的销售活动相呼应。比如，橱窗里是新品上市的主题，店铺里陈列的主题也要是新品上市，并储备相应的新品数量，以配合销售的需要。

（三）主题简洁、风格突出

在陈列时不仅要把橱窗放在店铺中考虑，还要把橱窗放大到整条街去考虑。在整条街上某一个店铺的橱窗只占小小的一部分，如同一部电影中的一段，稍纵即逝，顾客在橱窗前停留的时间也非常有限，因此橱窗的主题一定要鲜明，要用最简洁的陈列方式向顾客展示要表达的主题（如图4-21所示）。

图4-20 橱窗与卖场风格相协调示例

图4-21 简洁的橱窗陈列方式示例

图4-22 与卖场风格不协调的橱窗展示示例

（四）橱窗的展示色彩与店铺商品及店铺地面的色彩相呼应

开放式橱窗作为店铺的一部分，应与店铺巧妙地融为一体。在实际的应用中，有许多陈列师设计橱窗陈列风格时，往往会忘记了卖场里的陈列风格，结果顾客常常看到这样的景象，橱窗的陈列风格非常简洁，而卖场的陈列风格却非常烦琐和复杂，从外面看非常现代，而里面却很传统（如图4-22所示）。

一般从4个角度来进行橱窗色彩设计：第一，焦点色彩，用来凸显商品及品牌；第二，近场色彩，即走近橱窗，视觉范围中除焦点色彩外视觉感知最清晰的色彩；第三，背景色彩，顾名思义，即背景的色彩，包括狭义的商品背景色彩（与前景相对）和整个橱窗的背景色彩；第四，环境色彩，即整个橱窗所处环境的色彩，常与周围的照明、建筑、装饰相关。

在布置橱窗之前，要使用标准色卡确定色彩，色卡分为3组：

1.主调基本色卡系列：一般不使用艳度（纯度）高的浓重色彩及低明度色彩，多数选择色阶中间靠上的和谐色彩，这就给橱窗用色范围确定了基本色调。

2.辅助色卡系列：扩充了主色调色卡范围，与主色调色卡搭配成色系，也不选择艳度（纯度）高的色彩。

3.点缀色系列：选择艳度（纯度）较高比较明确的色彩，在局部、小面积运用，起到画龙点睛的作用。

色卡的使用可以使橱窗色调明确、统一而浪漫，也可以达到雅致、和谐、自然的色彩效果，突出商业文化的艺术性，达到视觉舒适、吸引消费者的目的。橱窗内使用的色彩不仅要考虑整个店面的统一和整体效果，还要考虑与毗邻商铺用色的协调性，排列在一起的效果。

【课堂讨论4-1】

橱窗中的中国元素

中国元素是指凝结着中华民族传统文化精神，具有中华民族传统地域特点与文化，并体现国家尊严、民族利益的形象、符号或风俗习惯。从中国文化中提取出有代表性的要素我们就可以称之为中国元素。中国元素是中华民族上下五千年的历史结晶，也代表了博大精深、源远流长的中国传统文化。中国元素是具有多样性和历史性，表现形式多样，内容让人流连忘返，散发着独特魅力。

法国著名皮具品牌爱马仕非常重视中国元素的使用，曾于2007年在东京的一期橱窗展示中，选用“中式风格”的服饰橱窗陈列。橱窗运用了中国蓝和青色，运用体现东方神韵的龙和中国房檐上独特的青瓦。整体上来看，橱窗的色调统一偏奶油高级灰调，既温和又清新，再加上一抹爱马仕的标志性橙色来点睛。橱窗将中国元素和品牌的标志色结合，增加了橱窗的时尚感和美感。

橱窗中多次运用剪纸艺术的法国著名皮具品牌爱马仕，已多次邀请世界各国剪纸艺术家来为其橱窗做设计。2014年春季，吴耿祯受邀至爱马仕位于巴黎的独立梦工坊参观，与创办人Pascale Mussard一拍即合，工坊内缤纷多彩的创意作品，启发他运用爱马仕的皮革、丝巾、手工纸创作作品。他运用剪纸艺术和色彩搭配，在皮革和丝巾的巧妙结合下，创作出来具有中国元素的橱窗。

资料来源　王峥，康鑫元. 中国元素在国际时尚品牌橱窗陈列中的应用［J］. 西部皮革，2020（19）：88-89.

问题：橱窗中的中国元素有哪些具体形式？

提示：装饰图案、艺术形式和工艺手法是中国元素的三种表现形式。其中装饰图案有：祥云图案、龙图腾、如意图案；艺术形式有：中国书法、国画、敦煌壁画、京戏脸谱；工艺手法有：中国织绣（刺绣等）、篆刻印章、文房四宝（砚台、毛笔、宣纸、墨）、中国结、剪纸、皮影、风筝、中国漆器、中国瓷器、紫砂壶等。

单元三 橱窗陈列流程

一、橱窗陈列规划

（一）橱窗主题与方案

主题就是橱窗展示的核心话题，融合色彩、道具以及相关的商品等，使得橱窗整体效果鲜活生动。比如，一个泳装主题可以包括沙滩、棕榈树和蓝色墙壁等，这样能形成沙滩的感觉。即使商店只有一个橱窗，也应该有一个主题。

方案适用于有很多橱窗的大型商店，例如纽约的梅西百货商店和伦敦的塞尔弗里奇百货商店。方案源自主题，但是也会有适当的改动以便传达同样的信息但却各不相同。比如，与一个沙滩主题的橱窗相关联，可以先布置一个有床和蓝色地板的橱窗，下一个橱窗则可以一个酒店阳台作为主体，重要的是方案之间的协调性与关联性。

在很多情况下，橱窗主题和方案会同样应用于商店内部的陈列。如果运用得当，这样的陈列可以加强传达给顾客的信息。橱窗创意主题来源包括：

1.时尚流行趋势主题。时尚流行趋势每年由各大流行趋势研究室进行发布，一般分为若干个主题。如法国的Nelly Rodi设计事务所，每年两次分别发布下一季的春夏和秋冬流行趋势，通常分为4～8个主题，每个主题都有鲜明的特点，包括风格、色彩、面料和款式等元素。我们只需选择其中适合该品牌风格的主题，将其中的某些元素提炼成设计点即可。

【拓展阅读4-1】

接受美学

接受美学是由德国“康斯坦茨学派”主要代表人物尧斯所创立。“康斯坦茨学派”的“接受理论”着重研究读者对文学作品接受时所产生的一系列因素与规律的理论。在接受美学诞生之前，传统美学和文艺学理论往往以艺术作品和文艺家为中心，而尧斯的接受美学则主张将研究的中心颠覆性地转向文学和艺术作品的读者、观赏者、受众和接受者，因此被称作接受美学。

音乐、戏剧、绘画、电影等艺术作品透露出的创作者的艺术态度、艺术立场和艺术美感，欣赏主体来自艺术审美接受过程中对艺术形象、艺术事件的再理解和再创造，接受者得到的美感享受和教益是不同的。

尧斯将审美接受分为三个层次，即第一层次是“美的快感与享受”，在体现欣赏者的艺术中“获得心灵解脱并得到自我证实”和接受艺术活动“更新对外部现实和自身内部现实的感知和认识的方式，获得看待事物的新方式和经验”。第二层次是艺术欣赏将阅读和鉴赏看成“日常生活的一种补偿”，发现与现实世界不同的世界，从中可以不受日常生活中的约束，自由地释放平时被压抑的情感，展开欣赏者自由想象，从而寻找到某种平衡。第三层次则是最高层次，按照尧斯的说法，就是要通过艺术的鉴赏活动“更新对外部现实和自身内部的感知和认识方式，获得看待事物的新方式和经验”。在艺术鉴赏活动中得到新方式和新经验，从而改变鉴赏者和社会大众的认知水平、思维判断和审美情感。

我们从尧斯的接受美学相关理论中得到启示，时尚美学研究如果离开了时尚产品接受者的生活体验和消费者对于设计产品体验的反作用，则无法真正介入时尚美感本质、时尚潮流、时尚审美的话题。

资料来源　李超德，孟少妮．从“接受美学”的理论逻辑看时尚美学建构［J］．服装设计师，2020（10）：74-81.

2.来源于品牌的产品设计要素。来源于品牌的产品设计要素，是由产品设计师代替陈列设计师完成了对时尚流行趋势主题的分析和提炼这一步骤。产品设计师会对下一季的流行趋势进行研究，找出其中适合本品牌的设计要素，然后根据这些设计要素进行系列设计，开发出几大系列主题鲜明又风格统一的产品。陈列设计师此时只需对产品的这些设计要素加以引用，在橱窗陈列时把它表达出来，就可以做出既符合时尚流行趋势又忠于品牌自身风格的设计。这些设计要素可能是一块面料的花型或肌理，或是一个款式的结构特点。另外，产品的LOGO也可以成为橱窗创意陈列的一个来源。

3.品牌当季的营销方案。可以以时间段来划分，其中包括新品上市计划，以及一些重点节假日的营销策略。在这些重点时期，如春装上市、秋装上市、国庆节和春节期间，品牌必然进行有针对性的重点陈列设计。陈列设计师在这个时候就要通过应季的橱窗陈列设计明确提醒每一位路过的顾客新品的上市和节日的到来。设计方案的灵感来源，就可以从这些时间段的代表特征中去发掘。既要明确地体现该时间段的特点，又要新颖而不落俗套。

（二）道具选择

确定了主题和方案，接下来就要在构思橱窗布局之前考虑该用什么样的道具了。道具，顾名思义就是陈列展示商品所借助的物品。一个橱窗陈列可能需用一个或一系列道具组合。道具可以与商品有共同点，也可以与商品毫无关联。只用一件道具和用许多件道具同样能有效地表现橱窗主题。道具可以为橱窗和室内陈列增加亮点。道具可以购买也可以定做。爱马仕橱窗低成本促销主题示例如图4-23所示。一些商品也可以用作道具，例如，用一组椅子可以展示出一个时尚的主题（如图4-24所示）。

图4-23　爱马仕橱窗低成本促销主题示例

图4-24　通过一组椅子展示时尚主题

道具是衬托商品的，不能喧宾夺主。一条基本的运用规则：三分之二的道具与三分之一的商品是最佳的组合，这样看上去才平衡。道具必须达到一定的量才能表现主题和营造艺术化的效果，过多的商品可能会干扰陈列的效果。商品和道具之间要彼此联系、相互影响。比如，将一个盆栽放置在人形模特脚下将会引起错误的关注，毫无疑问，它与商品没有关联性，看起来让人觉得不舒服。若道具与橱窗主题没有关联性，就要避免因个人喜好而牵强使用。切忌把那些与商品不相关的旧家具、窗帘、人造花等一股脑地堆放在橱窗里，会显得不伦不类。

一件制作精良的道具能让零售商的店铺与那些大型百货公司相媲美。然而，优秀的橱窗陈列往往靠的并不是高昂的花费而是丰富的想象力。

1.道具使用的四大基本原则。

（1）以“商品”为本原则。商展陈列的道具，其目标在于服务商品，推介商品。在设计道具时，要以“商品”为本位。根据商品的形态、体积、颜色、性能、用途、尺寸、价值等，科学合理设计道具，展现商品的新奇、生动与鲜明视觉冲击力。

（2）以人为本原则。道具设计，除了考虑商品外，还要满足人的消费诉求。要基于商品、道具本身，引入人体工程学理念，顺应顾客的消费心理，为顾客营造舒适、温馨的购物环境。

（3）经济实用美观原则。道具的设计，要尽量结构简单、形式多样、方便组合拼接，提升道具使用率。在道具设计中，要注重标准化、规范化、通用化设计，各构件之间便于互换，实现功能互补。

（4）生态性原则。商展中的道具设计，要将绿色、生态作为重要原则，尽量选用环保等级高的中密度纤维板，减少对生态环境的破坏。如注重节能、节约、可持续理念，对板材尽量选用中密度纤维板、刨花板、夹板等；胶水、辅料、油漆要达到环保标准；尽量选择可回收、再生利用材料。

【拓展阅读4-2】

橱窗屏——一种“会说话”的LED透明屏

临街橱窗是零售店商品陈列宣传的重要手段，对于展示零售店的经营类别、重点推销商品、吸引消费者购买意义重大。让橱窗一改静态展示，灵活多变动起来；让商铺在整体上能够更生动，与消费者和人群产生更深层次的信息互动是未来广告橱窗设计发展的趋势之一。橱窗LED显示屏已经成为众多广告商展示其广告及产品的重要工具。

LED透明屏的出现不但集成了常规户外高清LED显示屏的所有优点，并且最大限度地消除了商铺橱窗的承重，完美地解决了零售行业橱窗的视频展示问题。目前用于零售店橱窗的LED透明屏，不仅轻、薄、容易安装，还能达到最小5mm的像素间距及高达70%以上的通透度。它的使用克服了普通纸质海报需要张贴、更换的麻烦，也没有普通LED屏以及液晶屏幕笨重、不通透、不美观的弱点。相比在建筑幕墙的使用，橱窗LED透明屏也许是一个需求更大的市场。

资料来源　编者根据相关资料编写。

2.定制道具。手工制作的道具成本可能较高，但通常是物有所值的。如果陈列设计师想要让橱窗别致一些，可以联系一个道具生产商制作道具，也可以自己动手制作道具。需要注意的是：一个封闭式橱窗仅仅需要将道具的正面制作精良，因为从街道上看不到道具的背面；而一个开放式橱窗，道具的任何一面都要制作好，以便从360°全方位观看。

3.可回收道具。聪明的陈列设计师总是善于保管道具，以便今后还能使用。可能一个橱窗使用该道具不止一次，但总是要以新的方式处理后再利用，或者也可用于店内陈列。尤其是对高成本的道具，应尽可能频繁地利用，但也不能使这些道具过度曝光，因为消费者总是想看到新鲜的东西。请记住，一件制作精美的道具可以换个时间再用于店内。值得注意的是，大型的道具只有在改造以后才能偶尔使用，而小的物品可以用很多方式处理，如重新刷漆、装饰一下，就可以与其他道具互换着展示了。

4.植物。橱窗陈列中也经常用到鲜花等植物，但是它们往往存活时间较短，因为受阳光和灯光的过度照射，这些鲜活的植物在短时间内就会枯萎。而人造植物长年都能保持旺盛的状态，还可以清理、整理、储存和再利用。

二、橱窗布置

（一）清扫整理橱窗

如果橱窗已经进行过精心设计，那么之后的装饰将会变得十分简单。保证待装饰橱窗的干净与整洁是橱窗装饰的基本要求。检查确保所有的照明设备都是正常的，灯泡是完好的。在橱窗里的物品摆放完之前将梯子放进去更换灯泡会更省事一些。上一次布置橱窗时所留下的钉书钉、钉子以及螺丝等应该都去除，多数情况下要填补并打磨墙上的孔眼。

（二）处理墙壁和地面

清扫整理橱窗之后，就应该处理墙壁了。地面应该最后打扫，因为涂料可能会不可避免地喷溅洒落在地面上。如果需要粉刷墙壁，最聪明的做法是在一大早就开工，因为通常需要粉刷几遍，而且如果天气不好，墙壁需要很长时间才能干透。开着灯也能帮助提高温度以加快涂料干透的速度。最好把墙壁附近的玻璃遮挡起来，因为一旦溅上涂料将会引起顾客的注意。如果橱窗的地面不需要油漆，而是那种比较坚固的大理石或实木地板等，也应该遮盖住，以防止涂料喷溅洒落。如果橱窗的地板是由环保木材制成的，那么粉刷墙壁时，可以把地板先拆掉放在其他地方遮盖起来，这样可以节省时间。

织物在许多场合里都需要用到，尤其在覆盖展板时，织物一般会裁剪得比展板尺寸大，以便有足够的边角可以用射钉枪封边。射钉枪和剪刀等是陈列设计师的好帮手。从最长的一侧开始钉钉子，在两侧长边的中间钉几个钉子，然后将短边也如此处理，且要绷紧织物；再在每个角上钉钉子。当你钉到边角时要把褶皱的部分拉到木板的背面，让织物表面保持平整，并用射钉枪固定。谨记：当你进行下一次的橱窗设计时，你可能要把现在木板上的覆盖物除去，因此应该尽可能少用几个钉了，因为拆除钉子既费时，又费事。

（三）摆放道具

墙面和地面处理好了，就可以装饰橱窗了。先把一些道具放进去，因为它们是整个橱窗的骨架。想一想要把这些道具放在什么位置才可以吸引人们的注意力。当然，所展示的商品才是最重要的，道具要能配合商品。大的道具一般都放在后面，而小的道具则往前放。这样，就不会让一些商品（或者其他道具）被大体积的道具所遮挡。所有需要悬挂的道具都应该最先挂起来，而且必须确保它们被牢固地缠绕和固定在天花板格栅上，之后再添加独立放置的道具。

如果橱窗没有后墙，那么像衣橱这样的家具，其粗糙的背面会赤裸裸地完全暴露在顾客的视野中。将另一个衣橱与之背靠背放置，就可以把不好看的背面给隐藏起来了，同时还可以把面对商店里面的那一面进行装饰，让顾客可以在进入商店和离开商店时看到两种不同的陈列展示。

站在街道上检查橱窗很有必要。花很长时间布置橱窗而不从顾客的角度仔细检查会导致一些问题。比如，如果橱窗视觉焦点的位置不对，那么整个橱窗陈列方案就需要调整，这样会浪费很多时间。

（四）调整照明

当一个橱窗已经完成90%的装饰以后，应该开始调整照明了。照明是橱窗装饰中最重要的组成部分之一，但遗憾的是，许多陈列设计师都会忘记这一点。花费数小时装饰并不断调整以使其更加完美的橱窗，更应该利用明亮的灯光来吸引那些过路的人们。将聚光灯打在空的背景墙上是十分引人注意的，特别是在漆黑的夜晚。

（五）放置标签

如果有价格标签的话，人们的注意力很容易就会集中到这上面，因此要确保价签上的名称没有写错，而且是放在所标商品的旁边。同时要确保标签上的字足够大，站在街上也可以清楚辨认。最后，要把所有的物品表面都清洁干净，并把地面清扫干净。

【小思考4-2】

世界技能大赛商品展示技术项目竞赛时，组委会会提供以下材料清单，请思考其用途及使用时注意事项。

材料清单：

彩色铅笔、橡皮、马克笔、铅笔、卷笔刀、针管笔、三角板、量角器、手套、口罩、海绵、抹布、刮板、电插板、抗割防割手套、切割垫、刷子、滚筒、托盘、白色涂料、颜色添加剂、美纹纸、胶合板、雪弗板、PVC不干胶、法兰绒布、A3彩纸、A3白纸、A4白纸、码钉、鱼丝线、砂纸、热熔胶棒、转移贴、麻绳、铁线、圆木棒、木龙骨、扎带、塑料薄膜、铁钉、S挂钩、一次性鞋套、耳塞、蹦极绳、纸板管、板条箱、打扫刷子套装、垃圾袋、清洁纸、时尚产品、惊喜道具材料。

___

___

___

___

三、影响橱窗效果的因素

橱窗作为视觉营销的重要元素之一，在国外已经被用了超过一个世纪，橱窗制作的一些技术已经被广泛地应用在吸引顾客的橱窗之上。橱窗成为人们逛街的重要组成部分，会贯穿购物的整个过程。橱窗和灯光、色彩等其他因素一起组成品牌的视觉营销系统，将会影响消费者的决定——是否进入你的店铺。

（一）商品

商品堪称是橱窗的灵魂。没有商品，橱窗也就失去了意义。商品是橱窗最重要的元素，因为商品的销售能带来客观的利润。这也是为什么你需要不同的销售策略和橱窗陈列。商品可以分成畅销款、刺激款、季节和潮流款、广告款、特种款、基本款和问题款。在这所有的分类中最后一款是万万不能放进橱窗进行陈列的。

（二）道具

道具的作用是营造气氛、突出卖点，不要让其成为主角，只能让其扮演支持商品的角色，让商品因为有了道具看起来更好，能吸引更多顾客的目光。其原则就是要让顾客第一眼看到的是你的商品而不是道具。

道具可以被分成功能性道具、装饰类道具和结构类道具。功能性道具如模特、支架和面板；装饰类道具如镜子、花卉、贝壳；结构类道具如圆柱体、球体等。

（三）标牌

标牌就像橱窗的接待员一样，它能打破潜在顾客的疑问，可以回答商品的一些共同性的问题，并且可以提供简单的指引信息给潜在顾客。此方面最大的错误就是你的视觉营销要传达的信息需要顾客去猜，除非是你和顾客在做一个类似于猜谜的游戏。通过标牌告诉人们你的主题、价格还有其他一些重要的信息。通过传达出的信息鼓励人们进入你的店铺去购买所销售的商品。

标牌有很多的分类，如企业标识、信息标识、类别和位置标识、定向标识、价格标签。

（四）灯光

灯光可以装饰橱窗，没有灯光装饰的橱窗和有灯光装饰的橱窗，打个比方就像是没有化妆的女士和化了妆的女士。但如果在橱窗中随意和错误地使用灯光，将会使橱窗看起来很糟，就像把一个化了美丽妆容的女士变成了一个小丑一样，可以想象一下这个效果。灯具安装位置是否合理、投光角度是否合适、照度是否充足、光色是否得当等，都会对橱窗的整体艺术效果产生很大的影响。

（五）空间

空间是商品展示的舞台。上下左右空间的因素就是长、宽、高。在这里面的所有东西都会被人们看到。陈列人员需要熟悉橱窗的空间尺度、商品的尺寸规格，橱窗设置的规格主要为：高1.2～3米（整体高），宽（纵深）0.4～0.6米，底座高0.3～0.8米。

四、橱窗的主要设计注意点

1.橱窗原则上要面向客流量大的方向。

2.橱窗可以多采用封闭式的形式，与商店整体建筑和店面相适应，既美观，又便于管理商品。

3.为了确保收到良好的宣传效果，橱窗开始陈列的高度要保证成年人的眼睛能够清晰地平视到，一般要保持在80～130厘米。小型商品可以提高一点，从100厘米高的地方开始陈列，大型商品则摆低一点，根据自身的高度相应调整。

4.道具的使用越隐蔽越好。

5.灯光的使用一是越隐蔽越好，二是色彩需要柔和，避免使用过于复杂、鲜艳的灯光。

6.背景形状一般要求大而完整、单纯，避免小而复杂的烦琐装饰，颜色要尽量用明度高、纯度低的统一色调，即明快的调和色。

7.有简单明确的主题，如圣诞、新年、春、秋、疯狂大减价等。

8.定期替换，以建立商品之特有形象。

9.适当有品位，过分花哨反而会弄巧成拙，个人趣味性之摆设可能会吓走客人。

10.清洁及整齐。

11.配合适当的推广海报，提供足够的商品资讯给顾客。

12.注意安全，不容易被顾客弄坏或弄伤顾客。

单元四 空间视觉设计

外观是人与人之间关系建立的第一印象，“好”与“坏”都很容易形成人们心中难以逾越的主观意识，尤其是在现今节奏越来越快的商业社会，人们或许没有足够多的时间去发掘与了解你的内涵。外观并不代表完全的真实情况，但是却代表你是否可以比别人拥有更多的机会让人去了解。日本的经营之神松下幸之助说过“要不时创新、美化商品的陈列，这是吸引顾客登门的秘诀之一”。

一、VMD基础

（一）VMD定义

VMD是英文Visual Merchandising&Display的缩写，中文意思就是“视觉营销”或者“商品计划视觉化”。VMD是企业的商品计划、流通、销售等商品战略的一种视觉表现系统，是在舒适的卖场环境中，准确和有魅力地提供商品及其信息的一种销售展示手法。它对卖场的运营及商品的组织起着重要的作用，所以也是企业的经营管理活动。

VMD来自美国，20世纪70年代后期，严酷的市场竞争背景迫使卖场商品表现力的市场定位必须有所突破，从而突破困境，于是销售低迷的美国百货业开始使用了这个说法——市场定位差别化战略。VMD从“销售的战略手法”兼“与顾客交流的工具”的商品提案销售体系，逐步成为一种市场主流的思维方式。

（二）VMD目的

打造一个让目标顾客容易看到、容易选、容易买的卖场，让商品与销售额产生直接联动，这就是VMD的目的。

对于顾客来说，就是在店铺中容易看到、看懂及容易选择搭配需要的商品与直接购买产生直接联系；如果从品牌店铺的立场来看，就是容易在终端产生销售的意思；如果从导购员的立场来看，就是商品容易被看到、容易被拿到、容易被尝试，是直接与容易销售相联系的，而VMD的理念就是达到顾客与导购员双方在买与卖之间均可获得方便的效果。

二、VMD三大区域

为了使MD视觉化，VMD采用了三个有效的手法。一般来讲，它们被称为VP（Visual Presentation的简称，视觉展示，也称为全店主题情景展示）、PP（Point Presentation的简称，重点展示）、IP（Item Presentation的简称，单品展示）。

（一）VP区

VP区是品牌店铺的门面，为了吸引顾客的视线而进行的展示、宣传方法；全店最大的氛围景观，注重氛围的营造，强调设计主题及品牌所营造的生活方式。

店铺可以借此经常向顾客发送最新的店铺销售信息，最快速地导入客流量。VP与店铺内部的PP、IP相辅相成，互相关联、呼应，是顾客在店铺内部行走的无声指引者，具有关键的作用。无论是什么品牌的店铺，或者是多大面积的店铺，都需要设置VP区。

1.作用。

（1）品牌形象及品牌文化宣传。

（2）表达店铺的整体形象。

（3）引导顾客进入店内。

（4）增加店铺关注度，从而提升进店率。

（5）提示重点主题、重点商品。

（6）提供季节性、生活方式提案。

（7）设计主题及故事情节的营造。

任何一家店铺都不能忽视VP区的重要性。VP区主要起到吸引顾客目光、引起注意、提升品牌形象的作用，必须在最重要、最醒目的位置。

2.区域。区域包括正面橱窗（封闭式、开放式、半开放式等）、卖场入口、流水台和180厘米货架以上区域。

3.注意点：强调主题性；相关联的商品必须容易被看到及摸到。

（二）PP区

PP是从IP当中选出特定的商品，强调商品自身所具备的魅力和设计，并且能够让顾客容易关注到的商品组合展示技术。

PP区将商品用特定、协调的展示来促进相关的产品销售，最重要的是，在专场内，与IP能够产生互动与关联。

1.作用。

（1）是VP效果的延续，在PP中，更强调当季或某系列的销售主题或重点。

（2）注重色彩、款式之间的搭配。

（3）表达区域卖场的印象及主体风格。

（4）引导顾客进入卖场深处。

（5）展示商品的风格、特征和搭配。

（6）展示与实际销售商品的关联性。

2.区域。区域主要为模特、正挂、展台组合陈列区。

3.注意点：注重商品与商品之间的搭配性及商品的系列感，讲究色彩的搭配性。

（三）IP区

IP称为单品陈列，关系到店铺实际上所有要卖出去的商品（指单件商品），是决定顾客是否购买的重要陈列技术。

用陈列的方法展示商品的特性，是为了达到让顾客容易看到、容易选、容易买的目的。其中关键是单件商品必须按一定的规则分类、整理、陈列以及布置，这样才能达到预期的效果。

1.作用。

（1）与PP同系列的其他相关联商品或互相搭配型商品同时展示，在顾客挑选时一目了然。

（2）展示卖场中实际销售的商品，并将实际销售商品进行分类、整理。

（3）体现商品类别、品质、码数等，易于摆放，方便店员整理商品，及时发现商品的遗失，同时也便于顾客进行挑选。

2.区域。区域主要为顾客易拿、易看、易试用区域。

3.注意点：

（1）必须叠整齐、挂整齐、摆整齐，井然有序。

（2）品类与品类之间的搭配性要强。

（3）配饰品的陈列要符合日常生活规律。

（4）IP里面不要插入氛围元素。

（5）叠装比较能引起顾客的兴趣，切记不要阻止顾客打开。

【拓展阅读4-3】

优衣库VDM系统

UNIQLO，中文名是优衣库，是全球十大休闲服饰品牌。它主张以仓储型的店铺、随意的自助形式，销售优质平价的休闲服饰，坚持将现代、简约自然、高品质且易于搭配的商品提供给全世界的消费者。优衣库在店铺的陈列方式上选择了VMD系统，即VP+PP+IP。

VP：Visual Presentation（视觉展示）→形象识别→To Whom？优衣库的橱窗主要为后背封闭式橱窗，即以橱窗作为店铺的外墙，虽然顾客无法通过橱窗看到店铺内部的情况，但这种设计恰巧利用橱窗的展示勾起他们对服装的好奇心，从而进入店铺进一步了解。无论橱窗主题是什么，模特的穿着都是依靠店内正在销售的服装进行诠释，并没有加入过多的想象空间，而是通过最直观的方式说明当下店铺热卖产品或潮流时尚。

优衣库VDM系统

PP：Point Presentation（重点展示）→引导顾客购买→What to Buy？在优衣库的店铺入口处，它通常采用模特和展柜来做陈列。优衣库的PP区经常会使用T恤墙等方式抓眼球，优衣库的店面规划坚持以“效率”为中心的原则。

IP：Item Presentation（单品展示）→方便顾客购买→How to Buy？全部货品作区域划分，消费者会根据品类自动走入相应的区域。其主要采取的分区方式是“长通道+小格子”，最大化地利用了卖场空间。

资料来源 编者根据相关资料编写。

三、VP、IP、PP比较

一般品牌卖场都要规划好VP、IP、PP各自的区域，其目的是按照商品企划陈列引导顾客，因此理解VP、IP、PP在各个位置中不同的展示技巧和作用是非常重要的。只有在卖场中有了最佳的协调展示才能使这些区域有效吸引顾客的视线，才能成为跟销售直接关联的有效卖场（见表4-1）。

四、露天体育场式布局

（一）使顾客对整个商店一览无余

露天体育场式布局是指顾客在店头张望时可以看到商店深处陈列的状态，类似于顾客站在露天体育场张望观众席的感觉。

店里最前面使用低陈列架，越往深处使用的陈列架越高，如店头是一个90厘米左右高的平台。店头的顾客通过率较高，因此此处的商品构成应是周转率高、低价格带的商品。

表 4-1　VP、IP、PP 比较

	展示意图	展示效果	展示场所	展示工具
IP	有规划性地将店铺所销售的商品进行分类、整理、组合；关联 PP 的展示	实际销售商品的诉求=对购买的直接联系	展示台、高柜、货柜、货架、衣架等	包装绳等
PP	店铺整体的视觉印象，协调促进相关销售的重要空间	诉求商品的特点、商品组合搭配和 IP 的互动关联陈列	展示台、柱子、侧挂架、壁面、正面展示点、衣架等	躯干模特、人形模特、组合衣架、专用道具等
VP	店铺本身及卖场整体印象的诉求，店铺的门面，引入顾客的磁石点，卖场内部的主要导线	重点主题、重点商品的诉求，季节性、生活方式提案，商品主题、理念的综合展示	正面橱窗、店铺入口、店铺中心展示台、百货店自动扶梯前、百货店或店铺的楼层区域等	躯干模特、人形模特、小道具、辅助装饰道具等

在店内使用135厘米左右（这是一种在远处可以看见顾客胸部以上部分的高度）高的货架，可以使顾客无压迫感地在店内走动。此外，由于可以清楚地看到顾客的位置，店方可以提前做好接待顾客的准备。该处的商品构成应是主力商品，也就是那些周转率为商店平均水平、陈列中心价格带的商品。

（二）将顾客引导到商店深处

最后，将墙面作为货架使用。在商店深处，将展示用的商品陈列在手够不到的墙壁上部，在该墙壁下方的货架上陈列销售的该商品，通过这种方法将在店头观看的顾客引导到里面。该处的商品构成应是辅助商品，也就是那些周转率不是很高但确实是顾客需要的、价格比较高的商品。

知识掌握

1. 橱窗的类型与作用有哪些？
2. 简述橱窗陈列的基本方法。
3. 橱窗陈列设计要求有哪些？
4. 橱窗陈列的创意来源有哪些？
5. 橱窗陈列道具如何选择？
6. 橱窗陈列布置流程是怎样的？

知识应用

● **案例分析**

你只经过五秒的橱窗，有人却用了35年打造它

2020年，93岁的爱马仕橱窗设计师Leila Menchari因新冠肺炎抢救无效逝世。

自1978年开始，Leila就将位于巴黎的2Ruedu Faubourg Saint-Honoré旗舰店的橱窗，进行充满故事性的艺术创作，这个过程持续了35年。即使仅有短短几秒钟，只要经过这里，便能透过Leila的视野进入爱马仕的世界。她毕生环游世界，以寻求卓越的技巧，利用它们创造了梦幻般的橱窗展示。Leila设计的橱窗，就像一个色彩斑斓、简洁优雅的袖珍剧场。爱马仕艺术总监Pierre-Alexis Dumas评价她“通过彩色的棱镜看待世界”。

橱窗是一处狭窄的地方，“没有文字、没有声音、也没有空间”，Leila说，“你要以设计师、画家、作曲家、剧院导演的身份去工作”。她将来自世界各国的文明和工艺历史都融入橱窗设计中，变成面向所有人的邀请函。Leila创作过炫彩夺目、令人惊叹的飞马，古罗马战士的脚被她塑造成巨大的木雕，而悬吊起来的自转陨石，是让所有人都难以捉摸其抵抗引力的法门。“设计场景时，必须始终有一些神秘感，因为神秘感是梦想的跳板，一种填补想象力留下的空白的邀请”，Leila说。这也许就是匆匆走过橱窗的数秒，却总是令我们出神的秘密，而这短暂的间隙，也许就是艺术可以在商品中灌溉的奇迹。

爱马仕橱窗设计师LeilaMenchari

2017年，巴黎大皇宫举办了Leila的特展，可见她的艺术贡献已远远超越“商品展示”那么简单，她把“视觉陈列”带入截然不同的境界。

资料来源　李靖越．你只经过五秒的橱窗，有人却用了35年打造它［EB/OL］．［2018-03-02］．https：//www.huxiu.com/article/356038.html.

问题：橱窗的价值何在？

分析提示：橱窗是广告，也是艺术，它是商品、是艺术、也是生活。橱窗之内陈列的物品不断变换，但橱窗之外，它永远不会缺少注视的目光——在那些目光背后，我们对美好的渴望与幻想，从未改变。

● 实践训练

实践项目：情境式橱窗设计方案

要求：

1.每3人组建一个团队。

2.欣赏、学习创意橱窗相关资料。

3.根据给定的某个商品（如眼镜、丝巾、口红、首饰等小件物品），了解橱窗陈列的流行趋势，设计陈列展示的情境。

4.进行方案设计，利用电脑辅助设计软件，要求色彩协调、主题突出、有创意性。

5.选择陈列道具（收集或自制陈列道具）。

6.橱窗布置（利用道具、模特、灯光、商品等进行橱窗布置）。

7.橱窗设计方案汇报。

项目五 顾客动线和磁石点设计

【学习目标】

知识目标：

理解顾客动线和磁石点含义；掌握顾客动线的衡量指标；掌握顾客动线设计和调整方法；掌握磁石点陈列要求；熟悉卖场整体效益管理方法。

能力目标：

能够开展卖场动线与磁石点调查；能够分析卖场整体效益。

【案例导入】

IKEA全球首个"未来家体验空间"

IKEA徐汇商场是1998年开业的，这是IKEA进入中国内地市场的首家门店。2021年4月，IKEA上海徐汇商场闭店并开始大型改造工程，开业23年后的升级改造让这家门店成为IKEA全球首个"未来家体验空间"。IKEA徐汇商场以人的居家活动为基础，将所有的产品系列划分为睡眠洗漱空间、创玩工作空间、烹饪用餐空间、会客休闲空间、收纳展示空间五大分区。除了63个展间和小商品商店外，IKEA徐汇商场店还设置了"日光社交广场、悬浮共享广场、自然休憩广场"三个广场，吸引消费者随时停留和休息。

IKEA徐汇商场的动线也做了全新设计，这是基于对商品分区的重新规划来实现的。简单说就是过去IKEA商场从进去到出来只有预设的一条路，而现在我们可以行动到任意位置，这也是IKEA首次改变商场的动线设计。

过去的IKEA徐汇商场店，二楼是展厅和餐饮区，一楼则是巨大的自助取货区，有直达顶棚的多层货架。但改造后，一楼货架仓储区已销声匿迹，取而代之的是更多的线下社区体验中心，涉及工艺修理、设计和美食互动教室不同类型。比如，手工工坊帮顾客修理旧物品，亲手做新物品；而设计中心是一个灵活的空间，有家居工作坊和展览，未来可能会成为主题活动空间；美食互动教室则是一个倡导健康、可持续烹饪和饮食的空间，探索正在测试的新解决方案，如城市农业。

这些体验中心是IKEA理念的一种传播和影响力体现。比如可持续，绿色环保以及启发美好生活灵感等。IKEA不仅仅是家居家具品牌，也可以是生活方式品牌。

未来家体验空间

资料来源 吴诗源．即将重装开业的上海徐汇商场，将改变大家逛IKEA的方式和习惯［EB/OL］．［2021-08-11］．https：//mp.weixin.qq.com/s/MflyPv_5jqbwKfAuJKy6sg.

案例启示：IKEA首个"未来家体验空间"，体现了IKEA对未来零售、创新商场设计的理解以及运营理念。体现了后疫情时期，人们对家的价值，以及在社群和社会生活中的归属，有了更高期待和更多需求。

对于店铺经营来说，卖场中的顾客动线就好像人身体内的血管一样重要，它们之间必须连接流通，不能有任何堵塞的地方，而且疏密有致。良好的顾客动线设计可以在错综复杂、庞大的店铺空间中，为消费者提供一整套可辨、清晰的路线。

单元一 顾客动线基础

一、顾客动线的含义

顾客动线又称客动线、客流动线，是指顾客的流动路线。由于顾客的流动方向是被有计划地引导，因此也把顾客动线称为客导线。一个拥有良好顾客动线的卖场一定是好逛的、不会迷路的、有亮点的，同时能清晰分散顾客，让不同需求的顾客能够得到所需，能够使顾客愉悦、舒适地走遍卖场的每个角落。

二、动线分类

动线可分为客动线、货动线和车动线。

1.客动线，包含外部动线和内部动线：外部动线主要考虑消费者从出了家门到进入卖场之前的一系列问题，主要解决客流量与进店率的问题；内部动线主要是针对卖场布局问题的，以提高卖场中顾客的通过率、停留率和购买率，促进商品销售。

2.货动线，指卖场里补货上架时货物流动的路线。

3.车动线，指卖场外顾客代步或配送组织的车辆行进的路线。

陈列技巧5-1

从店外到店里——终端活化的系统工程

商家如果不能有效地实施顾客拦截，切断对手门店的外部顾客动线，或者不能在店内吸引顾客长时间停留、选购等，那么门店的销售额就很难保证了。

某品牌牙膏为提高产品在终端被消费者关注的概率，对终端系统中的常规陈列、特殊陈列、堆头、户外广告等进行了全新的设计，以强化消费者在终端卖场的感受。通过趣味性、差异性的产品摆放造型，使产品在终端卖场能生动化展示，让产品自己说话，从而形成大量的品牌指定购买力。

其具体做法是：

第一，在主流社区内和来店客流多的街道上，布置路牌广告和灯箱广告；

第二，在有条件的店外墙和店前展示板上粘贴POP海报，同时在促销期在店外广场做赠品活动；

第三，在促销期的重点店门口设立流动导购员，发放产品DM手册；

第四，在普通陈列位和促销陈列位附近粘贴POP海报，或折叠式海报；

第五，在普通陈列位及其旁边放置展示立牌，或在陈列位上用连排包装挤占排面，或以带挂钩的包装创造新的突出陈列方式。

三、顾客动线规划作用和意义

如果将卖场比作一个人，那么顾客动线就是人的血管，顾客就是血管内流动的血液。顾客动线设计就是要让顾客在卖场内顺畅流动，为卖场各个组成部分提供客源和成单机会。

对顾客动线进行科学的设计、测量、图示和分析，不仅能有效改善卖场布局，而且对商品部门的品类管理、价格带调整、磁石卖场的设计、理货员的配置、卖场生动化设计等诸多方面具有重要意义。

【拓展阅读5-1】

宜家“一线式”动线设计

宜家商场的动线规划与国内很多零售商场迥然不同，它设计出“一线式”的隐形路线，这条路线像一条蜿蜒起伏的长蛇一样从入口延伸到出口，其中利用墙壁将很多相邻的空间隔断，而且地面有黑色的箭头起到强烈的指示作用，使顾客不至于偏离路线。而很多大商场内不同的购物点之间却是彼此互通的，顾客可以随意地从一个地方到达另一个地方，并且还可以有很多种线路可走。

在宜家，顾客进入商场后，几乎只能不知不觉地跟随这条隐形路线的引导，直接进入展示区，然后按照客厅、餐厅、工作室、卧室、厨房、儿童用品部的顺序走遍商场的每一个角落，而且每个角落里都藏着挂钩、小篮子、小储物箱这样的惊喜。这种设计正是从顾客心理发来设计的，利用顾客的好奇心鼓励顾客走得更远，看得更多。顾客初次前来可能有迷宫的感觉，但不断发现惊喜商品的快感带来的购买欲望却会超出计划的好几倍，而且很多顾客还会产生下次再来走一次迷宫的希望。

也许顾客来宜家的初衷只是想买一盏台灯，结果却在这条路线上接触到了更多的宜家商品，欣赏了20多个不同风格的样板间，又到宜家餐厅饱食了一顿美餐，这都是“一线式”动线设计带来的结果，它使得宜家的展示区、餐厅、提货区有条不紊地串联起来，有助于发现顾客的家居需求，刺激顾客的购买灵感。

资料来源 杨宗勇. 用爱经营：宜家的经营哲学［M］. 北京：中国法制出版社，2017.

四、顾客动线衡量指标

（一）通过率

通过率是指顾客在店内主通道、副通道的横向通道通过的比率。它是卖场调整商品布局的重要依据。

通过率=通过客数÷调查对象客数×100%

（二）停留率

停留率是指卖场某一商品部门顾客停留的比率。它是磁石商品调整、商品陈列调整、商品促销调整的重要依据。只有当顾客在店内销售区域停留并收集商品信息时，才能产生实际的购买动机。

停留率=停留客数÷通过客数×100%

（三）购买率

购买率是指在卖场中某一商品部门停留顾客中购买商品的比率。它是商品陈列调整、关联商品调整的重要依据。

购买率=购买商品客数÷停留客数×100%

如果停留下来的顾客中断购买决策或者延期购买，停留就变得毫无意义。因此，按顾客的购买习惯合理地配置商品品种、商品色彩组合、商品陈列方式、POP广告形式和内容等都会起到刺激顾客进行购买决策的作用。

（四）回转率

回转率是指卖场中某一通道顾客回转的比率。它是磁石商品调整、商品陈列调整、商品促销调整的重要依据。

回转率=返回客数÷通过客数×100%

（五）热力图

热力图是通过在卖场顾客活动区域安装IPVA视频摄像头，跟踪顾客在卖场内的行动轨迹，通过计算通道或区域的通过率、停留率，生成卖场区域热力图，并结合销售数据，计算不同区域的购买率。热力图中，红色的区域表示分析要素的密度大，而蓝色区域表示分析点的密度小，绿色介于两者之间。

【拓展阅读5-2】

将畅销品摆在顾客聚集的地方

商场的空间布局划分和商品陈列将影响到整个商场的销售业绩，为了引导顾客更多地消费，宜家会从顾客进入宜家商城的一刹那，就用安置在天花板上的摄像头对顾客的行进路线进行实时跟踪。通过分析大量顾客的停留时间和最终的购买决策，宜家能够找出哪些商品是顾客普遍喜爱并吸引他们驻足观看的，这些商品还有转化率高、低之分，有的商品能够引起顾客的购买欲望，而有的只是满足了顾客的好奇心却无法让他们“慷慨解囊”。

掌握了这些宝贵的数据，宜家就会对商品进行科学排序，并制作出详细的图表。根据这种图表，员工们就可以发现真正的畅销品，并把它们摆放在最多顾客停留的地方，让它们多一些与顾客接触的机会以促进购买。

资料来源　杨宗勇. 用爱经营：宜家的经营哲学［M］. 北京：中国法制出版社，2017.

五、顾客动线规划原则

1. 制定科学合理的顾客动线，合理地分散和引导人流，不产生死角。

2. 根据商场的实际情况设计最优化的店铺使用率，在科学的前提下获得最大的可使用面积。

3. 体现人性化的思路，使得顾客拥有清晰的方向，不迷路，不产生疲劳感和压抑感。

【课堂讨论5-1】

“迷宫式”设计引发吐槽

逛一次宜家，你需要多久？你又知道可以走捷径吗？日前，2019年罗永浩因为在宜家卖场内找不到捷径通道，在微博上公然批评宜家是“迷宫式”设计。

罗永浩在新浪微博：“我领着84岁的老太太挑完东西，想用最短路线离开，服务员甚至拒绝帮忙。要不是同去的朋友找到捷径，还不知道要在里面绕多久。”“宜家是一个伟大的企业，但它迷宫般的卖场路线引导设计却很不光明。”

罗永浩对宜家的批评引发了不少网友的关注和评论。网友们的观点主要分为两大阵营。一派反对罗永浩的观点，认为“迷宫式”的单动线设计正是逛宜家的乐趣，是体验式消费的主旨，网友评论说：“这就是逛宜家的乐趣啊，不然淘宝买好了。”

另一派则赞成罗永浩的观点，认为“迷宫式”的单动线设计对有明确购物需求或者逛着逛着想回头的人很不友好。

资料来源　编者根据相关资料整理。

问题：针对宜家迷宫式动线设计，谈谈你的看法。

提示：商场做生意的逻辑其实很简单，让消费者尽可能多地停留，这样才能把商品卖出去，把钱收回来。但在标识系统的清晰度上，特别是动线中的捷径的可辨析度上，不少商场做得仍不足够，特别容易让初次光顾或较少光顾的消费者感到迷惑。

单元二　顾客动线设计与调整

一、顾客动线设计

（一）顾客动线基本类型

顾客动线基本可以分为倒U形、冂字形、8字形和回游形几种形式，分别如图5-1至图5-4所示。

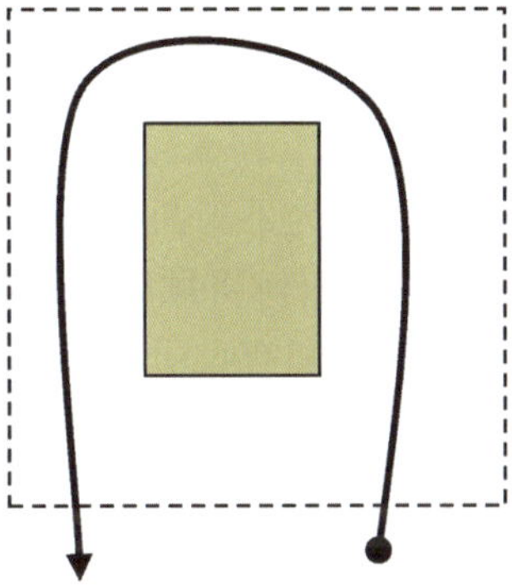

图5-1　倒U形顾客动线

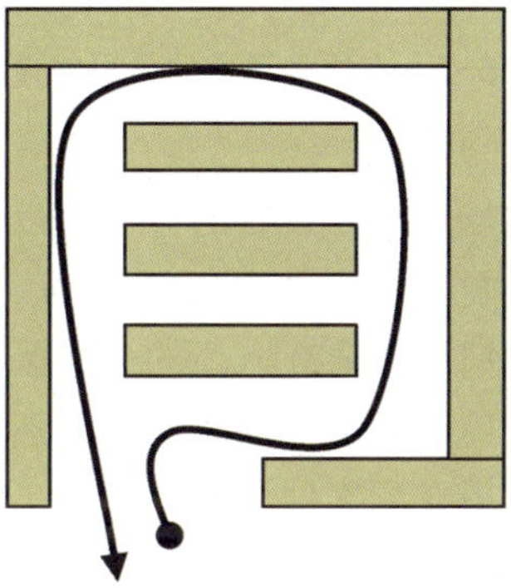

图5-2　冂字形顾客动线

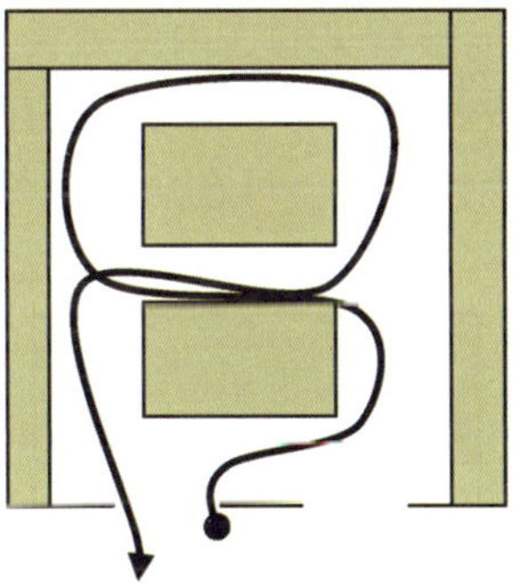

图5-3　8字形顾客动线

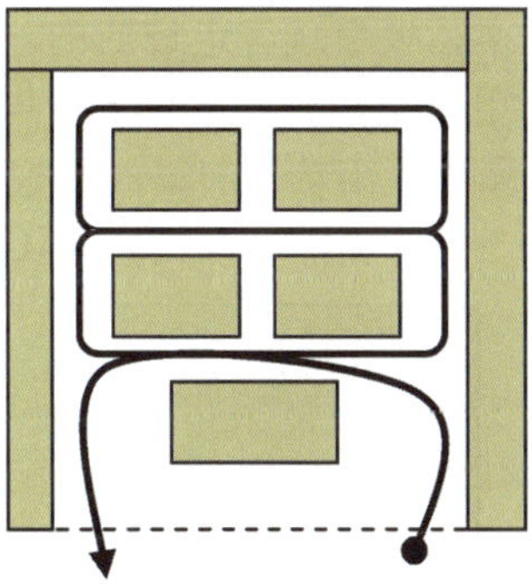

图5-4　回游形顾客动线

（二）导引线

规划导引线对设计店内顾客动线来说相当重要。规划时需要先设置吸引点，再将吸引点连成顾客动线。

1.有拐角通道的导引线设计（如图5-5所示）。顾客在心理上会抗拒通过有拐角的通道，因为有拐角的通道没办法看见所通往的地方，而在拐角处设置吸引点，是降低顾客抗拒感的有效方法。将商品集中在角落做展示，是拐角处商品陈列的重点，如此一来，角落就会成为吸引顾客的点。

2.曲线形通道的导引线设计（如图5-6所示）。曲线形通道和有拐角的通道不同，曲线形通道能看到的壁面范围比较广，因此吸引点需沿着壁面设置。通过这种以面状陈列来布置吸引点的方式，能够增强视觉印象，进而形成导引线。一般来说，要在掌握曲线形通道形状的基础上进行吸引点的有效配置。

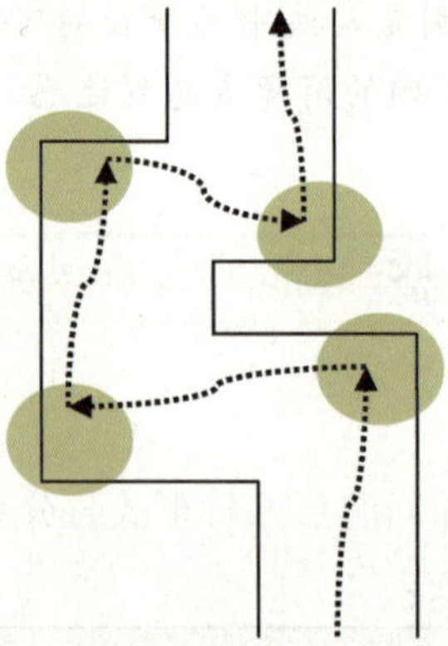

图5-5　有拐角通道的导引线设计

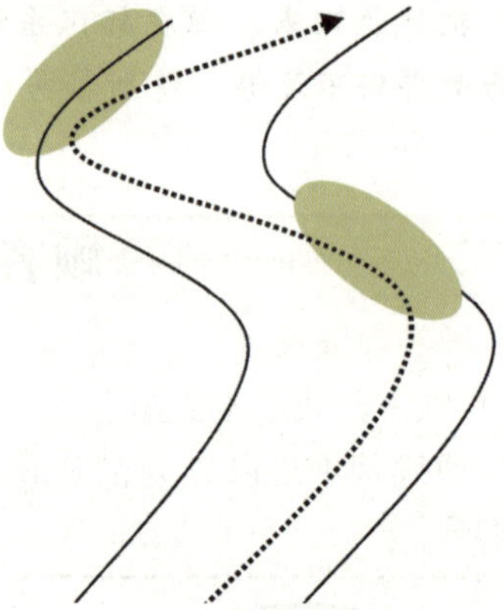

图5-6　曲线形通道的导引线设计

（三）回游线

在卖场内分区设置的导引线以及所产生的回游线大致可分为下列两种形态：

1.门面狭窄内部深长的卖场。规划这类卖场的重点在于如何将顾客引导至卖场深处，这种情况下要在入口的引导区域摆放顾客认为可轻松购买和有吸引力的商品，目标为提升入口的顾客停留率。而在店内的回游区域则需设立开架式商品区，让顾客能自由走动，以提升顾客回游率为目标。这同时也是将顾客引导至店内深处的契机，因此可在店内深处营造出愉悦的气氛，提高卖场魅力（如图5-7所示）。

2.门面宽广深度适中的卖场。这种卖场必须在店头设置两个吸引点以提升顾客注意店头的概率，吸引顾客走进店内。同时，也要在店头能够看见的店内深处设置吸引点，好将顾客引导至店内（如图5-8所示）。店内在空间安排上要留下较宽广的回游区域，通过能让顾客自由移动的空间规划，有效地提升卖场销售效率。可在店内深处进行品牌形象展示，以此来提升顾客对商店的忠诚度。

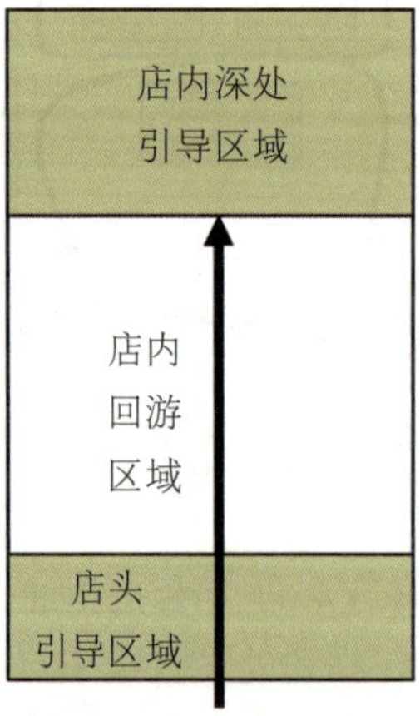

图5-7　门面狭窄内部深长的卖场回游线设计

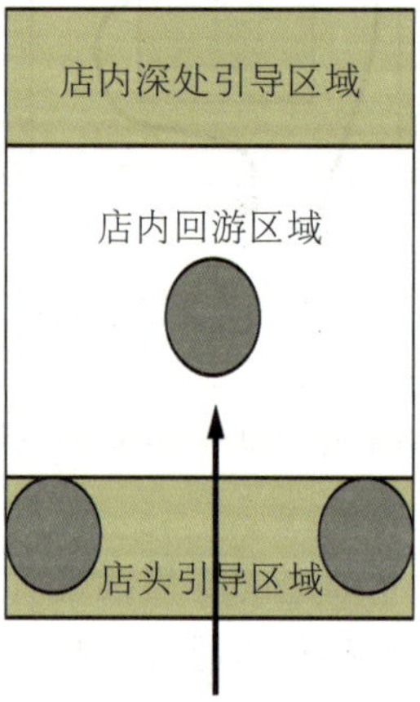

图5-8　门面宽广深度适中的卖场回游线设计

二、多层顾客动线设计

百货店楼层间的商品分布，经常会遇到一个问题就是商场客流量越往上越衰减，通常到了三层往上客流量的衰减会更明显。这主要是因为多数顾客逛到三层之后，自然会感觉比较累了。为了解决这个问题，很多百货店开始在楼层间的商品分布上做改进，以达到更高效组织客流的目的。

（一）喷淋式客流分布

比如，在五层的顶上加一层，依靠六层把客流拉上去，六层品类经营自身的业绩或许并不高，但可以改善五层客流量的衰减，吸引更多的客流。因为，顾客上到六层后，就会自然往五层、四层、三层、二层、一层流动，从而增加商场整体的人气，达到促进销售业绩提升的目的。很多百货店把这种分布方式叫喷淋式客流分布，实际上这种分布方式就像先把水先抽到上面，然后往下喷淋一样。很多百货店将立体的停车场设置在六楼，顾客来了之后要把车先停在六层，然后往下走，这样就会增加客流量。

（二）三明治式客流分布

在百货店的地下一层增加超市，主要是为了提升一层的客流总量。超市对百货店来说，一般情况下，整体业绩贡献度并不是很高，但有些百货店里面的超市，面积两三千平方米，一年销售额却可以达到4亿～5亿元。这样，百货店除了顶层有“水喷”以外，地下一层设有超市，原来的中间层，就像“三明治”一样，被夹起来，如此就把整个商场的客流搞活了。这种分布方式被称为三明治式客流分布。

【课堂讨论5-2】

宜家北京西红门店

以宜家北京西红门店为例，这家卖场是五层结构，分为地上的两层商场和地下的三层停车场。停车场设有电子车位牌，可显示每层剩余车位数，并且车库中的车位上方都有红绿指示灯，红灯表示车位已被占用，绿灯表示有空车位，避免了顾客为了寻找车位在车库里兜圈子。如果顾客在购物中使用了宜家手推车，还可以在购物完成后将手推车推到停车位，车库每隔一段距离都设有手推车返还处，并有显著的标识，能够让顾客一目了然。

顾客停好车以后可以通过商场入口的扶梯直接到达地上二层，宜家会用醒目的引导标识告诉顾客购物体验是从二楼的家具展间开始的，这一点也与很多商场截然不同。通过商场楼层指南，顾客可以清楚地看到二层除了家具展间外，还设有儿童乐园、会员俱乐部、餐厅、咖啡厅等，并且家居用品也在二层进行展示。在这里，顾客能够看到各种精心布置的样板间，它们通过设计师的巧妙设计和对空间的规划利用，呈现出优雅、温暖、舒适的居家氛围，散发着独特的宜家风格。当顾客感到疲惫时，则可以在沙发或床上坐下来或躺下来休憩一番，让自己更好地体验宜家带来的温馨体验。如果有就餐的需要，也不必走出商场，宜家餐厅就能够提供美味可口的瑞典食品，而且价格极为实惠，让顾客在享受美食的同时再一次拉近了同宜家这个品牌的距离。

商场一层是主要的销售区域，顾客可以在这里提取所需商品，并到收银台完成支付或办理会员卡。此外，如果顾客需要包装及运货服务，或者需要办理退换货也能在这里完成。

资料来源　杨宗勇. 用爱经营：宜家的经营哲学［M］. 北京：中国法制出版社，2017.

问题：宜家动线设计理念有哪些？

分析：宜家整个店面布局和动线规划都别出心裁，灵活的货位布局突出了家居商品的特征；而巧妙的动线规划更是十分符合顾客浏览的心理习惯，能够带给顾客亲切感，并有助于促进顾客的冲动性消费。

三、顾客动线调查

（一）顾客动线调查的含义和目的

顾客动线调查是指在平面图上记录顾客从进店到离店的整段行程，包括步行路线、停留点、回转点、购买商品等情况，通过分析所得的资料找到店铺经营中存在的问题。

顾客动线调查的目的：一是找出什么地方不吸引顾客，其中原因及应对策略；二是找出最普遍的购物路线并在路线中陈列一些吸引顾客的商品。

（二）顾客动线调查的操作流程

1.成立调查小组。建立顾客动线调查小组非常重要。从人员组成到结果分析、从小组总结到经验保存是一个体系化的工作，这个小组的成员最好由总部及门店年轻经营骨干组成，因为顾客动线调查首先是个体力活，另外相对于老员工，年轻人更容易理解顾客动线调查的理念和目标，跟踪调查也是他们的兴趣所在。

2.培训。培训首先要说明顾客动线调查对实际营运的意义和价值，然后要反复强调调查细节等，例如，现场不可能用文字记录顾客的所有活动，只能预先用符号代替，如果调查员不能熟练运用符号，那记录结果肯定会出错；再如，调查员如何不被顾客发现，需要对距离、站位和记录动作等进行细致的布置。

3.确定被调查的门店。如果是连锁零售商店，就要选择那些经营问题、卖场问题等突出或者有一定代表性的样板店为调查对象。

4.设计调查表。调查表包括以下主要内容：严格比例的卖场布局简略图，另外必须标注卖场中所有商品部门和商品种类的准确位置；调查的时间，包括年、月、日、星期、上午或下午或傍晚，几点几分到几点几分，以及顾客在店内滞留的时间；顾客的基本特征，包括性别、目测年龄、和同伴关系类型（即大概判断是夫妇、父子、兄弟、姐妹、朋友）；服装式样，是普通生活装还是工作服；鞋的式样，是公务鞋还是休闲鞋；是否使用推车、购物篮等。调查表设计出来后不要急于投入使用，最好首先选择10人左右进行试验，发现不合理的内容及时改进。

5.开始调查。一般顾客动线调查需要150～200份样本。不能根据自己的喜好挑选顾客，要按事先确定好的程序，每隔5位或10位顾客选定一位进行跟踪调查（注意不能跟踪孩子）。一般情况下，调查员在顾客身后10～20米的位置进行观察。如果卖场布局紧凑，距离可缩短。当顾客发现被跟踪，要立刻中断调查，以免引起误会。调查开始时，调查员首先要把开始时间和顾客的基本特征记下来，包括顾客在什么地方停留、触摸过哪些商品、挑选过哪些商品、站在什么位置、把什么商品放入购物篮等，这些要全部用统一的符号准确地标示在卖场布局图中。

6.整理调查结果。调查结束后要收集调查表进行统计。统计的一个基本原则是用数据说话，所调查的各项内容结果都应该用百分比等数据化指标来表示。

如图5-9所示，某公司经过顾客动线调查，分别用1、2、3表示顾客动线，用

“○”表示停下来观看，用“△”表示顺手拿来看，用“□”表示购买。通过顾客动线调查，结果顾客动线1通过人数为53人，占所有通过人数的53%；顾客动线2通过人数为19人，占所有通过人数的19%；顾客动线3通过人数为28人，占所有通过人数的28%。

图5-10是顾客动线调查中销售区域的统计数据，从数据中可以看出，其中A区的销售占全场的比例是38%，属于销售热区；B、C区的销售占全场的比例分别是30%和17%，属于销售次热区；A、B、C区面积占全场的20%，三区的销售占全场的85%。

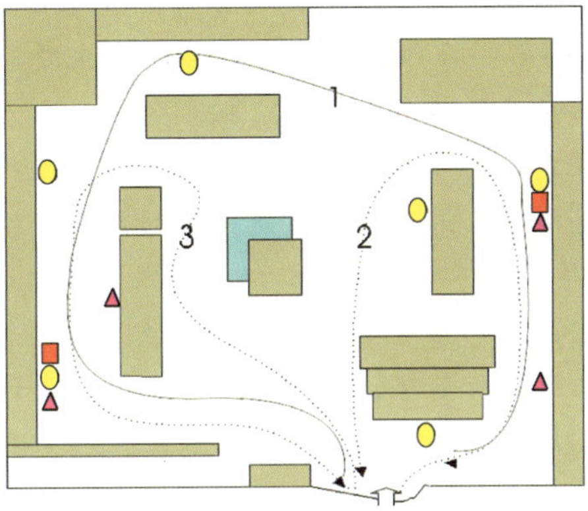

图5-9　顾客动线

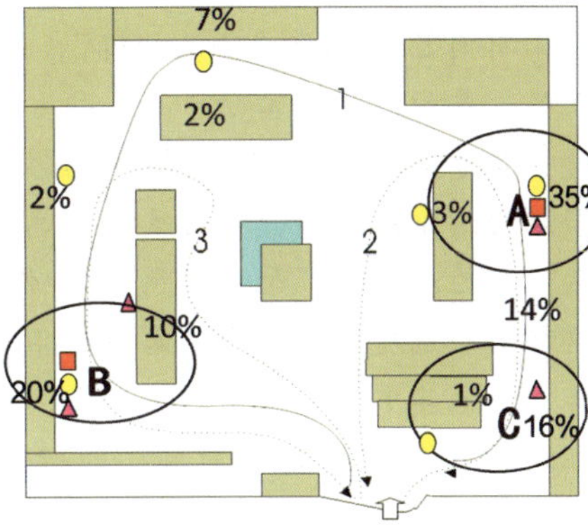

图5-10　销售区域统计

7.结果分析。根据顾客动线调查结果，分析店铺经营中存在的问题。

四、卖场顾客动线调整

卖场顾客动线管理改进，要按照顾客动线调查结果以及参照卖场管理目标和要素综合考虑。

（一）商品部门调整

当卖场里某些商品部门出现顾客通过率、停留率很低的情况时，往往需要做的是商品部门调整。

或许有些管理者会建议把这些部门撤掉。但我们发现家乐福、沃尔玛等成熟超市也存在通过率和停留率低的商品部门，但其不会立刻动刀裁撤，而是有个应对流程，即卖场布局调整—商品分类调整—商品陈列调整—商品表现（生动化）调整。例如，某个区域的通过率低，你不能马上盯着该区的商品陈列，甚至某个单品，而是要从整个店铺的全局考虑：是否布局上过分冷落该区？该区附近的几个分类商品是否都有些“冷”？用什么格局、通道、热点商品或灯光可以改进？解决通过率后，再看停留率，并分析陈列或商品表现是否有问题。对于那些临近社区、主要以经营食品为主的超市，调整其非食品部门（有些叫百货部）的一个基本原则是：低购买频率的非食品种类，若与烹制、调理食品有关，则尽可能保留，并不断丰富其种类；若与烹制、调理食品无关，通过率和停留率又低，则应坚决裁撤。假如不做具体分析，就撤掉那些购买频率低的非食品部门，很容易引起顾客不满——他们确实光顾、停留得少，但时常又有所需要，找不着自然上火。

（二）商品陈列调整

有些商品部门的通过率和停留率低，是由于商品陈列和商品表现水平太差，如端架商品种类过多（导致挑选困难）、商品陈列量过少（没有量感）、POP广告不醒目（没有冲击力）。这时就应调整陈列方式，或设置一些大型POP广告以吸引顾客的注意。

【拓展阅读5-3】

宜家产品矩阵

尽管产品品种极大丰富，宜家却做到了品类各具特色，很少出现雷同，而这主要是因为宜家有自己特别的“产品矩阵”，这个矩阵的第一个维度是产品的品类，主要包括厨房产品、餐厅产品、客厅产品、卧室产品、书房产品等多个部门，按部门细分出产品的品种；至于第二个维度则是按照色彩和设计样式等划分的产品风格，主要包括乡村风格、斯堪的纳维亚风格、现代风格和瑞典潮流风格等；第三个维度是产品的价格，按照价格区间分为超低价（也叫心跳价）、低价、中等价格、高价。

这样三个维度就构成了宜家的产品矩阵，宜家的产品策略部门每年都会关注这个产品矩阵，找到其中的薄弱或空白环节，结合未来的流行趋势，以明确今后宜家的设计方向。在这种情况下，“不合时宜”的旧产品被淘汰，改良的新产品不断涌现，原先有优势的主打产品也要进行适当的功能优化，每年都要更新几千种商品，使得顾客总能获得新鲜的感觉，而不会对宜家卖场里的产品感到厌烦。

资料来源 杨宗勇. 用爱经营：宜家的经营哲学［M］. 北京：中国法制出版社，2017.

（三）磁石商品调整

在顾客动线调查中，如果发现相当多的顾客在主通道中行走的距离短，就说明主通道中的磁石商品吸引力太弱，不能持续引导顾客在主通道上长距离行走，这时就必须对磁石商品进行调整。但也要清楚，顾客不走一些通道，可能是因为商品与顾客的购买目标不一致，对他们来说，不管商品陈列和POP广告多么醒目，都不会引起他们过多的兴趣。但如果怎么调整顾客都不搭理，那就要重新判断商圈内顾客的类型了。

单元三 卖场磁石点

一、磁石点与磁石理论

（一）磁石点

能吸引顾客注意力的地方称为磁石点。磁石点可以通过商品配置的技巧创造出来。

（二）磁石理论

磁石理论是指在卖场中最能吸引顾客注意力的地方配置合适的商品以促进销售，并且这种配置能引导顾客逛完整个卖场，达到增加顾客冲动购买的目的。

二、超市磁石点布局图（如图5-11所示）

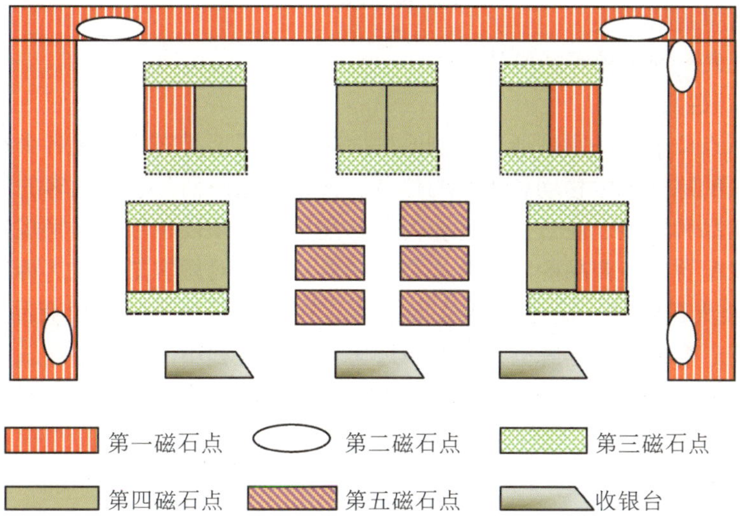

图5-11　超市磁石点布局图

（一）第一磁石点

第一磁石点位于卖场主通道的两侧，是顾客的必经之地，是最容易刺激商品销售的位置，也是商品销售的主要地方。

商品配置包括：

1.主力商品。第一磁石点固然是以主力商品为主，但同业间也大多有这些商品，消费者很容易比较，因此如何创造价格优势，对该超市的经营非常重要。

2.消费量大的商品。

3.购买频率高、采购力强的商品，如牛奶、面包、蔬菜、肉类等。

消费量大、购买频率高的商品是大多数消费者随时要使用的，也是时常购买的。

（二）第二磁石点

第二磁石点位于主通道入口、电梯出口、主通道拐角、主通道尽头等引导顾客在店内流动的位置，直接将顾客引向卖场深处。这一磁石点要有超出一般的明度和陈列装饰，以显眼的方式突出表现。

商品配置包括：

1.新商品，吸引顾客深入卖场。

2.季节性商品，富有变化、季节性差价吸引顾客。

3.流行（色泽鲜艳）商品。

第二磁石点上的商品应根据需要隔一段时间便进行调整。

（三）第三磁石点

第三磁石点位于卖场中央陈列货架两头的端架位置，吸引顾客进入副通道。

商品配置包括：

1.特价商品，低毛利甚至是负毛利。

2.高毛利商品，利用端架区域客流量大、商品销售率高的特点提高收益。

3.厂家促销商品，往往是新产品、应季商品等，可以吸引顾客的注意力。

4.季节性商品。

5.自有品牌商品。

6.销售量大、购买频率高商品。

（四）第四磁石点

第四磁石点位于卖场中副通道两侧的排面货架位置，是充实卖场各个有效空间，并让顾客在长长的陈列线中移动和浏览的位置。为了使这些商品引起顾客的注意，在商品布局上要突出品种繁多、注重变化；在商品的配置上必须以单项商品来规划，即以商品的单个类别来配置；在商品的陈列方法和促销方法上应对顾客刻意表达诉求，如可以利用平台、货架大量陈列，突出商品位置标牌，在通道两侧设置特价商品POP广告等，利用突出陈列、窄缝陈列等陈列方法减少顾客在购物过程中的厌烦心理。

对于面积较小、陈列线较短的卖场来说，第四磁石点商品的效果并不明显。

商品配置包括：

1.热销商品。

2.促销商品。

3.广告效应强的商品。

4.品牌商品。

5.购买频率高的日用品。

（五）第五磁石点

第五磁石点位于收银台前的中间卖场位置，是门店根据各种节日组织大型展销、特卖活动的非固定卖场。其目的在于通过采取单独一处、多品种大量陈列方式，形成一定程度的顾客集中，从而烘托门店气氛。同时展销主题的不断变化，也给消费者带来新鲜感，从而达到促进销售的目的。

商品配置包括：

1.食品、日常生活用品、休闲类的相关用品为主。

2.特价商品。

3.季节性商品。

出口处的商品陈列要有机组合。如特价商品是毛利率很低的商品，而季节性商品、新商品是相对毛利率较高的商品。一般而言，顾客等待付款结算的时间不能超过8分钟，否则就会产生烦躁的情绪。可设置“黄金通道”，专门为不超过3件单品的顾客服务，以加快付款结算的速度。

三、服装专卖店磁石陈列

我们知道，人们的视觉对具有较强刺激的信息很容易感知。要用最佳的展示方式来陈列主推商品，那么这种方式最好是便于顾客识别，并且是最醒目的陈列形态。在服饰商品陈列中，有4种陈列形态，即人模、正挂、侧挂与叠装。在这4种陈列形态中，最易被识别、接受的展示方式是人模陈列，所以在服饰行业，我们将店内人模组合陈列，称为店内磁石陈列，也是PP（主推商品）陈列的一种形式。其主要的表现形式是店堂内的模特群组合陈列与系列商品的搭配陈列，主要作用是增加PP陈列的数量，更好地展示PP，提高试穿率。

通常情况下，服装专卖店的磁石点设置可参考表5-1。

表 5-1　服装专卖店磁石点设置

磁石点	陈列位置	组合形式	陈列技法
(一) 入口处	店铺的入口处	1.模特与流水台的组合 2.模特群组合	1.采用较能吸引顾客视线的色彩 2.展示高度不得低于1 500毫米 3.注意组合后的陈列结构 4.营销活动的重点展示区域，充分展现促销主题 5.采用装饰性灯具或是重点照明，增加展示亮度
(二) 主通道	沿着主通道设置	模特群组合形式较多	1.采用相邻区域的主推商品 2.注意模特着装的色彩组合规律，最多不得超过3个主体色 3.讲究商品的系列感及搭配 4.采用重点照明
(三)系列商品陈列区域	出现在同一系列或同一主题商品的展示区域内	通常采用1个或2个模特展示	1.采用同一系列或同一主题的主推商品，男装可按场合着装来选择出样商品，女装可按色系来选择出样商品 2.讲究色彩搭配与风格搭配，注意配饰品的重要性 3.采用重点照明
(四)店铺死角	1.柱子 2.橱窗后面 3.墙面与墙面的直角交接处 4.休息区旁边 5.收银台旁边	1.模特展示 2.正挂展示 3.模特与道具的组合展示 4.壁面展示手法	1.注意色彩搭配 2.讲究陈列结构 3.技法要求细腻 4.选择相邻系列或主题的商品
(五)货架1 800毫米以上的层板	通常有600毫米或1 200毫米的规格	1.半身模特较多，休闲品牌也可采用全身模特 2.借助小道具的配饰品组合陈列 3.可以采用POP海报	1.通常采用1个或2个模特展示 2.注意鞋架、包架、帽架等小道具应用 3.主要是配饰品的三角形组合结构

单元四　卖场整体陈列规划

一、从"点""线""面"来掌握卖场

(一)"点"——设置有魅力的展示点

点，是指在卖场设置让顾客感受到商品魅力的展示点。

要将流行商品、优惠商品、话题商品及季节性成长商品等设定为卖场陈列规划上的展示点，并使用情境的方式来展现。卖场的展示点代表着卖场魅力，因此展示点的商品必须能够吸引顾客的目光以及让顾客有想要靠近的诱惑力。

（二）“线”——设定顾客动线

线，是指顾客动线。顾客在卖场内的移动路线称为顾客动线，但顾客动线并非由顾客随意移动所形成的，而是通过设计师的设计所规划出来的。顾客动线越长、越复杂就表示卖场越能有效利用，理想的顾客动线要能让顾客经过卖场的每一个角落，在卖场内来来回回形成复杂的移动路线。也就是说，顾客在店内逛的动线拉得越长，表示越喜欢这家店；反之，动线越短则表示顾客越讨厌这家店。顾客动线拉长的关键就在于先前所提到的“点”，卖场中的“点”的配置会影响顾客动线的长短，因此相当重要。

（三）“面”——最大程度地活用卖场

面，是指卖场的面积。最大程度地活用卖场面积是提高卖场生产性的一大要素。要提高卖场生产性必须让“点”和“线”有效产生作用。卖场的面会有各种各样的形状，但无论什么形状，只要巧妙地运用“点”和“线”就能有效地活用卖场。观察顾客动线并判断卖场能否有效地活用顾客动线这点特别重要，回游动线长的卖场，顾客停留的时间也相对较长，这表示顾客接触商品的机会增加，就能产生更多的购买机会。

二、吸引点设置

（一）店头的功能

店头具有让路过的人留意到该店存在的重要功能，店头的吸引力与生动化对于提高门店的形象、知名度以及提升顾客来店率有很大的贡献。展示点以迎接从门店前方路过的人流为中心来设置，是提高店头吸引力的重点。

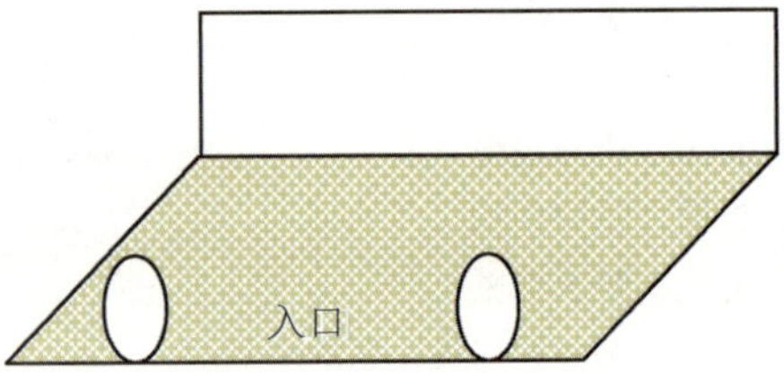

图5-12　店头吸引点

（二）店头吸引力策略

1. 店头吸引点（如图5-12所示）。如果店头吸引点位于入口左右两侧的橱窗，位置固定，所以必须有计划且持续地展示具有新鲜感的商品。如果能不断依事先规划的设计来展示商品，便可使店头的展示达到预期的效果。

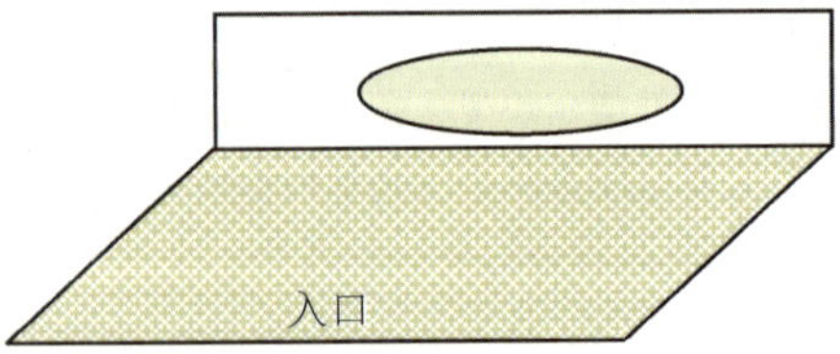

图5-13　店内最佳展示点

2. 以店内最佳展示点来吸引顾客（如图5-13所示）。如果门店门面狭窄，左右没有多余空间，则可将吸引点设置在店内的最佳位置来达到宣传门店的效果。但是，为了不让陈列在吸引点的商品看起来同周围商品一样毫无特色，这个吸引点必须采用明显不同于其他陈列点的方式来陈列。

此外，也必须考虑店内的回游性。店内正面墙的展示可与最佳展示点一起，规划成特色的展示空间以吸引顾客。

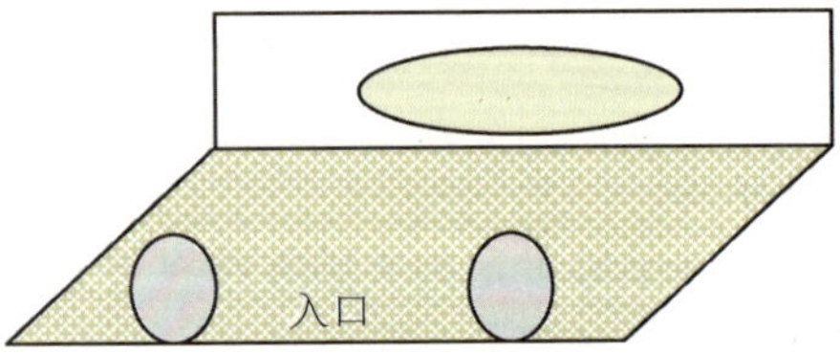

图5-14　店头与墙面联合展示点

3. 店内墙面吸引。如果门店的店头门面宽广具有开放感，且内部卖场也具有开放感的话，则可将店内正面墙设为吸引点。如此一来，店内正面墙就是卖场的吸引点，这样的呈现能令客户印象深刻，达到吸引顾客的效果。图5-14为店头与墙面联合展示点。

三、根据商品生命周期规划卖场

根据商品毛利率和周转率的不同，我们可以将卖场内的商品分为A、B、C、D四类（如图5-15所示）。

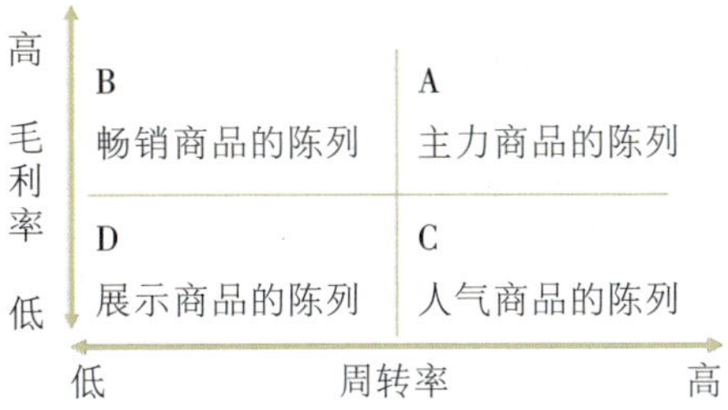

图5-15　A、B、C、D四类商品的分类

（一）A类商品是主力商品

A类商品毛利率高、周转率高，对营业收入贡献度也高，陈列需要有量感，从生命周期来看处于高峰期。周转率良好意味着商品具有高人气，因此此类商品可在卖场中心设置PP陈列点，规划上将顾客从展示空间引导到购物空间，做法上除了追求销售量之外，也要在店头展示下一期预备主推的商品以打造门店形象。

（二）B类商品是畅销商品

B类商品毛利率高、周转率低，属于流行性高、接下来销售量可能开始增长的畅销商品。虽然这类商品成长性还不明确，但陈列的目的是培养其转型成主力商品。陈列中可采取强化视觉提案的方式来呈现，让顾客了解商品的优点；从生命周期来看处于成长期，需在店头路口处开展具有特色的陈列。

（三）C类商品是人气商品

这类商品虽然受到消费者欢迎，销售状况也良好，但是商品利润低，通常为降价商品和购买频率高的商品，在陈列上要进行明确的分类。这类商品从生命周期看处于衰退期。如果是原本购买频率就高的商品，可以陈列在固定位置；降价商品因将要进入特价促销期，所以要强调优惠的价格。

（四）D类商品是展示商品

这类商品毛利率和周转率都低，分为两种：一种是走在流行最前端的商品，在陈列时可当成展示用的提案商品来处理，并评估今后是否要全面引进；另一种则是任务结束的商品，门店希望将其全部销售完毕。

A、B、C、D四类商品所处的生命周期阶段不同，其卖场陈列位置自然也不一样。根据商品生命周期规划卖场可参见表5-2。

表5-2　**根据商品生命周期规划卖场**

生命周期	商品定位	销售策略	卖场规划
导入前期	导入新商品	试卖	确认商品内容
导入期	以新商品陈列在店头	视为重点商品，特别强调	在陈列专区或店头以VP呈现
成长期	成长商品	扩大正面陈列范围，加强商品视觉冲击力的表现	在专区采用展示空间、购物空间
	定型商品		在PP和IP之间取得平衡
	高收益商品		
高峰期	削价竞争商品	逐步缩小商品正面陈列范围	以IP为主要诉求
衰退期	薄利商品		召开清仓拍卖，以价格为诉求
处理期	出清商品	丢弃、出清	以呈现商品价格诉求和专区方式陈列

【小思考5-1】

主力商品与重要商品的区别在哪里？

____

____

____

____

四、提升顾客停留率

（一）影响停留率的因素

停留率高的卖场和停留率低的卖场有什么不同呢？从卖场规划方面来说，停留率不如预期主要有以下列情形存在：

1.通道崎岖造成行走困难。

2.凸出物摆放不规则造成行走困难。

3.陈列方式单调、缺乏变化而显得无趣。

4.虽有照度但还是让人感觉昏暗。

5.商品虽多但缺乏企划概念。

6.陈列器具不足而降低商品新鲜感。

影响顾客停留率的因素见表5-3。

表5-3 影响顾客停留率因素

	不会停留	会停留
顾客行为	• 单纯通过 • 仅仅走过而已 • 只是逛过去 • 停留时间短	• 停留 • 步行速度缓慢 • 通常会靠近 • 停留时间长
顾客心理因素	• 吸引力低 • 没有兴趣 • 不适合 • 不引起注意	• 吸引力高 • 产生兴趣 • 适合 • 引起注意
卖场规划	• 陈列单调 • 无计划的摆设 • 缺乏展示点 • 昏暗 • 缺乏企划性 • 肮脏 • 封闭感 • 顾客动线短 • 缺少回游性 • 无法聚集顾客	• 陈列富有变化 • 计划性的摆设 • 有展示点 • 明亮 • 有企划性并提供资讯 • 干净 • 让人觉得自在的开放感 • 顾客动线长 • 具有回游性 • 能够聚集顾客

（二）用“特色”吸引顾客停留

提高停留率的重点在于要让顾客通过陈列就能感受到店家的特色，换而言之，就是必须表现出不同于其他门店的个性和独创性。

【课堂讨论 5-3】

对“宜家躺”的宽容，藏着 IKEA 最深的秘密

“很高兴大家使用宜家家具睡觉，欢迎大家来宜家休息！”

宜家中国区总裁 Anna Pawlak-Kuliga 对宜家“躺尸现象”的回应上了微博热搜。相比一些规定禁止触摸禁止拍照的商场而言，宜家大度多了。“宜家正在推动消费体验的改变，比如也会提供更多的美食，带给人们更多欢乐的体验。”宜家正在成为“周末一日游”的热门选择。而宜家也正有意识地打造并增强这种体验式氛围。

宜家餐厅只是宜家创始人一个促进交易的点子，但是令人意外的是，如今宜家成为全球第六大连锁餐饮公司。有资料显示，近三成去宜家购物的顾客只是为了品尝宜家的美食。2018 年，宜家食品销售总额增长了 8%，在全球卖出了 1 亿杯咖啡，以及无数肉丸配蓝莓果酱。宜家在世界各地开了 300 多家餐厅，去年光是在中国宜家餐厅的营收就达到 15 亿元。

此外，宜家还在线下开设了更多元化的营业场所，主打“宜家家居 + 宜家购物中心”的配置。将相对低频的家居消费转向高频的购物消费，是宜家的“小心机”，也是宜家的野心。

资料来源 章航英. 凤凰网. 对“宜家躺”的宽容，藏着 IKEA 最深的秘密？[EB/OL]. [2019-08-24]. https: //tech.ifeng.com/c/7pOnggp9cwQ.

问题：宜家为何会成为“周末一日游”的热门选择？

提示：因为宜家躺和宜家餐厅的存在很大程度上保证了顾客在店停留时间，带给人们更多欢乐的体验。

五、提升顾客回游性

（一）回游性与通风性的关联

顾客回游性越高，代表卖场规划得越成功。回游性高的卖场通常销售状况比较好。通风不良的卖场空间，通常会有墙壁阻挡空气流通、死路滞积空气（如图 5-16 所示），以及内部深长等问题，这样的卖场由于无法通行的区域很多，会让顾客感觉不易逛，对卖场敬而远之。卖场易逛也易离开、通风良好（如图 5-17 所示）能避免将顾客阻挡在外，产生回游性。

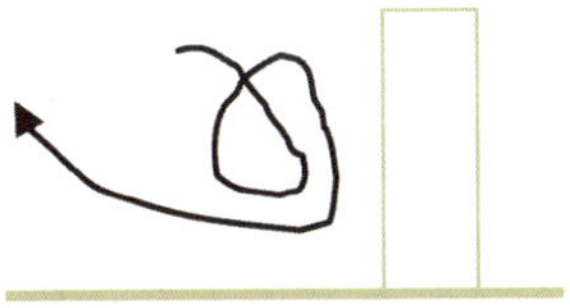

图 5-16 死路滞积空气

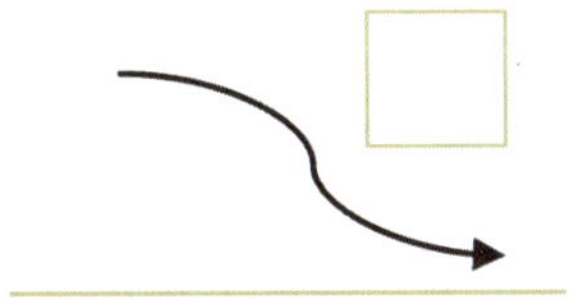

图 5-17 通风良好

（二）回游性策划

通风不良的卖场会形成滞积空气的空间，不能产生回游性，带给顾客不良印象，让顾客不想接近（如图 5-18 所示）。

通风良好的卖场可产生回游性，让顾客来去自如，无论在卖场哪个角落都能安心停留，提高顾客光临卖场的概率（如图5-19所示）。

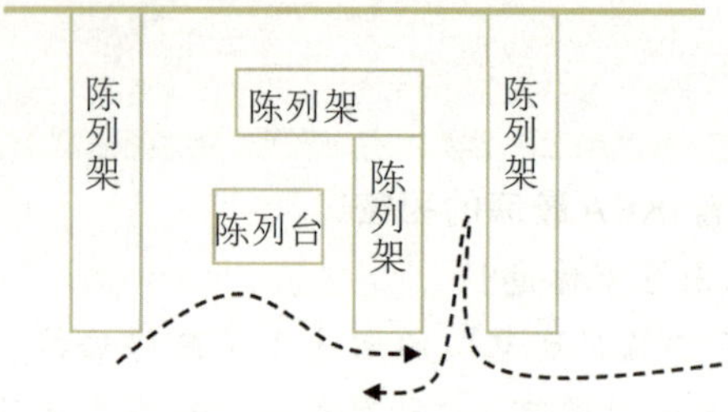

图5-18　回游性不良的卖场

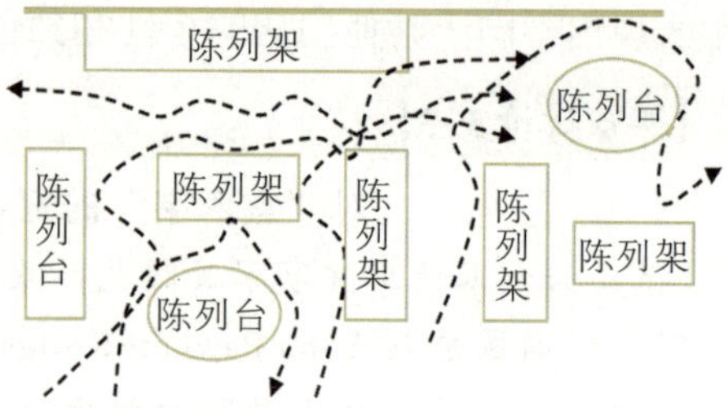

图5-19　回游性良好的卖场

要想设置出通风良好的卖场，需要注意以下两点：

1.提高卖场回游性的秘诀在于通风。所谓的回游性，是由门店依据策略所进行的有目的、有计划设计而产生的，通风不良的卖场一定无法产生回游性。

2.门店如果通风良好，则无可避免地会让空间配置变得零碎，在商品展示上缺乏量感，因此需要在陈列方面解决这些问题。

六、卖场死角管理

（一）卖场死角

卖场空间里未得到有效利用、无法发挥效果的区域和空间称为死角。这些死角能否得到巧妙地运用会影响卖场整体效益。容易产生死角的区域和空间如下：

1.柱子后方、大型物体的后方、物体下方、被物体遮蔽的空间等看不见或不容易看见的区域。

2.应摆设位置安排的关系所产生的空隙、卖场角落等零碎空间。

3.太长的通道和太深的空间、太长和太宽的墙面、太深的卖场空间等。

想要让这些死角能得到有效利用，规划卖场时就要把其变得有趣。

（二）将死角变得有趣

1.让死角变得醒目。在死角处展示季节性商品或是将死角变成提供资讯、粘贴海报的空间，让死角变得具有吸引力。

2.在死角处展示高价商品、具有话题性和新闻性的商品、打折商品、当季商品等对顾客来说有吸引力的商品。

3.让死角变成形象展示空间。粘贴促销海报、设置放映影片用的银幕、粘贴卖场商标和展现商家形象的图片等，运用死角来诉求卖场形象，以提高门店的品牌认知。

4.让死角变成体验空间。在死角处进行样品展示，举办试听、试吃、试喝、试穿等活动。

【课堂讨论5-4】

购物环境中的阶梯设计

2021年8月，宜家上海徐汇商场创新开业，成为全球首个“未来家体验空间”。以创新视觉设计、便捷互动体验、社交共享共创为核心，空间内无处不在的大胆色彩，勾勒出明亮且充满活力感的年轻氛围，与家居相关的新灵感也在此不断碰撞着。采用全新的开放式设计亮相的原木色阶梯真是吸睛满分，阶梯四周敞亮开阔的视野让人从进店开始就心情愉悦。

阶梯设计

问题：如何把购物环境中的阶梯改造成一个体验空间？

提示：梯式会议、休息空间、阅读空间……远远不止这些，阶梯从公共空间成为私密的空间，适应多种场合，整个空间因它而充满活力和动感，躺着、坐着好像都可以，谈话、会客、看书……都会感觉很自在。

七、卖场整体效益管理

（一）卖场低效益原因

卖场如果能达到商家所预期的效果，便可称为高效益卖场，而与之相反的低效益卖场不仅无法发挥预期效果，也说明卖场可能缺乏规划、理念不明，商品展示单调、缺乏魅力。让低效益卖场转变为高效益卖场最佳的方法就是排除造成低效益的原因，可以从以下三个方面探讨：

1. 商品。商店概念与目前销售的商品是否协调？低效益因素包括商品陈列种类的主题不明确、特色商品的企划脉络没有一致性、商品不符合卖场形象、缺乏主题商品等。

2. 卖场。商店概念是否与卖场环境一致？低效益因素包括商品陈列混乱、店面摆设没有考虑顾客动线规划、环境营造没有整体感等。

3. 销售。商店概念与卖场现状是否协调？销售计划不明确、人力安排不合理影响服务表现、销售人员对商品的知识不足等都是低效益的原因。

（二）自我诊断

1. 思考可能降低卖场效益的因素，把与卖场设计相关的事由写下来。

2. 为了改善这些被挑选出来的因素，需要个别检视其降低效益的原因以及思考该如何应对，还需考虑改善时采取的相应措施及预算。

3. 将待改善因素分为“能立即解决的项目”“一周内能改善的项目”“一个月可解决的项目”“需要花时间和预算的项目”等，并且分析各个因素和实行对策。

高效益卖场能给人整体感，相对地也能带给消费者极高的满意度。

知识掌握

1. 什么是顾客动线？
2. 顾客动线的衡量指标有哪些？
3. 简述顾客动线类型及设计。
4. 简述顾客动线调查的流程。
5. 顾客动线调整方法有哪些？
6. 服装卖场磁石点如何设计？
7. 影响停留率的因素有哪些？
8. 如何管理卖场死角？

知识应用

● 案例分析

门店怎样做体验设计

MOT是Moment of Truth的缩写，是指影响消费者进店、转化、复购和推荐决策的关键时刻。我们知道，有一些商业街上的网红店，客人的进店率很高，但是转化率不高。

厦门的伴手礼品牌苏小糖门店，卖的是一些颜值很高的糖果点心。店里人流量很大，但很多游客进来之后，就是打个卡、拍个照就走了，啥也不买。这种情况怎么办？

提高转化率有一个关键场景，就是一定要让消费者“试用”。

在苏小糖的店里，也有“试用”。店员把牛轧糖放在白色的大盘子里，让进店的游客试吃。但游客试吃了还是不买。原来，他们家的牛轧糖因为追求低热量，吃起来不怎么甜，游客在试吃过程中，没有产生峰值体验，也没有留下记忆点，转化率就不高。

苏小糖门店该怎么办？很简单，视觉、嗅觉、味觉、触觉、听觉，这些都是重要的记忆点。不能在“味觉”上突破，那就在别的点上下功夫。后来门店尝试把牛轧糖从放盘子里，改为放进糖果罐子里。为什么？因为这是我们小时候都有的习惯动作，打开糖果罐，手伸进去，这样的动作原本就藏在消费者的脑袋里，所以，放上糖果罐，他会更愿意主动去做这个动作，去试吃。

游客看到装满不同口味糖果的罐子，就会主动问店员：“这个是什么口味？哪种更好吃？”这个时候，导购就有了给游客一一介绍产品的机会，并且告诉他：“你吃起来是不是不太甜？对，因为我们用的是海藻糖，热量只有42%，热量低，你不用担心。”你看，把原本不甜的、吃起来没什么味道的体验低谷，成功地变成了产品优点，因为消费者都不喜欢热量太高，这样就成功地消除了消费者的选择障碍。

你看，提高转化率的关键，就是通过提供“试用”，给消费者留下印象深刻的感官记忆点，消除消费者的选择障碍。

资料来源 作者根据相关资料整理。

苏小糖门店陈列

问题：MOT体验设计的特点是什么？

分析提示：一家店铺通过好的MOT体验设计，就能够让消费者一看就进、一进就买、一买再买、一传千里。门店不一定全程都追求完美，只需要抓住几个关键时刻，就会很精彩。

实践训练

实践项目：宜家动线设计与陈列管理现场学习

要求：

1.每3人组建一个团队。

2.收集、学习宜家卖场空间布局及动线设计资料。

3.实地（或观看视频）考察宜家卖场空间布局和动线设计。

4.现场拍摄（或收集）宜家空间布局的标志性图片并分析其作用，包括：（1）宜家企业标志；（2）外墙与入口照片；（3）专题化陈列照片；（4）综合化陈列照片；（5）叙事化陈列标示图；（6）主通道与副通道；（7）服务标志；（8）色彩陈列图片；（9）“一线体验式”动线；（10）“立体分层式”流线。

5.小组课堂上汇报。

项目六 货架陈列

【学习目标】

知识目标：

掌握顾客视线规律和黄金陈列区；了解商品陈列的步骤；掌握商品陈列原则与基本方法；熟悉POP放置方法。

能力目标：

依据销售数据制作商品陈列图；评估便利店的陈列并提出改进措施。

【案例导入】

货架思维

货架思维的核心是：摆上货架就开卖。只要具备以下两个条件，就可以称之为货架：第一，在货架上存在竞争对手；第二，消费者（用户）要经过那里。要始终带着这个思维审视产品的陈列方式，并实现两个目的：降低发现成本；给出购买理由。我们努力的目标就是要让用户的购买决策变得简单。摆放在货架上的产品本身，就是一种特殊的“媒体”。因为就算他们不买，在货架上摆放的产品，也可以像广告一样，不停地把信息传递给潜在消费者。

国内外有很多品牌都在专门研究，如何利用“在货架上摆放的产品”，这是完全属于你自己的、免费的媒体。大家发现，单独的产品很难获得注意，但是如果把其连成一片，视觉效果将会非常吸引注意。比如高露洁牙膏。高露洁单独一盒牙膏的设计挺不错，但你再把它们放在一起看看：整齐划一，非常震撼。你会突然明白：原来这样的包装设计，就是为了形成方阵式的效果！全国那么多超市便利店，几乎每家都有“高露洁方阵”，这是多么强大的媒体啊！国内的厨邦酱油，为了形成“高露洁方阵”的效果也煞费了苦心。厨邦酱油把“品牌符号”特意设计成围裙、桌布上常见的绿色格子。这种绿色格子有个好处，方阵式的厨邦酱油放在一起，浑然一片，非常壮观。当厨邦旗下不同品类的酱油同时摆上货架之后，天然就形成了一个识别度极高的区域，更容易被消费者注意到。再比如“脑白金”，在无边无际的蓝色中间，“脑白金”3个大字，压倒性地抢眼。

货架思维

资料来源 小马宋. 如何让你的产品自带传播力［J］. 中国商人，2019（10）：32-33.

案例启示：货架思维，就是把产品信息出现的一切场合看成货架，争取让产品变得畅销的一种思维，甚至改变商品包装设计就是为了获得陈列优势。

一个卖场内，70%的店内营业额是由货架创造的，95%的营业利润来自货架。货架是卖场与消费者的接触介质，货架管理效率等于零售店的经营效率。因此，零售企业在规划卖场的商品陈列及空间配置时，需要站在顾客的角度，创造出简单明了又有效的商品陈列。

单元一 顾客视线规律与黄金陈列区

人们在观察物体时，视线的移动对看清和看准物体有一定规律，这就是视觉的运动规律。人的视觉运动规律对卖场商品陈列的影响是非常重要的。

一、视觉运动规律

（一）视觉移动基本规律

1.视线的运动规律一般是从左到右、从上到下、先中心后外部。

2.视线沿水平方向运动比沿垂直方向运动速度快且不易疲劳，一般是先看到水平方向的物体，后看到垂直方向的物体。

3.眼球上下运动比左右运动容易产生疲劳。

4.两眼的运动总是协调的、同步的，在正常情况不可能一只眼睛转动而另一只眼睛不动，也不可能一只眼睛视物，另一只眼睛不视物，因而通常都以双眼视野为设计依据。

5.相对于曲线轮廓，人眼更容易接受所视物的直线轮廓。

6.人的视觉总是喜欢变化着的形象，而不喜欢单调、呆滞的事物。

7.颜色对比与人眼的辨色能力有一定的关系。当人从远处辨认前方的多种不同颜色时，易辨认的颜色顺序是红、绿、黄、白，即红色最先被看到，所以停车、危险等信号标志都采用红色。当两种颜色搭配在一起时，则易辨认的顺序是：黄底黑字、黑底白字、蓝底白字、白底黑字等。

顾客在面对陈列架时，首先会浏览货架最中间的部分，这是由于顾客在货架中间不会感到有压力。有关的调查数据显示，把一种商品从货架边缘移到货架中央部分进行销售时，销售量会增加12%。

视线的动线是由左到右的，在大脑中，右脑主管图像与左眼直接相连，所以，一般认为人类倾向于从左到右进行识别。因此，在POP和海报中基本上也是将图片放在左侧，将希望顾客阅读的评论和价格等文字放在右侧。

人们在上下层的视线中，是按照从左上方移到右上方然后移到下层的货架，继而从左下方移到右下方的顺序移动的，因此，视线从左上方开始如“Z”形移动，我们把这种现象称为Z定律（如图6-1所示）。

图6-1 “Z”形视线移动

（二）人的视线区域分布

1.水平方向视区。

（1）人眼在中心视角10°以内是最佳视区，可识读文字及字母，识别力最强。

（2）人眼在中心视角20°以内是瞬息视区，可在极短的时间内识别物体形象。

（3）人眼在中心视角30°以内是有效视区，需要集中精力才能识别物体。

（4）人眼在中心视角120°以内是最大视区，对处于此视区边缘的物象，需要投入相当的注意力才能识别清晰。人若将其头部转动，最大视区可扩展到220°左右。

2.垂直方向视区。人眼视平线以上25°至视平线以下30°的范围为良好视区；视平线以上50°至视平线以下70°的范围为最大视区（如图6-2所示）。

（三）视觉中心

心理学家认为，人们在浏览时，视觉容易看上面的物体（与下面的物体相比较而言）及左面的物体（与右侧的物体相比较而言），这是人们在长期的生活中形成的视觉习惯，也正是这种自然的习惯形成了一定的视觉运动规律。

1.在一般情况下，画面的中部图形容易成为视觉中心。

2.在一般情况下，画面中大面积的图形容易成为视觉中心。

3.画面中动与静、多与少等对比强的因素容易成为视觉中心。

4.画面中三个以上图形中的特异形或完整形容易成为视觉中心。

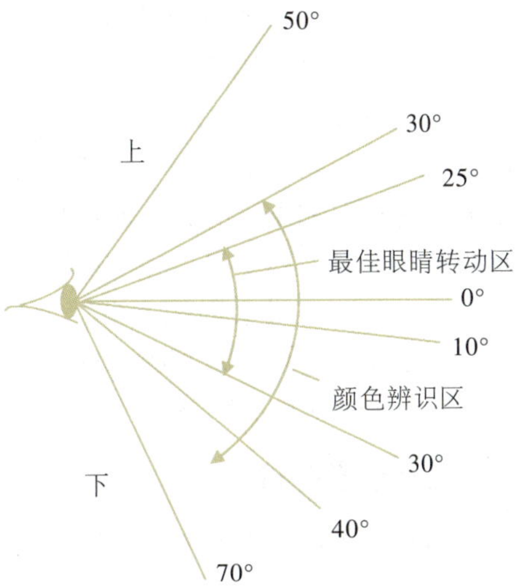

图6-2　垂直视区

二、黄金陈列区

（一）黄金空间

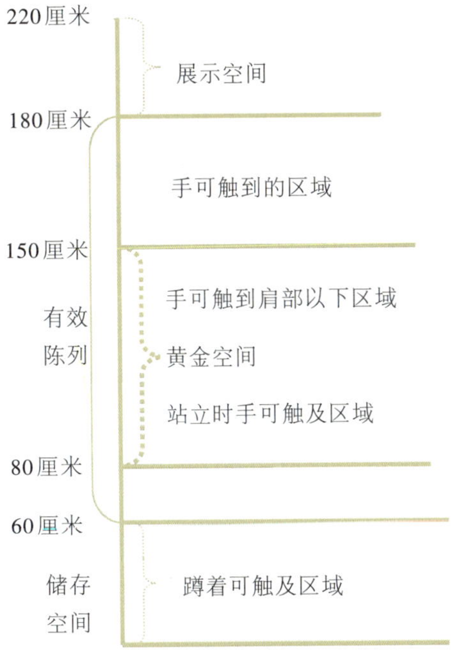

图6-3　黄金陈列区

货架的黄金位置一般是距离地面80～150厘米的高度。任何陈列中都存在着视觉“黄金点”。对于顾客来讲，最容易看到和摸到的产品高度称为产品的黄金空间。如图6-3所示，60～180厘米是有效的陈列空间，即第一眼就能看到产品的位置。也就是说，按照顾客在货架前常规的观看距离与角度（与货架之间有100厘米的距离时），有效的视线范围一般为60～180厘米，但看得清楚的范围是80～150厘米。

流水台为店铺的第二橱窗，所以要注意流水台的高度。流水台可以利用模特进行展示，也可以提高其高度，让其展示在黄金视线范围内。

（二）储存空间

10～60厘米是储存空间，处于膝盖以下，顾客必须蹲下才能看清楚陈列的产品。对于60厘米以下的空间，顾客不容易看到，且经常有人走动会有灰尘，所以不可用来展示商品，但可以用于展示鞋类或包类的配件，有时也可使用道具对其高度进行调整。

（三）展示空间

180～220厘米是展示空间，180厘米以上的位置能吸引远处的顾客。因为在卖场顾客较多的时候，从远处最容易看到的就是货架的高处，这会影响到顾客的进店率。180厘米以上的位置最好以面来进行展示，如果运用到模特的话，其展示的商品一定要在有效的空间里可以取到。

（四）黄金陈列区是变化的

黄金陈列区会因陈列架形态的不同而发生变化。例如，在“L”形陈列架中，要把沉重的商品及体积大的商品放在容易拿取的位置上，而不是放在上层，在这种情况下，最下层就会成为黄金区域。此外，在陈列电器等商品的平台形货架中，100厘米左右处是最容易拿取和浏览的，从而会超越里面的货架，成为黄金区域。另外，如果是面向儿童的零食卖场，则要符合儿童身高，80厘米以下部分是黄金区域。

黄金陈列区域会因顾客群、商品构成和陈列架的变化而发生变化，但无论何种情况，都要考虑卖场的核心顾客群伸出手时的下限及上限位置，顾客站着就容易拿取商品的空间即为黄金陈列区域。

【小思考6-1】

优衣库店内挂着陈列的衣服，随时都可以拿到手上，为什么这样陈列呢？

____

____

____

____

三、货架识别

（一）货架

在便利店中大多采用130厘米高度的货架，这样卖场整体的眺望效果会比较好，陈列的量感也能恰到好处地展现出来，此外，这种高度还被广泛应用于专卖店。陈列高度为150厘米就会达到与女性顾客平均身高相同的高度，因此会令人稍有压迫感，一般在商品数量较多时才使用这种货架。如果货架高度超过了180厘米，顾客就不能看到里面货架，所以有些货架的上部只能做商品储存之用。另外，可以将货架的背面设计成透明的塑料或网状，利用通透视觉消除压迫感，并能使顾客看到里侧。

（二）陈列柜

在超市里能看到有些品牌会使用一些带有自己企业LOGO的陈列柜。陈列柜是一种带有灯箱，具有展示商品和宣传企业形象作用的货架。

1.多阶型陈列柜。这是一种具有多层架子的陈列柜，有冷藏用和冷冻用两种，在陈列蔬菜和水果的柜台中，还有可以洒水的类型。

2.镜型陈列柜。这是一种在上方相对位置安装有镜子的陈列柜，主要用于陈列蔬菜和水果，陈列在下方的商品被反射到上方的镜子里面，从远处看给人一种很多的感觉。

3.平台型陈列柜。这是一种90厘米左右宽的桌型，带小轮，可以用于岛式陈列的陈列柜。陈列柜上面有玻璃门，打开门可自行拿取商品，多用于超市及便利店的冷藏和冷冻食品。

4.倾斜形陈列柜。这是一种在平台上采用倾斜陈列架的陈列柜，用于果蔬及非冷藏商品的陈列。

【小思考6-2】

你还见过哪些货架或陈列道具？

单元二　制作商品配置图

一、陈列参考数据分析

（一）店铺库存表分析

根据店铺库存数据充分了解库房的存货情况，确保能出款式均在卖场展示，尽量避免重复款式；了解店铺库存量前10名的商品，充分了解店铺每一个时段的主推商品和淘汰商品；根据前期销售数据分析店铺的销售前10名商品，确保畅销商品展示在店铺的重要位置。

店铺库存分析表示例见表6-1。

表6-1　店铺库存分析表

品类	款数	件数	库存前10名	销售前10名

（二）店铺商品占比表分析

根据店铺商品占比表了解各品类的销售占比，结合数据了解店铺各品类的陈列面积；结合店铺各品类的库存占比、销售占比了解店铺各品类的陈列位置；根据店铺的现状分析各品类的陈列占比，结合销售占比、库存占比得到适合该店铺的陈列规划。

店铺商品占比表示例见表6-2。

表6-2　店铺商品占比表

品类	销售占比	库存占比	陈列占比

（三）店铺容量分析

根据店铺容量表了解店铺的陈列容量（包括各区域能容纳的总款型数、总商品数），清楚库存满足陈列的情况。

店铺容量表示例见表6-3。

表 6-3 店铺容量表

项目	区域	总款型数	总商品数
店铺容量			

二、商品配置

商品在卖场中的配置需要让进店的顾客一眼就能够清晰明了。商品配置的方法主要有：

（一）按用途进行配置

1.按品牌。将商品按品牌配置货架的方法。这种陈列方法在自助型店铺中最常见。

2.按功能。将商品按照功能配置货架的方法。这是陈列功能性食品及有机商品等常用的方法。

3.按尺寸。在服装卖场中，按S、M、L号等服装的尺寸陈列货架配置的方法。如果是鞋类的卖场，按照35码、36码、37码、38码等尺寸进行分类。

4.按包装。将果酱、蜂蜜等的袋装、盒装、瓶装等包装按种类进行配置的方法。

（二）按顾客需求进行配置

1.按分量。例如大米，2千克、5千克、10千克的包装等按重量及数量配置货架的方法。由于这类商品分量较重，应尽量将商品陈列在收银台附近，以便搬运。为方便顾客，散装水饺、汤圆等商品一般应尽量靠近称重台位置陈列，且要在旁边放置购物袋。

2.按节日。以新年、圣诞节等节日为主题配置货架的方法，在节日当天、当周、当月提前进行配置并逐渐扩大范围。

3.按季节。夏季的挂面、冬季的火锅等以季节为主题的商品陈列方法。以图示板及演示物等进行有季节感的卖场陈列，同时销售与其关联的容器和食物。例如，月饼属于季节性商品，一般陈列在堆头区。

（三）按感官进行配置

1.按色彩。根据色彩分类进行陈列的方法。例如，女性喜欢的淡色调和男性喜欢的暗色调，通过各种颜色进行配置，以提升展示效果。

2.按设计。根据商品设计进行陈列的方法。例如，衬衫可按颜色、条纹、长袖及短袖等进行陈列。

【陈列技巧6-1】

选品：总是能满足，常常被吸引，偶尔很惊喜

一家门店，面积是有限的，货架也是有限的，只求全或求新，都会让你过多关注那些冷门或者新奇的商品，就必然会挤掉那些虽然是日常商品，但需求频率更高的商品，这样门店的销售总量就会受到影响。那选品应该追求什么？总结成一句话就是：让顾客总是能满足，常常被吸引，偶尔很惊喜。

总是能满足

总是能满足，就是顾客来你的店里，十次至少有九次都能被满足。要做到这一点，可不是求全，把小众品类都凑齐，而是那些日常所需的商品，绝对不能没有，也不能缺货。从商品类型上说，如果你要开的是民生店，那民生性的商品比例就要超过60%，次民生的商品占30%，休闲类商品占10%。什么是次民生商品呢？就是民生性商品里需求相对较弱的品类，比如同样是酱油，生抽是强民生商品，但老抽就属于次民生商品。反过来，如果你要开休闲类小店，比例就要倒过来。

常常被吸引

不同要素，对消费者选择的影响力度不一样，那些让顾客下意识愿意靠近的要素，就是第一要素。比如毛巾，颜色才是让顾客下意识靠近的第一要素。假设你选品的时候，选的毛巾里没有他喜欢的颜色，除非着急用，要不然他根本都不会靠近。建议使用“T形选品法”，长横代表的是品类，尽量要拉长，就是涉及的商品范围要广，避免同质化。短竖代表的是每一个细分品类里，单品数量要少，也就是这个竖尽量要短。防止小分类区别又不大，选项太多反而增大顾客的选择难度。

偶尔很惊喜

那怎么能让顾客觉得偶尔很惊喜呢？有两类商品你可以选择。一类是流行性商品，就是某一段时间流行起来的爆款商品。如单身狗粮薯片，这款商品突然流行起来，如果顾客看到这类商品会觉得小惊喜。还有一类商品也能让顾客感到惊喜，就是那些销售频次并不高，但需要它的人又非它不可的商品，我们称为转身点商品，比如纸巾这个大品类里，产妇专用纸巾就属于转身点商品，平时需求量很小，但真需要的顾客又是刚需，如果顾客跑了好几家店都没货，只有你家有，那顾客是不是会很惊喜？

资料来源　编者根据黄碧云小店创业课程整理。

三、确定商品组合

商品组合是陈列中的重要环节，关系到商品风格、诉求点、连带性及可售卖程度等因素，在满足这些条件的前提下，再通过陈列技术更好地推广品牌形象、展示商品特点。商品组合相对于单品陈列而言，能更完整地推广品牌形象、展现商品的特点、丰富视觉效果，从而可以更好地促进销售业绩增长。陈列中的商品组合，既指不同类型商品之间的组合，也涵盖与之可搭配的商品、价格组合、商品比例及数量配置等，是诸多综合因素的调配过程。

商品组合结构主要有三种模型：金字塔模型、擀面杖模型、均等分模型

（一）金字塔模型

这类商品组合结构，适用于大众消费。金字塔，顾名思义，就是下大上小：一般可以按照6∶3∶1的比例来分配，6成是平价的商品，3成是中高端的商品，1成是高端的商品。以酱油这个小分类为例。如果说总配置是10瓶，大众品牌要配置6瓶，功能性的要配置3瓶，再更高端的酱油就配置1瓶。选择6∶3∶1的比例主要的考虑因素为：一方面，任何一个商圈，都会有消费水平相对较高的人，要兼顾他们的需求；另一方面，考虑门店给周围人群的印象，不能只是廉价，这不利于门店未来的发展，如果门店给人的印象是低端，未来想通过提价来提升利润，就会很难。

（二）擀面杖模型

擀面杖模型就像它的形状一样，中间大，两头小。同样是酱油，中端商品占比可以到60%，低端和高端各占20%。这一类商品结构模型，适用于中产家庭和年轻白领集中的商圈。可能有人会问：中产家庭消费能力不错，为什么不加大高端商品的比例呢？这

样利润不是会更高吗？原因很简单，这类人群时间成本高，一般不会用太多时间去挑选日常用品，一旦选好一家店，就会长期认准，所以客流相对稳定。相应地，他们做第一次选择就会比较“挑剔”。如果门店一上来就加大高端商品的比例，顾客的第一印象就是贵，那以后可能就不来了。

（三）均等分模型

均等分模型典型代表就是进口超市。中高端商品，占比均等分布，大众品牌基本就不出现。同样拿酱油来说，以进口酱油为主，有机酱油必不可少，中高价位平均分配。

【拓展阅读6-1】

生鲜社区超市各品类占比

售卖生鲜商品的业态类型包括社区生活超市、社区生鲜加强型超市、生鲜专卖店、综合性超市。这些业态中，都会卖生鲜，但是占比却不同。想做好一家民生店，并不能只卖生鲜的民生商品，而是各个品类的商品都要有一个合理的占比。社区生鲜业态各品类占比占比见表6-4。

表6-4 社区生鲜业态各品类占比

<table>
<tr><th>部类</th><th>大类别名称</th><th>社区生活超市（1 000平方米）各品类支数</th><th>占比</th><th>部类占比</th><th>销售占比</th><th>社区生鲜加强型超市（300平方米）各品类支数</th><th>占比</th><th>部类占比</th><th>销售占比</th></tr>
<tr><td rowspan="6">包装食品</td><td>酒水饮料</td><td>653</td><td>8.42%</td><td rowspan="6">50.3%</td><td rowspan="6">45%</td><td>110</td><td>6.58%</td><td rowspan="6">65.2%</td><td rowspan="6">45%</td></tr>
<tr><td>冲调食品</td><td>409</td><td>5.27%</td><td>50</td><td>2.99%</td></tr>
<tr><td>休闲食品</td><td>989</td><td>12.75%</td><td>180</td><td>10.77%</td></tr>
<tr><td>散装休闲食品</td><td>350</td><td>4.51%</td><td>200</td><td>11.97%</td></tr>
<tr><td>粮油调料</td><td>1 090</td><td>14.05%</td><td>400</td><td>23.94%</td></tr>
<tr><td>日配（乳制品）</td><td>410</td><td>5.28%</td><td>150</td><td>8.98%</td></tr>
<tr><td rowspan="3">日化</td><td>个护个洗</td><td>1 225</td><td>15.79%</td><td rowspan="3">22.6%</td><td rowspan="3">12%</td><td>40</td><td>2.39%</td><td rowspan="3">6.6%</td><td rowspan="3">3%</td></tr>
<tr><td>纸品</td><td>252</td><td>3.25%</td><td>40</td><td>2.39%</td></tr>
<tr><td>家居清洁</td><td>279</td><td>3.60%</td><td>30</td><td>1.80%</td></tr>
<tr><td rowspan="4">非食品</td><td>家居用品</td><td>805</td><td>10.38%</td><td rowspan="4">19.5%</td><td rowspan="4">9%</td><td>40</td><td>2.39%</td><td rowspan="4">5.7%</td><td rowspan="4">2%</td></tr>
<tr><td>休闲、文化用品</td><td>174</td><td>2.24%</td><td>10</td><td>0.60%</td></tr>
<tr><td>针纺织品</td><td>399</td><td>5.14%</td><td>30</td><td>1.80%</td></tr>
<tr><td>拖鞋与服饰小配件</td><td>133</td><td>1.71%</td><td>15</td><td>0.90%</td></tr>
<tr><td rowspan="6">生鲜</td><td>干货（夏）冬天增加20%</td><td>130</td><td>1.68%</td><td rowspan="6">7.6%</td><td rowspan="6">34%</td><td>100</td><td>5.98%</td><td rowspan="6">22.5%</td><td rowspan="6">50%</td></tr>
<tr><td>蔬菜</td><td>130</td><td>1.68%</td><td>85</td><td>5.09%</td></tr>
<tr><td>水果</td><td>170</td><td>2.19%</td><td>110</td><td>6.58%</td></tr>
<tr><td>禽类</td><td>40</td><td>0.52%</td><td>15</td><td>0.90%</td></tr>
<tr><td>冻品</td><td>40</td><td>0.52%</td><td>26</td><td>1.56%</td></tr>
<tr><td>肉类</td><td>80</td><td>1.03%</td><td>40</td><td>2.39%</td></tr>
<tr><td></td><td>合计</td><td>7 758</td><td>100%</td><td>100%</td><td>100%</td><td>1 671</td><td>100%</td><td>100%</td><td>100%</td></tr>
</table>

社区生活超市的面积一般在1 000平方米以上。其中食品的商品占比最大，超过50%。生鲜类的商品品项数占比不大，但是销售份额却能达到34%。但是在日化和非食品里，总的商品支数占比高，但是销售占比却不高。

社区生鲜加强型超市的面积在100平方米到300平方米。特别突出一日三餐的生鲜食品，但并不代表只有这一类商品。在生鲜加强型的门店中，生鲜的销售占比最高，但商品的支数却不是最高，商品的支数最高的是包装食品，包装食品的销售占比和社区生活超市一样。这是因为支撑一家生鲜加强型门店，并不能只依赖生鲜商品，想支撑这种业态，食品的商品支数就不能太少。但不同品类的配比会产生非常大的变化。比如休闲食品这个类别，在社区生活超市中，包装的食品远多于散装休闲食品。但在社区生鲜超市里，就是散装休闲食品的占比最高了。这么配置是因为散装食品中的糕点，是部分早餐及点心的替代食品。总结起来，生鲜加强型门店，以生鲜为主打，食品要强中强，非食品要精简。

支撑一个业态要看总体结构，只是把一个单项品类做得特别大，抢占了别的商品资源，就算商品再好，顾客也觉得没有商品可买。

资料来源　编者根据相关企业资料编写。

四、确定陈列面数

所谓的陈列面，顾名思义就是指商品陈列的脸面，也就是向顾客传递信息的商品包装的正面部分。另外，面数也指陈列的列数，一块橡皮也是一面，一个笔记本也是一面，这与商品的面积和尺寸没有关系。通常情况下，如果商品面数增加，就会带来一定程度上的销售额的提升，我们把这种由于面数的增加给销售额带来的影响称为正面效果。

正面效果会随着面数增加而上升，但到一定阶段之后，随着面数的增加正面效果会逐渐减弱，在超市及便利店中如果把面数从2面倍增到4面，销售额也会呈现倍增的趋势。然而，从4面增加到5面左右就会出现正面效果的极限，这之后即使再继续增加面数，销售额也不再增加。

1面还是2面会对销售额产生成倍的影响，因此要尽可能使商品面数保持在2面以上，以提高商品的醒目度。

如果是郊区型超市，由于卖场面积大，商品面数从1面到4面，在销售额上并没有太大的差异，因此要在横向陈列中加大宽度以提高正面效果。

在分配空间里具体陈列多少商品，要根据以往的销售实绩与正面效果进行判断，然后再确定空间分配和陈列方法，卖场的展开数量是有限的，这称为极限陈列量。而平面是决定其中商品陈列量的因素。例如，某类商品如果销售额的比率是10%，那么被分配的空间也是10%，陈列数量应该确保在10%，也就是要想办法使销售额构成比与陈列构成比保持一致。

五、制作商品配置图

商品配置图英语名称叫“Facing”。Facing是“商品排面做恰当管理”的意思。日文名称为“棚割表”。在日文中，“棚”意指货架，“割”则是适当的分割位置，也就是商品在货架上获得适当配置的意思。因此，商品配置表可定义为：“把商品的排面在货架上作出一个最有效的合理分配，并以画面表格规划出来。”

每一个商品都应给予一个相对稳定的空间，主要应考虑该商品在商品结构中的地位，同时应考虑商品配置对销售效果的影响，注意商品的关联性配置对销售效率的影响。

（一）制作商品配置图应考虑的因素

制作商品配置图最重要的依据是商品的基本特征及其潜在的获利能力，应考虑的因素为：

1.周转率：高周转率的商品一般都是顾客的必需品，应放在商品配置图较明显的位置。

2.毛利：毛利高的商品通常也是高单价的商品，应放在较明显的位置。

3.单价：高单价商品的毛利可能高也可能低；高单价又高毛利的商品应放在明显位置。

4.需求程度：在非重点商品中，具有高需求、高冲动性、随机性需求特征的商品，一般陈列在明显位置。销售力越强的必需品，给顾客的视觉效果应越好。

5.主要能见因素：顾客的视线移动一般是由左到右的；视线焦点一般为水平视线上的商品；最不容易注意到最底层商品。

6.空间分配：运用高需求或高周转率商品来吸引顾客的视线焦点，纵横贯穿整个商品配置图；避免将高需求商品放在视线第一焦点，除非该商品具有高毛利的特性；高毛利且具有较强销售潜力的商品，应摆在主要视线焦点区内；潜在销售业绩越大的商品，应该给予越多的排面。

（二）商品配置图的制作程序

1.通过市场调查，决定要销售的商品及卖场面积。

2.将要销售的商品分类，并规划大、中、小类商品应占的面积。

3.根据商品的关联性、需求特征、能见度等因素决定每一类商品的位置，制作商品配置图。

4.根据商品配置图配置设备，前、后场设备应构成一个整体；陈列设备的数量及规格应参照商品品项资料进行设置。

5.收集商品品项资料，包括价格、规格、尺寸、成分、需求度、毛利、周转率、包装材料、颜色等，并决定经营品项。

6.在商品配置表上详细列出每一个商品的空间位置，每一个货架对应一张商品配置表。

7.按商品配置表进行陈列，并挂好价签，可以把实际陈列效果拍照留存。

8.观察记录顾客对商品配置与陈列的反应，以便于修正。

（三）商品配置图的修正

1.由于店铺的实际面积以及卖场形态与标准店铺存在差异，需要对商品配置图进行修改；

2.经过销售分析，发现商品在此位置不利于销售，需要更改商品配置图；

3.由于季节、时令、促销等因素，因此要对商品配置表进行修改；

4.引进新商品及品项变动，需要更改商品配置图；

5.商品淘汰、临时性断货，应用其他商品或新商品来补空位。

商品配置图的修正权在总部，门店有建议权。

（四）商品配置表样

商品配置表示例见表6-5。

表 6-5　**商品配置表**

<table>
<tr><td colspan="2">商品分类No.</td><td colspan="8">洗衣粉（1）</td></tr>
<tr><td colspan="2">货架No.12</td><td colspan="8">制作人：×××</td></tr>
<tr><td colspan="2">货架高（cm）</td><td colspan="8">商品分类</td></tr>
<tr><td rowspan="5">180
170
160
150
140
130
120
110
100
90
80
70
60
50
40
30
20
10</td><td>E</td><td colspan="2">白猫无泡洗衣粉
1 000克
4F1200112.2</td><td colspan="3">奥妙浓缩洗衣粉
750克
4F1200518.5</td><td colspan="3">奥妙浓缩洗衣粉
500克
4F120068.5</td></tr>
<tr><td>D</td><td colspan="4">白猫无泡洗衣粉
500克
2F120026.5</td><td colspan="4">奥妙超浓缩洗衣粉
500克
3F1200712.5</td></tr>
<tr><td>C</td><td colspan="4">白猫无泡洗衣粉
45克
2F120032.5</td><td colspan="4">奥妙手洗洗衣粉
180克
6F120082.5</td></tr>
<tr><td>B</td><td colspan="4">佳美两用洗衣粉
450克
4F120042.5</td><td colspan="4">碧浪洗衣粉
200克
6F120092.8</td></tr>
<tr><td>A</td><td colspan="4">地毯洗衣粉
500克
4F1201112.8</td><td colspan="4">汰渍洗衣粉
450克
4F120104.9</td></tr>
<tr><td colspan="2">货架宽（cm）</td><td>10</td><td>20</td><td>30</td><td>40</td><td>50</td><td>60</td><td>70</td><td>80</td></tr>
</table>

商品代码	品名	规格（克）	售价（元）	单位	位置	排面	最小库存	最大库存	供应商
12001		1 000	12.2	桶	E1	4	3	8	
12002		500	6.5	袋	D1	2	15	30	
12003		450	2.5	袋	C1	2	20	32	
12004		450	2.5	袋	B1	4	32	50	
12005		750	18.5	盒	E2	4	12	40	
12006		500	8.5	盒	E3	4	8	20	
12007		500	12.5	袋	D2	3	15	45	
12008		180	2.5	袋	C2	6	25	90	
12009		200	2.8	袋	B2	6	35	90	
12010		450	4.9	袋	A2	4	4	40	
12011		500	12.8	袋	A1	4	12	42	

注：1.位置的最下层为A，二层为B，三层为C，四层为D，最高层为E，每一层从左至右为A1、A2、A3……，B1、B2、B3……，C1、C2、C3……，D1、D2、D3……，E1、E2、E3……

2.排面是每个商品在货架上朝向顾客陈列的面，一面为1F，二面为2F……

3.最小库存以一日的销售量为安全存量。

4.最大库存为货架放满的陈列量。

单元三 陈列原则与步骤

一、陈列的基本原则

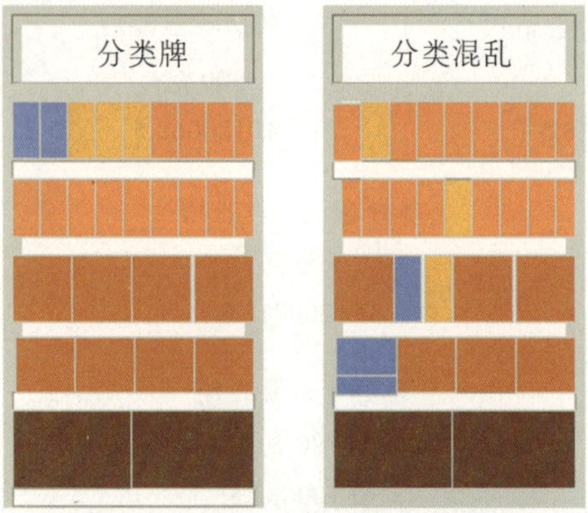

图6-4 陈列中的显而易见原则

良好的陈列不仅会给顾客留下经营有方、认真待客的印象，而且能帮助店铺实现较好的商品管理，营造卖场氛围，刺激顾客的购买欲望，增加门店销售业绩及吸引和留住顾客。

（一）显而易见原则（易看）

陈列的首要目的一定是能让顾客和店员很容易地看到、找到、拿到，所以，在陈列过程中应保证每一个陈列的单品均能实现这一基本要求（如图6-4所示）。

1.商品要正面面对顾客，特别是商品的价格标签要正面面向顾客，POP吊牌要制作清楚，摆放准确。

2.每一种商品不能被其他商品挡住视线。

3.货架下面不易看清的陈列商品，可以向后倾斜式陈列，方便顾客观看。

4.体积较小的商品应该陈列在货架的中上层。

5.有效利用商品的形状、色彩，要注意相邻商品外包装形状、色彩搭配的艺术性，使顾客感到舒服、醒目，容易区分。

6.商品的标价要醒目，价签位置要统一。

7.同类商品按价格的递升顺序陈列（按路线从上到下、从前到后、从左到右）。这样的陈列方式能使顾客首先看到低价位商品，产生便宜的感觉，同时也便于顾客找到符合自己心理价位的商品。

（二）伸手可取原则（易拿）

1.在陈列商品时，与上隔板之间应留有3~5厘米的空隙，以利于顾客自由方便地拿取商品（即“二指原则”）。

2.不能将带有外箱的商品陈列在货架上（整箱销售商品、货架底层储存商品除外）；

3.在做堆头量感陈列时，如陈列高度过高，可在商品旁边再堆放一些该类商品，以方便拿取；

4.对玻璃、陶瓷等易碎商品，应注意陈列高度，避免让顾客产生顾虑。

（三）商品满货架陈列原则（量感）

满货架陈列可以凸显商品量感，激发顾客购买的欲望。

1.货架上商品数量要充足。原则上，所有货架、端头、散装柜、展示柜等都必须做到放满陈列，而不是只保证前排丰满。

2.货架陈列商品缺货：不允许拉大原相邻商品的排面或用其他商品填充，应放置“商品暂缺，敬请谅解”的告示；经常整理商品，将商品前置陈列。

3.各种特殊陈列商品缺货时，应及时更换陈列商品的品种。

4.当商品不足以放满陈列时，便利店必须随时做商品的前置陈列，以保持前排陈列面的丰满。

5.商品陈列应“站”起来，尽量避免平躺陈列在层板上。

（四）先进先出原则（保质期）

商品第一次上架后，随着商品不断被销售，要对商品进行补充，需按照先进先出原则进行。

1.先把原有的商品取出，然后放入补充的新商品，再在该商品前面陈列原有的商品。

2.补货的顺序为“货架—货架顶—店内仓库—仓库”。

因此，为了达到毛利润和净利润的双丰收，商铺应灵活把握这一原则进行陈列。针对生鲜商品，店员应勤于整理货架，将快到期的商品尽快促销和清仓，这才是既能让顾客满意又能顾及利润的好办法。

（五）同类商品垂直陈列原则（上下归类）

同类商品垂直陈列，是指将同一系列、同一品牌不同规格、香型、口味的商品根据大小、尺码等按从上到下的方法进行陈列（如图6-5所示）。垂直陈列的好处有：

1.垂直陈列使顾客的视线上下移动，对商品一目了然。垂直陈列会使20%~80%的商品销量提高。

2.垂直陈列避免顾客在挑选商品时需要横向移动。

3.垂直陈列有助于给每一个品牌的商品一个公平合理的竞争机会

4.使便利店的陈列整齐美观。

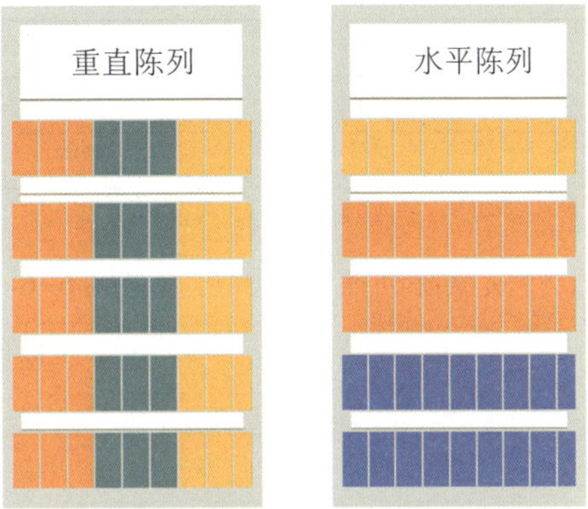

图6-5　垂直陈列与水平陈列

垂直陈列时，注意黄金陈列线（顾客视线同等高度，80~150厘米）上的商品陈列组合和陈列空间的分配，黄金陈列线上一般陈列畅销商品。纵向陈列时，单品基本面宽度不小于20厘米，部分日均销量很低的商品和垂直吊挂的商品（如内衣、袜子、饰品、棋类、剃须用品）除外。

（六）关联性陈列原则（组合）

关联性商品应陈列在通道的两侧或陈列在同一通道、同一方向、同一侧的不同组货架上，而不应陈列在同一组双面货架的两侧。

门店应结合顾客动线和目标顾客的消费习惯进行合理的陈列布局。通常可以将季节性品类和活动商品布置在靠近入口的位置（以提升顾客进店率），也可以在顾客动线的衔接点上设立促销品类（以延长顾客动线），还可以在门店内部依据不同目标顾客的需求设立商品关联区。将同类别关联性商品或不同类别但有互补作用的商品陈列在一起，以方便顾客购买。

（七）季节性陈列原则（货架利用）

季节性陈列原则是为了更好地提升商品销售量，在卖场内突出应季商品，对于季节性较强的商品采用的陈列原则。季节性商品过季后要调整位置或下架。

（八）安全和整洁陈列原则

1.撤除超过保质期的商品，撤去问题商品，如破损、瘪罐、渗漏、生锈、质量恶化、临期商品（距离保质期很近的商品）。

2. 注意顾客行走路线、货物搬运路线附近陈列商品的安全性。

3. 商品陈列不可超过1.8米高；轻小的商品放在货架的上面，数量庞大、体积笨重，以及毛利较低的商品，应陈列在货架的下层；对软包装的商品需加装护栏等安全措施。

4. 容易被盗的贵重商品应采用闭柜陈列和专人管理，并每日进行交接。

5. 商品无灰尘、污垢，货架无锈蚀、污渍、灰尘、蜘蛛网。

【小思考6-3】

有些商品不规则且透明，或者需要通过展示才好卖，比如透明玻璃杯或者小玩具，如何陈列为好？

____

____

____

____

二、货架陈列操作步骤

货架陈列操作步骤可参考图6-6。

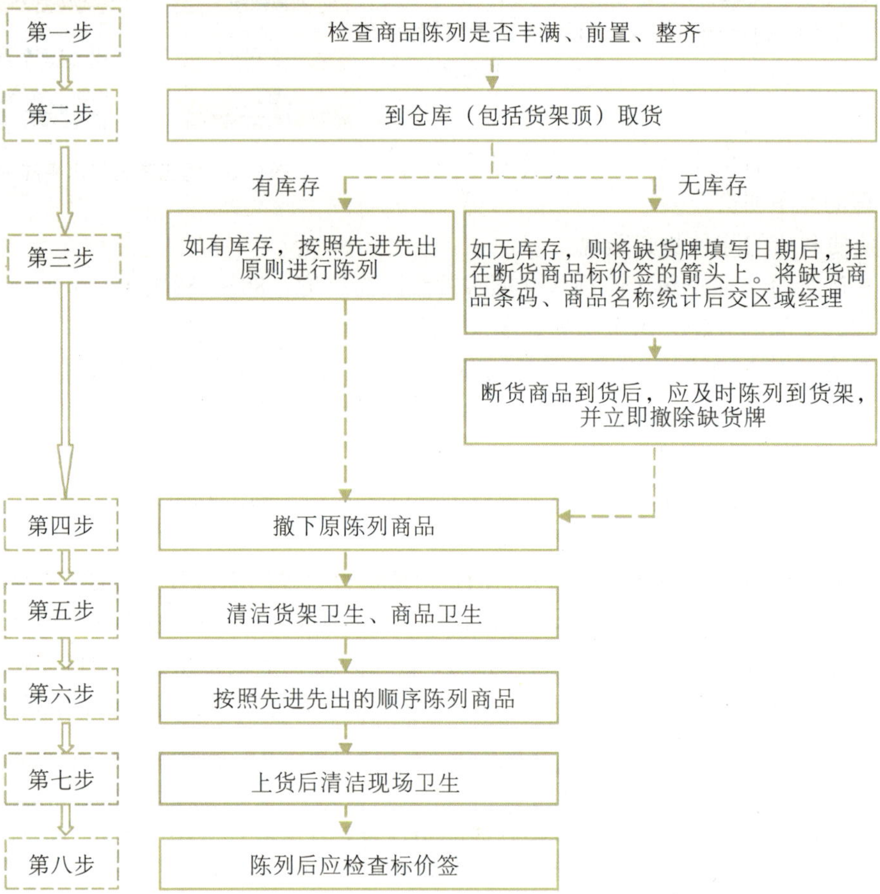

图6-6 货架陈列操作步骤

单元四　商品陈列基本方法

一、量感陈列

量感陈列一般指商品陈列数量的多寡，但这种观念正在逐渐地发生变化，即从只强调商品数量多寡的做法，改变为注重陈列的技巧，从而使顾客在视觉上感觉商品更多。例如，若所要陈列的商品是50件的话，那么通过量感陈列让人觉得不止50件商品。所以，量感陈列一方面是指“实际很多”，另一方面是指“看起来很多”。

量感陈列一般适用于食品杂货，以亲切、丰满、价格低廉、易挑选等来吸引顾客。

量感陈列的具体方法有很多，如店内吊篮、店内岛、店面敞开、铺面、平台、售货车及整箱大量陈列等。其中整箱大量陈列是中型超市常用的一种陈列手法，或在卖场内开辟出一个空间或拆除端架，将单一商品或2～3个品项的商品做量感陈列。

量感陈列一般应用于以下情况：低价促销、季节性促销、节庆促销、新品促销、媒体大力宣传、顾客大量购买等。

（一）堆积陈列

堆积陈列是将商品进行横向排列组合，并将其堆高的排列方法（如图6-7所示）。

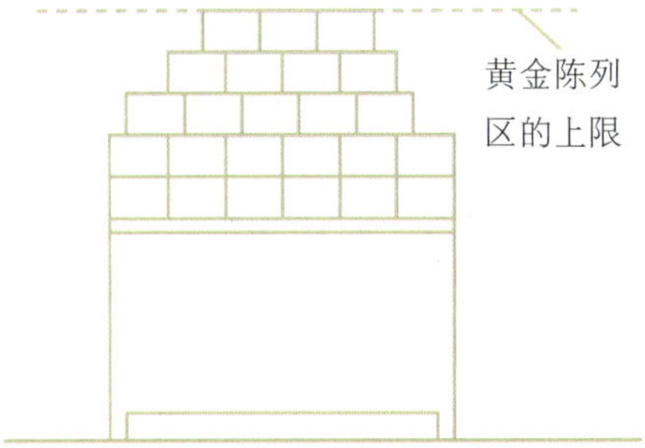

图6-7　堆积陈列

1.适用于此种陈列方法的商品：主要适用于罐头等筒状及箱状物等具有稳定感的商品。虽然都是小商品，通过堆积却可以演绎出体积的庞大感，即使在较远的地方，也会被顾客关注到。将商品做成圈状排列，中间部分可以是空洞或用替代品填充，因此即使少量的商品也可以打造出量感。

2.陈列要点：在堆积时要将商品正面面向顾客，并且不能将其堆积得高于顾客视线的黄金区域，以便于顾客拿取。为了避免崩塌，有些商品不能单纯从下方开始堆积，进行堆积陈列时，在稳定的基础上应考虑浏览和拿取的方便性。此外，当商品售出后，陈列就会变得不太美观，此时要把商品从里侧部分聚集到前面，要不断修整才会充满量感。

堆积陈列一般在货架端头或专卖角展开，而且要在地面上进行铺垫，不要直接从地面附近开始陈列，以避免被顾客碰到，造成崩塌。

（二）阶梯陈列

阶梯陈列是将箱装商品、罐装商品堆积成阶梯状（3层以上）的陈列方法（如图6-8所示）。

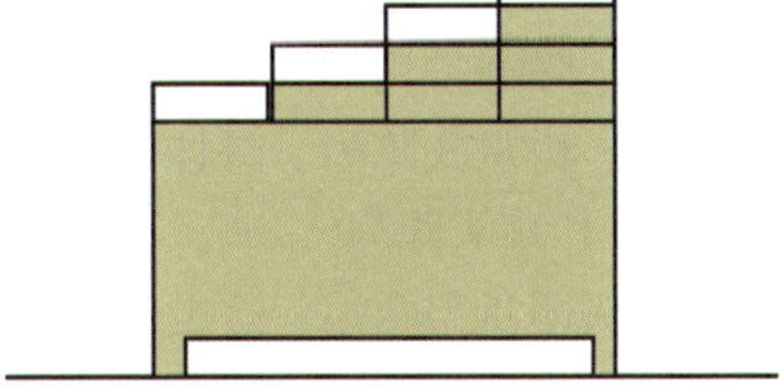

图6-8　阶梯陈列

1.适用于此种陈列方法的商品：箱装、罐装等堆积起来也不会变形的商品，水果、蔬菜等使用专用的辅助工具也可以进行阶梯陈列。阶梯陈列易产生感染力，使顾客产生一种既廉价又具有高级感的印象。

2.陈列要点：这种陈列方法是从第二层开始呈阶梯状向后逐渐增高，为了扩大陈列体积，可在阶梯里面放置辅助的替代品，但要注意替代品与陈列商品的规格应一致；原则上商品要按正面陈列，如果是不稳定的竖长形商品，也可以横向卧倒；陈列的宽度不能太宽，以方便顾客挑选最里面的商品。另外，陈列的商品附近也要粘贴大型POP，让在远处的顾客也能关注到这里的商品。

（三）翼型陈列

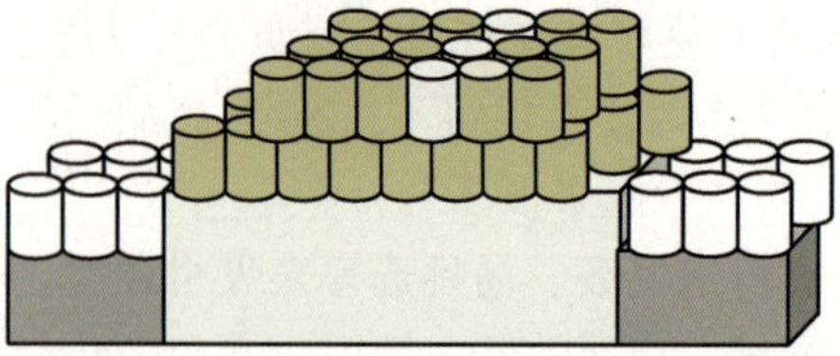

图6-9 翼型陈列

翼型陈列是指在货架端头和手推车的一侧或两侧进行突出陈列的方法（如图6-9所示）。翼型陈列可以营造出商品在货架上陈列不尽而溢出来的感觉。

1.适于此种陈列方法的商品：主要通过平台进行销售的商品和相关联的商品；通过特卖销售的少量剩余商品；新商品和培育商品。

2.陈列要点：翼型陈列不能在主动线上销售繁忙的卖场进行，这样做会使主动线上的顾客停留率上升，不利于顾客洄游。因此，要选择处于第二和第三优越位置的货架进行翼型陈列。另外，如果在副通道进行也可能成为障碍，因此只能在通道宽阔的地方采用；同时也要注意陈列的高度不能超过100厘米，否则会影响到货架上商品的正常销售。

二、展示陈列

展示陈列是指卖场内为了强调特别推出的商品的魅力而采取的陈列方法。

这种陈列一般适于百货类和食品类商品，虽然陈列成本较高，但能引起顾客的注视和兴趣，营造店铺的气氛。

常用的陈列场所有：橱窗、店内陈列台、柜台及手不易够到的地方（如货架顶端）等。

体现展示陈列的魅力的基本要求：

一是明确展示主题，弄清楚要表现什么或要向顾客诉求什么，如新鲜还是营养，时尚还是廉价。

二是注意构成方法，要求商品陈列的空间结构、照明与色彩相互配合，例如正三角形的空间结构给人以宁静、安定的感觉，倒三角形则给人以动态感、不安定感和紧张感。

三是注意表现手法，采用一些独特的展示手法吸引顾客的注意力。

展示陈列常用的表现手法包括：端头陈列、岛式陈列、割箱陈列、斜形陈列、瀑布式陈列、树丛式陈列、悬挂陈列等。

（一）端头陈列

端头即货架两端，这是销售力极强的位置。从顾客视角来看，可从三个方向看到陈列在这一位置的商品，因此端头是商品陈列极佳的黄金区域，是卖场中最能吸引顾客的位置。

端头陈列可以是单一商品大量陈列或多品种商品组合大量陈列，采用落地托盘陈列法是最佳方法，但不能影响顾客行走挑选商品。

1.适于此种陈列方法的商品：端架通常用来陈列一些高毛利商品、新品、促销商品。

2.陈列要点：端头不能做一般商品陈列位；端头上最多陈列两种单品（必须垂直陈列）；端头陈列的商品应每两周更换一次，给顾客创造一种新鲜感；陈列于端架上的商品尽量与货架通道内的商品属性相同，以引导顾客购买；商品体积太小或太大不适合陈列在端架上，如小包装巧克力、口香糖、大家电等；端架商品特别是新商品或季节性商品应配合陈列商品加以布置，使卖场气氛生动活泼。

（二）岛式陈列

商店卖场的入口处、中部或底部有时不设置中央陈列架，而配置特殊陈列用的展台，这种陈列方法就称为岛式陈列。岛式陈列运用陈列柜、平台、货柜等陈列工具，在卖场的适当位置展示陈列商品，可以使顾客从四个角度看到和取到商品，因此，其效果也是非常好的。这种陈列能强调季节感、廉价感、时鲜感和丰富感，诱发顾客的购买欲望。

1.适于此种陈列方法的商品：正在电视广告中宣传的话题性商品、广告商品、季节性商品等。如果设置在主动线上，岛式陈列就会成为高磁石点。

2.陈列要点：岛式陈列的商品必须与两侧通道和货架上的商品具有关联性；陈列工具适宜放置在卖场的前部和中部，这样就能向顾客充分展示岛型陈列的商品，如果陈列在后部，则往往会被货架挡住视线；在通道上设置时，需要确保通道宽度在120厘米以上；陈列工具不宜太高，以免影响顾客的视线；陈列工具最好装有滑轮和搁板，以便根据需要进行调整。

（三）割箱陈列

割箱陈列是将非透明包装商品的包装箱的上部切除（可用斜切方式）或将包装箱底部切下来，作为商品陈列的托盘的陈列方式，可以堆积多个纸板箱进行大体积陈列。

1.适于此种陈列方法的商品：整箱的饮料、啤酒、调味品等，最适合打折销售、认知度高的人气商品，能充分显示商品包装的促销效果。割箱陈列给顾客省去陈列的印象，使人产生低价感。

2.陈列要点：割箱陈列的缺点是如果最上方的商品售完，卖场就会出现空箱，此时要及时拿走空箱，打开位于其下方的新纸箱进行重新陈列；割箱陈列不能把纸箱里的商品全部贴上价格标识，所以需要用POP对商品名称和价格进行标注；割箱陈列最好摆放在带脚轮的手推车和台子等上面。

（四）斜形陈列

斜形陈列是指将商品相对陈列台斜着陈列的方法。

1.适用于此种陈列方式的商品：高额商品、推销商品、畅销商品；陈列量小的商品；达到最低陈列量以下并希望将其售光的商品。斜形陈列会提高商品的注视率，即使商品的陈列量少，也会增加商品的存在感。

2.斜形陈列的要点。虽然将商品倾斜于陈列台进行陈列，但角度不能太大，30°左右为宜；商品统一从左向右逐渐提升，使顾客容易用右手拿取；斜形陈列需要一定的空间，因此适用于面积有富余的卖场；另外，并不是只陈列一部分商品，而应该将该卖场的同种商品统一用此方法进行陈列。需要注意的是，顾客将商品拿起后再放回去，有时会使陈列变得很凌乱，因此在高峰时务必对卖场陈列进行确认。

（五）瀑布式陈列

瀑布式陈列给顾客一种仿佛瀑布倾泻而下的感觉，易突出商品的鲜度和季节感，如以裸露陈列为表现形式，易给顾客一种廉价感（如图6-10、图6-11所示）。

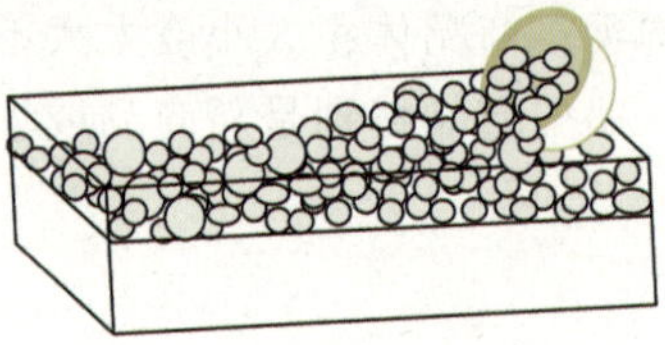

图6-10 利用篮子制造瀑布感

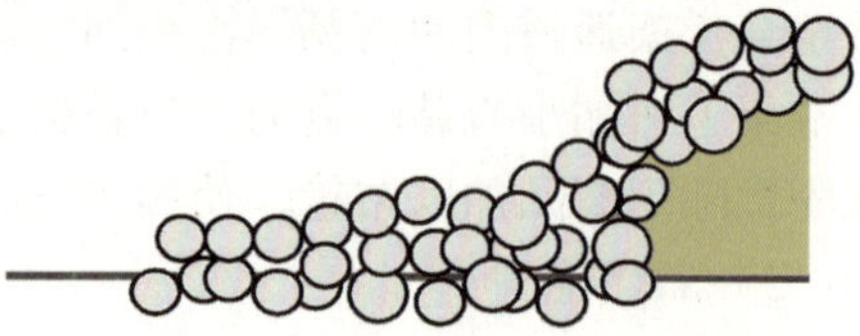

图6-11 利用铺垫物制造瀑布感

1.适用于此种陈列方法的商品：圆形细长的商品、预计单品大量销售的商品，最适合橙子、葡萄柚等水果类商品。

2.陈列要点：使用瀑布式陈列首先要决定陈列架里侧的源流位置。由于陈列量较多，可以在基础部分放入铺垫物，如使用半圆形或四分之一圆形，会增加真实感。

为了打造流淌出来的效果，有时也将商品从切割的木桶、水桶或纸板箱中流出来的状态展现给顾客，需要注意的是在最前面一列要安装制动间隔板。

此外，瀑布型陈列也可在陈列架前面的空处进行，以打造出商品跃过货架向前流淌到通道上的形象，这也是突出式陈列的应用。如果商品变少，就要压缩横向宽度，使之变成细长式瀑布。

（六）树丛式陈列

树丛式陈列是用篮、筐或桶，将商品插在里面，陈列于出入口或端头边，以使顾客产生便宜感，常用于以十分低廉的价格整篮、整筐或整桶出售的商品。

（七）悬挂陈列

悬挂陈列是用固定或可以转动的装有挂钩的陈列架陈列缺乏立体感的商品。此种陈列方法一般适用于陈列日用小商品，如剃须刀片、电池、袜子、手套、帽子、小五金工具、头饰等。

【课堂讨论6-1】

不规整商品悬挂

用挂钩陈列的商品，大部分都不太规整。这样在陈列时就会有一个问题，容易露出货架后面的背板。顾客一眼看过去，就会看到货架上有一个一个的小孔洞，非常的不美观，还会大大地降低顾客的购买欲。不规整商品还有一个特点，就是奇形怪状。

问题：如何悬挂不规整形状的商品？

提示：想要陈列好这一类商品，别被它的外形吓到，要先归类好它的形状。最常见的是三角形、圆形、椭圆形、正方形、长方形这些形状。就像玩七巧板一样，利用几何形状互相拼插的方式来设计陈列。如，长短不一的长条状商品，长短不一的商品想陈列得好看，原理很简单，就是在两长之间插一短，让整体货架没有空洞出现。比如超市里面的拖把、扫把、刷子等。三角形商品用一正一反来互拼，如衣架。同类商品中有圆有方，如浴球和浴条，可以利用商品的形状，来制作视觉的错落美感。长方形和正方形商品通过叠加，以保持高度一致。

三、商品价格标签管理

价签就是价格标签的简称，价签的主要内容一般包括：商品编号、品名、产地、规格、牌号、等级、计价单位、价格等内容。价格标签要求富有艺术性、字迹工整端正，式样和陈列位置与商品形状、色泽协调，同销售方法适应。要求有价有签，货签相连，同位陈列，不错不乱，方便顾客，便于检查和监督。

国家物价局规定：国家定价的商品使用红色标签，国家指导价的商品使用蓝色标签，市场调节价的商品使用绿色标签，以便于群众监督和检查。价格标签填制、变换、销毁，要有门店专人统一负责。

（一）价签摆放要求

1. 商品价签与箭头配套使用。

2. 单品单价签，价签与商品应一一对应。

3. 价签摆放在商品左下角，与第一件商品对齐。

4. 翻牌价签上的价签摆放在翻牌价签右下角。

（二）价签日常巡检要求

1）价签与商品是否一一对应。

2）商品价签有无缺失、破损。

3）商品价签使用类型正确。

4）价签所示品牌、品名、规格、质地、销售单位、产地与商品所示是否一致。

【拓展阅读6-2】

电子价签替换纸质标签，新零售潮流势不可挡

电子价签，也叫电子货架标签（ESL），是一种带有信息收发功能的电子显示装置。早在20世纪90年代初，欧洲就有大型商超使用。国内的电子价签使用较晚，2011年，沃尔玛才率先开始了货架标签电子化的尝试，在深圳的香蜜湖店安装了第一套电子价签系统。随后，国内一些零售企业开始陆续使用电子价签，尝试以此来降低门店运营成本。

电子价签从管理的角度有以下优势：

1. 陈列管理。电子价签与单元货架绑定，方便商品与货架的对应管理，降低货架与商品的错位率，降低管理成本。

2. 门店拣货。电子价签兼具室内导航功能，根据用户下单信息，对于货架拣货优化拣货路径，提高拣货效率。

3. 精准营销。手机扫描电子价签上的二维码，实现扫码购物的同时，会根据商品信息推送给手机用户关联商品优惠信息，提升商品的成交转化率。

4. 视觉美观。电子价签因其整体统一，感官效果明显，对于商超、生鲜、精品店、无人店等场景，有着整体视觉冲击力，有助于彰显企业实力和品牌、促进销售。

资料来源　杨松. 重塑电子价签［J］. 21世纪商业评论，2021（6）：24-27.

知识掌握

1. 顾客视觉规律有哪些？如何在陈列中运用？

2. 黄金陈列区如何划分？

3. 制作陈列商品图的步骤有哪些？

4. 简述商品陈列的基本原则。

5. 简述量感陈列的方法及各种陈列要点。

6. 简述展示陈列的方法和陈列要点。

7. 简述价格标签的摆放要求。

知识应用

● 案例分析

美陈

门店在做陈列计划时，在动线设计和选品上花的心思要全部展示出来。但这事难就难在好位置是有限的，零售店商品种类又实在太多，所以很多零售店都倾向于把自己想主推的商品放在显眼的地方。但这样做的结果就是整个店里陈列显得特别乱，顾客很难快速找到自己想买的商品。

那怎么在保证有序陈列的前提下，还能吸引顾客注意力呢？不妨用一下美陈。

美陈，就是在超市零售店里，用商品搭出来的陈列堆。一方面会搭出来各种各样比较好看的视觉效果；另一方面也会用来做商品促销。美陈可不仅仅是因为好看，更大的作用是降低新品的滞销风险。

美陈就是把不同商品搭在一起，应注意以下三点：

第一，定主题。

组合式美陈，虽然是不同单品组合起来的，但一定要有一个主题，至少要有关联性。比如糖果节、动漫节等。

第二，打底座。

美陈不是用商品随便堆出来的，最好先用桌子、柜子之类的道具搭一个底座，不让商品落地，把不同形状的道具叠加起来，就产生了错落有致的视觉效果。

美陈底座，可以用几个不同形状的桌子和柜子搭起来。前面先用一个菱形桌子摆出来一个尖角，上面再搭一层长方形桌子，再往上是方形小柜子，不过要注意的是，相同形状的底座朝不同方向摆放，不同形状的朝同一方向叠加，这样，自然而然就产生了错落的效果。然后两边再加上两个圆形来柔化，一个非常简单的美陈底座就出来了。

第三，最好能加一个点睛品。

桌布就是一个非常好用的点睛品，选择素色浅色系的桌布，垫在商品底下，既能增加美感，又不会抢商品的风头。也可以加一些像小假花、小玩具这样的点睛品。

资料来源　编者根据相关资料整理。

美陈堆头

问题：美陈与量陈（堆头）的区别？

分析提示：按照量陈，一个堆头只能陈列一种或两种商品，但美陈堆头上，可以把十几个单品一起陈列，一次多展示几种商品来推荐，什么商品好卖，再补什么商品，这样能降低新品滞销的风险，也能快速测试出周围顾客的喜好。

实践训练

实践项目：某品牌卖场陈列调查评估

要求：

1. 每3人组建一个团队。
2. 选取当地某一品牌服装店或便利店。
3. 根据商品陈列诊断表完成诊断评估（填写表6-6）。

表 6-6　商品陈列诊断表

序号	商品陈列的检查项目	是	否	陈列改进
1	商品陈列面整理 商品是否陈列整齐 是否看到的都是商品正面			
2	清楚明了地陈列 顾客是否通过陈列就知道商品的种类 有没有妨碍顾客浏览商品的障碍物？ 有没有商品被POP价格标识所遮蔽，或是被别的商品遮挡			
3	考察色彩调节 陈列依照色相、明度、彩度、色调、花色的有无来调整商品的排列顺序			
4	陈列商品是否适量 陈列量是否适当，即取下的商品是否能轻松放回原来的位置			
5	陈列商品分类是否明确 商品如果未经分类就会使顾客不易浏览，因此要确认店内的商品是否采取适当明确的分类			
6	陈列是否参差不齐 商品参差不齐的状态，如商品量、设计感、形状、材质、价格的不一致，都会使陈列显得混乱			
7	是否采用正面陈列 商品需采用正面陈列在面对顾客动线的位置			
8	是否与邻近商品有关联性和协调性 陈列时是否考虑到上下左右等临近商品间的关联性 沿着走道的陈列面商品以及与走道另一侧商品的协调关系			
9	陈列是否有清洁感 陈列面是否给人整洁、清爽的感觉			
10	是否定期变更陈列方式 陈列方式是否定期变更 是否定期改变卖场的形象			

4. 制作PPT，并在课堂上汇报，内容包括：便利店简介、商品组合、陈列货架、陈列诊断、陈列改进等。

项目七 商超陈列

【学习目标】

知识目标：

掌握商超果蔬类商品陈列原则和方式；理解内类陈列前、中、后注意事项；领会商超食品类食品陈列要求；熟悉商超粮油陈列要求和基本方法；熟悉商超家居类商品的陈列方法。

能力目标：

熟练操作商超陈列的系列技法；掌握商超系列商品的陈列规范。

【案例导入】

盒马鲜生：阿里巴巴的“新零售”故事

一年上七八次热搜，占领都市青年的厨房和冰箱，研发速度堪比快时尚品牌……说到如今最“潮”的生鲜店，盒马鲜生位于头部。阿里盒马鲜生首家店整个店面用大理石铺地，以黑色货架、大玻璃框呈现商品，采用开放式的厨房。整个门店以体验为主导，分为肉类、水产、南北货杂粮、米面油粮、水果蔬菜、冷藏冷冻、烘焙、熟食、烧烤以及日式料理的刺身各区，方便顾客挑选。

盒马鲜生开辟出了专门的加工区域，消费者购买海鲜类产品后，只需支付少量的加工费用，便可以享受到由厨师代为烹调的增值服务。盒马鲜生还有个特点，小包装。基本上，盒马鲜生的量就是一顿饭的量，能保证到消费者手里的东西在新鲜的时候就被吃掉，所以其想实现的消费价值里有一条理想主义的说法，是希望家里不再需要冰箱。盒马鲜生将店内空间分为上、下两部分，下部是正常的消费区域，摆放着货架与商品；而上部则是遍布卖场的滑道，一旦有消费者从线上下单，不同区域的理货员便能快速地对商品进行分拣，并通过滑道传送到备货终端，减少备货时间。

截至2021年，盒马鲜生已诞生5年，也正根据市场需求，孵化出盒马mini、盒马X会员店等更多的新生业态。

资料来源 王泽霖.盒马鲜生：阿里巴巴的“新零售”故事［J］. 销售与市场（营销版），2021（7）：19-21.

案例启示：作为一家主打生鲜的零售商，盒马鲜生不是超市也不是便利店，不是餐饮店也不是菜市场，而上述业态的所有功能，却都具备。商品陈列的最终目的就是结合商品特性，给消费者打造最佳的购买体验。

盒马鲜生

单元一　果蔬陈列

一、果蔬分类

蔬菜水果是根据其不同性质在营运中的粗略分类如下：

（一）水果分类

卖场内水果的分类见表7-1。

表7-1　卖场内水果的分类

类别	举例
热带水果	香蕉、杧果、火龙果、荔枝、龙眼、阳桃等
瓜类水果	西瓜、香瓜、哈密瓜等
苹果类	水晶富士、嘎啦果、蛇果等
梨类	皇冠梨、香梨、雪梨、水晶梨、凤水梨等
桃类	水蜜桃、黑布李、梅子等
浆果类	葡萄、猕猴桃等
柑橘类	柚子、橙子、橘子、砂糖橘等

（二）蔬菜分类

卖场内蔬菜的分类见表7-2。

表7-2　卖场内蔬菜的分类

类别	举例
叶类蔬菜	小白菜、菠菜等
悬挂类蔬菜	豆角、茄子、西红柿等
根茎类蔬菜	萝卜、土豆、红薯等
调味类蔬菜	葱、姜、蒜等
菌类	香菇、鸡腿菇、金针菇等
水发菜	豆芽等

二、质检

果蔬区进行的陈列之前，必须进行质检程序，确保所有货架上的商品符合优良品质的标准，体现出蔬果经营的“新鲜”宗旨。

营业期间，对销售区域上的陈列的商品进行质检，一旦发现腐烂，变质的蔬菜、水果等，要第一时间挑拣出来。

三、果蔬陈列原则

（一）丰满原则

果蔬的陈列要丰满、货多，起到吸引顾客、货优价平的作用，坚决杜绝缺货、少货。

【陈列技巧7-1】

青海一家亲的“超市无定式”

青海一家亲超市有一个1.5万平方米的新卖场，其中9 000平方米是生鲜，光蔬果的面积就有2 000平方米。怎么做？就是靠商品“冲击”顾客，让他流连忘返、不愿去其他超市。

很多走量不大、区域特色的商品如鱼腥草、沙葱，很多超市卖着卖着就没了，这样给消费者的感觉就是商品不全。所以，青海一家亲超市给采购定了一个标准，只要在市场看到或在饭店吃到的，超市必须要有。那它卖得少，损耗咋办？青海一家亲超市会把这些品类放到冷藏柜，只需控制好损耗。

由于西宁地处西北高寒地带，特别是蔬果很少本地产，基本以外地输入为主，顾客对此类商品的多样性和丰富性需求很旺，青海一家亲超市就满足顾客的这种需求，不断丰富蔬果品类，像南瓜有10余种、茄子和萝卜有7~8种，让超市商品品类齐全的感觉融入消费者心智中。另外，还要进行量满陈列，这样才会卖得好。

可以想象，一个7米长的货架全是茄子，产地有甘肃、西安、河南、广东、福建等，这个商品的主题就出来了；然后把每个茄子的产地、特性、优点、加工方法都描述上，茄子的文化柜台就出来了。

资料来源　贾建全. 1.5万平方米卖场9 000平方米做生鲜，青海一家亲的“超市无定式”[EB/OL]. [2021-10-05]. https://www.shangyexinzhi.com/article/4246671.html.

问题：生鲜超市如何满足顾客多样化的需求？

提示：要认真研究当地消费者习性，打破固有思维，超市并没有特定样式。

（二）色彩搭配原则

果蔬的颜色丰富鲜艳，对陈列的颜色进行适当的组合、搭配，能充分体现出果蔬的丰富性、变化性，既能给顾客赏心悦目、不停变化的新鲜感，又能较好地促销所陈列的商品，这是果蔬陈列的技巧所在。例如，绿色的黄瓜、紫色的茄子、红色的西红柿的搭配，红色的苹果、金黄色的橙子、绿色的啤梨的搭配会产生五彩缤纷的色彩效果。

（三）防损耗原则

1.果蔬在陈列时必须考虑不同商品的特性，选择正确的道具、方法、陈列温度，否则将因不当的陈列而造成损耗，如桃子比较怕压且容易生热，所以陈列时不能堆放。

2.果蔬的陈列面积必须与周转量成正比例，且比例适当。若比例过大，则水果在货架的滞留时间长；若比例过小，则每日需频繁补货。

3.果蔬的陈列时间必须短于该品种在当前温度、湿度下，当前品质状态所能维持的生命期。

（四）先进先出原则

先进先出是指先进的货物先陈列销售，特别是同一品种在不同时间分几批进货时，先进先出是判断哪一批商品先陈列销售的原则。果蔬的周转期短、质量变化快，坚持这一原则至关重要。它是新鲜商品经营的普遍性、一般性原则。

【小思考7-1】

果蔬的先进先出原则与保证新鲜之间矛盾吗？如何解决？

（五）季节性原则

果蔬的经营具有非常强的季节性，不同的季节有相应的水果、蔬菜上市，因此果蔬的陈列应因时而变，将新上市的品种陈列在明显的地方，更好地满足顾客的新需求。

【拓展阅读7-1】

什么是零售业52周MD

在传统大零售时代，围绕如何创造新鲜感方面，很多企业已经做出了非常多的尝试，但是却发现“仅仅靠把门店变得漂亮一点已经无法维持门店的持续增长了”。基于此，作为日本精细化管理技术之一的52周MD成为近年来的大热。MD的全称是MerchanDising，52周MD是零售企业以“消费者生活行事历”为主轴，以“重点商品”为中心，以“周”为单位，进行经营活动管理，用以实现经营目标的一种工具。

那么，什么才是真正意义上的52周MD？首先从时间维度切入，以52周这样的时间维度来确保我们的经营管理是持续的，同时再以契合顾客的周期性消费行为的商品规划——基于二十四节气、节庆、公司重大活动及节日基础上的商品规划为总指挥棒，以超前的年—季度—月—周计划为先导、整体协同营销企划—采购—营运—配送四大部门，全面系统地规划各项工作，即把营销企划、商品品种规划、商品开发、库存管控、人力协调、销售有效管控这一整套系统全面打通，形成全面大循环+各自循环的有机组织成长系统，这个系统就叫52周MD。

根据52周MD的安排，一家卖场每周有一个营销主题，那么一年就有52个营销主题，有52次大变样；每周又分工作日和休息日，工作日节奏快一点，休息日要吃得好一点，一周就有两次中变化，年也就有104次中变化；还有每天的早、中、晚面临的顾客是不一样的，一天就有三次小变化，一年就相当于有1 095次小变化，面对这样五彩缤纷、花样百出的卖场，它所展现给你的美好生活的景象，作为消费者，哪里还拿得出勇气去抗拒它呢？乖乖跟着走就是了！

资料来源　灵犀. 超市生鲜半成品配菜的出现，是如何在市场走红的？[EB/OL]．[2020-03-17]．https：//www.sdongpo.com/xueyuan/c-14591.html.

（六）清洁卫生原则

1.清洁卫生主要是指水果、瓜菜是否干净整洁，无泥土、杂草等。一般情况下，水果在采摘后都已经进行了处理，部分国产的大宗产量的水果处理不彻底的，要进行处理后再陈列。蔬菜类主要是通过净菜的推广和蔬菜的自行加工过程来保证其整洁。

2.陈列区域、设备、陈列用的器具是否清洁卫生。

四、果蔬陈列方式

果蔬陈列的五种基本方式分别是排列、放置、堆积、交叠与装置。

（一）排列

将商品很有规则地并排在一起，谓之“排列”。这时的重点在于将果蔬的根茎排列整齐，绝不可杂乱而松散。

（二）放置

将商品散开来放进箱子或笼子等容器里，谓之“放置”。由于边面或前面有了隔物板支撑之故，因此不容易松散或杂乱。“放置”与后面要谈的“堆积”和“交叠”不同，其商品本身的陈列只要将最上面摆平了即可，并不需要特殊的技能。

（三）堆积

堆积是将商品由下往上按顺序堆砌。此种陈列最重要的是必须制造出“立体感”，故堆积时，顶部商品数量较少，底层商品数量较多。

（四）交叠

将商品交错地组合、堆积，称为“交叠”。把形状不一或圆体状大小不一的商品组合起来，或将这些商品放入包装过的袋子里组合堆积起来等，都属于交叠式的陈列。例如袋装的马铃薯，或散开的马铃薯、萝卜、葱、小萝卜等。

（五）装饰

就像借着点缀、装饰可提高商品的可视率一样，用荷兰芹或叶子镶在商品的隙缝中，也可以达到装饰的效果。“装饰”的情形有两种，一种装饰的商品，身兼贩卖与装饰的作用；另一种是以装饰为主，真正要贩卖的商品则摆在别处。

以上这5项基本陈列方式，实际上仍须配合商品的陈列条件来做各种变化。

单元二 水产品及肉类陈列

一、水产品陈列

（一）水产品陈列方法

根据陈列对象的不同，超市水产品陈列方法分为5种，这5种超市水产品陈列方法分别是针对鲜活的水产品、新鲜的非活着的水产品、冷冻水产品等总结的。

1.鲜活的水产品陈列法。活鱼、活虾、活蟹等水产品要以无色的玻璃水箱进行陈列，以满足顾客求新鲜的需要。在日常生活中，水中游弋的鱼虾常常备受消费者的喜爱，它们的价格明显高于非活着的水产品。

2.新鲜的非活着的水产品陈列法。新鲜的非活着的水产品是指出水时间较短，新鲜度比较高的水产品。这种水产品一般用白色托盘或平面木板进行陈列。陈列时在水产品的周围撒上一些碎冰，以确保其质量和新鲜度；摆放时整鱼鱼头朝里，鱼肚向下，碎冰覆盖的部分不应超过鱼身长的1/2；不求整齐划一，但要有序，给人一种鱼在微微游动的感觉，以突出鱼的新鲜感。

3.段、块、片鱼陈列法。一些形体较大的鱼无法以整鱼的形式来陈列，则可分段、块、片来陈列，以符合消费者一餐的消费量。如有些超级市场出售小型鳖鱼，就采取了这种陈列方法。对这种鱼，应该用白色深底托盘来陈列，盘底铺上3~5厘米厚的碎冰，冰上摆鱼，顶层鱼段少，底层鱼段多，要有一定的层次感，以体现其品质的优良。

4.冷冻水产品陈列法。冷冻水产品食用时需要解冻，一般被陈列在冷柜中。产品的外包装应该留有窗口，或者用透明的塑料纸包装，使消费者能够透过包装清楚地看到产品实体。冷柜一般应是敞口的，并连续制冷，以确保冷柜内必要的温度水平。

5.盐干类水产品陈列法。盐干类水产品用食盐腌制过，短期不会变质，如盐干贝类、壳类等。这类水产品应使用平台陈列，以突出其新鲜感。

（二）水产品陈列规范

各类水产品陈列时除了商品陈列丰满、标价清晰和准确之外，不同的水产品有不同的陈列规范（见表7-3）。

表 7-3　各类水产品陈列规范

(一)活鱼	1.个体鲜活，无病；2.水质清澈，供氧充分；3.水温准确，8℃～10℃
(二)冰鲜鱼	1.鱼鳞完整，无脱落；2.鱼眼明亮，无浑浊；3.鱼鳃鲜红，无异味；4.鱼身结实有弹性；5.鱼身表面有冰片覆盖；6.鱼头朝向一致
(三)冻鱼	1.鱼身完整，无损伤；2.摆放整齐，方向一致；3.摆放高度一致，不能超过标线；4.保持风口畅通
(四)鱼丸	1.颜色混搭，色差陈列；2.执行规定品种数
(五)冻品海鲜	1.商品质量新鲜；2.分类摆放；3.色差陈列；4.商品包冰均匀
(六)活贝类	1.品质新鲜，无死亡；2.水质清澈，透明度好；3.盐度、温度准确

二、肉品陈列

（一）肉品的商品特性

1.容易变色。肉品于屠宰后成为商品时，其颜色为紫红色，与空气短暂接触后，由于氧气与肉中肌红蛋白相结合成氧合肌红蛋白，且其铁离子尚未被氧化，仍呈原来状态，此时肉色呈现鲜红色。但放久之后，肉的表面干燥，氧气无法再侵入肉品内部，表面的氧气与肌红蛋白相结合形成变性肌红蛋白，二价铁离子变成三价铁离子，导致肉色呈褐色，此时肉品已变质了。若褐色肉品再转变为绿色，表示肉品已发生腐败。

2.细菌容易繁殖。肉品是细菌的培养基，其繁殖的速度会随温度的升高而急速增加，当肉品的中心温度上升至0℃以上时，以肉品中含1个细菌，3日内的增长繁殖数目为例：在0℃状态下，增殖为24个，在5℃时增加到10 000个，在10℃时则增加到1 000 000个。增殖速度是相当惊人的，而细菌增殖便是肉品鲜度下降的主要原因：在第一阶段，肉品风味会变得较差，且颜色开始变化，外在的鲜红色消失。在第二阶段，会发出臭味，肉已开始腐败，开始变成褐色或黑色。在第三阶段，肉已彻底腐败，食用后易造成中毒。

3.肉汁容易渗出。肉品风味变差的主要原因是肉汁流失，而肉汁流失基本上是屠宰前屠体受到紧迫及环境的温度不稳等因素所致。

（二）营业前肉品陈列准备

1.为迎接第一批顾客到来，开店前肉类陈列量要丰满，排面要整齐，要检查排面上的肉类，如果有品质不好的肉类应及时处理，包括肉类是否发生变质，包装是否完整，标示是否完整明确，肉汁或血水是否渗出等。

2.商品种类要丰富，以便利性、多样性、变化性为原则。

3.冷藏肉类陈列时单品要以单层，纵向为陈列原则，避免肉类重叠而影响冷气之对流及挤压造成变形。

4.卧柜陈列肉类时不得超出安全陈列线。

5.肉类的标示要面向顾客，使顾客容易了解肉类的包装日期、单价、售价及重量。

6.陈列时每一单品要用分隔板隔开，以明确种类，方便顾客挑选。

7.牛、羊、猪、鸡、鸭、内脏等肉类，要单独陈列一区域；系列肉类要陈列在一起。

8.为突出肉色，展示柜的照明应使用能发出浅红色灯光的灯管衬托肉类。棚板也可以铺上红色万通板，并经常擦拭干净。

9.生、熟肉类必须分开存放，以避免互相污染细菌，造成肉类变质较快。随时检查品质，如有变色、变味及时挑出处理。

10.肉类陈列时尽量以同样品质的肉陈列在一起。不同品质的肉类带菌多少也不一样，不良肉类和正常肉类放在一起，正常肉类变质速度就会加快。

（三）营业中肉类陈列应注意事项

1.要定时检查冷柜温度并记录。冷藏柜温度要控制在-1℃到3℃；冷冻卧柜一般在-18℃以下。如发现温度差异较大，又不是除霜时间，及时通知相关人员查看结果，视情况将肉类收回冷库，避免损耗。

2.经常整理排面，始终保持排面整齐，并将肉类随时向前移动，避免前排有空隙以及及时补充货源。

3.补货时新品要置于排面的后排，肉类放在排面前面，以维持先进先出的原则。

4.包装不良品应立即更换包装，在顾客挑选当时，肉类会遭到挤压出血水或保鲜膜脱落，都应立即处理。

5.根据销售量不同，补货时要分三个时段陈列肉类。通常开店时陈列品面要充足，陈列数量要达到当日总销售量的40%～50%，叫一次开店。中午时补货量为一天销售量的40%，叫二次开店。傍晚时补货量为一天销售量的6%～20%，叫三次开店。

6.立式冷藏柜陈列肉类时应注意陈列顺序。通常立柜上段为小盒包装或畅销的肉类，中段通常是季节性商品，下段通常为体积大或大包装的肉类。

【拓展阅读7-2】

永辉超市肉类陈列要求

1.鲜肉商品以保鲜碟打包形式陈列的，斜侧立陈列于0℃冷藏柜中销售；以悬挂方式陈列展示的，要准备手套给顾客挑选时用，并同时可以将边猪悬挂在销售区内展示。

2.特价促销商品陈列面积要加大，且POP等宣传告示与之对应。

3.鸟类与猪、牛、羊肉之间需用分隔板隔开。

4.按顾客行走的路线分品类陈列，建议依次为汤配、鸟类、牛羊肉、猪肉，最后为腊味。

5.冻品类如：鸟、翅膀、凤爪及内脏等商品，除了包装陈列外，可散装陈列于冰鲜台上。

资料来源　编者根据相关资料整理。

（四）营业结束后肉类陈列应注意的事项

1.冷冻卧柜要加上盖板，以防止冷气外流、温度上升而造成肉类变质。冷藏卧柜里的肉类要收回冷库保鲜。

2.肉类收回时，要用五段车或八段车盛装，避免肉类挤压在一起而造成肉类变质。家禽类收回后要拆包装敷冰保鲜。

3.用温水对冷柜清洁卫生，清除血水、肉屑等。

（五）肉类陈列方法

肉类是我国消费者消费的副食中的主要商品，也是我国超级市场中的主力销售商品。随着我国肉类加工业的发展及加工工艺和技术的不断改进，肉类的新品种不断涌现，所以要特别重视肉类品的陈列。在发达国家的超级市场中肉类的销售额要占到15%，随着我国人民生活水平的提高，肉类的消费量也在不断上升，目前我国很多超市都配备了多层档的冷藏柜。以下介绍的肉类陈列方法是以多层档的冷藏柜为陈列道具的。

1.猪肉的陈列方法。猪全身的部分经加工后可达40多种猪肉品种，所以一般可采用较大的冷藏柜来陈列。猪肉的陈列关键是要确定不同品种放在冷藏柜中的不同层档上。一般的陈列方法可分为四个层档：底层陈列猪骨、小排、肉丝、肉米、夹心肉等；第二层陈列肉片、大排、肉丁等；第三层陈列最受消费者喜爱的里脊肉、猪耳、猪舌、猪蹄、蹄膀等；第四层陈列各种猪内脏。

2.家禽类的陈列方法。与猪肉的陈列方法一样，家禽类商品的陈列方法也是依家禽的各部位品种确定其在冰柜中的层档。底层以陈列全鸡、全鸭、全鸽等整只家禽为主；第二层则以块禽肉为主；第三层以禽类的腿、翅、胸、丁肉为主；第四层以禽类的内脏品为主，如肝、肚、肠、脚、心、掌等。

3.牛羊肉的陈列方法。牛羊肉的消费有一定的民族习惯性，因此不宜与其他肉品陈列在一起，应单柜陈列。牛羊肉的陈列方法在思路上基本上与上述两种肉品一样，底层可陈列各种牛羊肉片，特别是用于涮火锅的肉片；第二层陈列块肉和里脊肉；第三层陈列牛排或羊排；第四层陈列羊肉丝、牛肉丝、牛尾、牛筋等商品。

单元三　食品陈列

一、酒水饮料陈列

（一）酒水区规划

酒水区的打造不可盲目进行，必须有一个清晰明确的设计方向，以下是酒水区设计要点：

1.位置的选择。常将酒水区布置在饮料区和进口食品区附近，这些既相关又畅销的商品，利于带动酒品销售。

2.整体风格的确定。酒水区的设计要与超市定位有统一性，但是又要打造出酒品专区特有的精致氛围，从而凸显酒水区的存在感。

3.酒品陈列的需求。不同酒品有不同的存储要求，采用不同的方式进行陈列，才能更好地延续酒品的存储时长。

4.货架的选择要专业。酒类商品的价格昂贵但包装却易碎，选择专业且优质的红酒货架，才能保证不给超市带来损耗。

（二）货架选择

超市销售的酒品种类丰富，不同酒品的陈列不可一概而论，经营者们要采用不同款式的货架和陈列方式，才能利于酒品长期存储。这里总结了几种常见酒品的货架选择方法：

1.根据酒的存储方式选择。常温存储：大部分的啤酒、白酒和红酒都适合常温存储，所以在保证货架品质过关的前提下，选择市面上常见的双面红酒架和单面红酒架陈列即可。

冷藏存储：部分洋酒，和为满足顾客夏天购买冰镇啤酒的需求，超市也需要以冷藏的方式存储部分酒品，这时选择冷柜或风幕柜陈列则更为合适。

2.根据酒的品种选择。红酒类：红酒以倾斜45度角的方式陈列最为合适，所以要选择那些可以自由调节层板高度和倾斜角度的货架，才更利于长期存储红酒并保障口感优质。

非红酒类：如啤酒、白酒、果酒、洋酒等，没有特殊的陈列需求，采用常见的红酒货架并像普通罐装商品一样立置即可，这样陈列更为高效和方便。

平价酒品：价格在100~500元之间一瓶的酒类商品，是顾客最常买的超市酒品。需要采用开放式的货架来陈列它们，才更方便顾客自由挑选、自行拿取。

昂贵酒品：在一些进口超市和精品超市里，会销售价格上千元的高级洋酒来满足更高的消费需求。这类酒品应采用带有玻璃柜门的酒柜专门陈列，并由销售员为顾客拿取，以避免产生损耗。

（三）超市酒水区的陈列方法

1.靠墙陈列。将拥有精美包装的酒品靠墙布置，不但赋予了墙面新的陈列的功能，更起到了装点墙面的作用，让整个墙面瞬间变得高档起来。

2.居中陈列。精致的酒品当然要用精致的货架和装修来衬托，利用木地板与木质货架相搭配，让整个酒品区散发出生态田园的气息，利用高脚杯作为吊顶更具创意。

3.岛式陈列。将主打的红酒通过促销台陈列，形成像岛屿一样的堆头，打造出错落的层次感。并利用红色和绿色的葡萄、树叶、木盒等小配件，将促销台“隐藏”起来，使酒品陈列得更显饱满。

4.专题陈列。将不同品种、品牌、度数的酒品集中陈列在一起，一部分整齐地立置在展台上，另一部分使用木盒装饰，还有一些被装进精美的礼盒包装袋中，打造出一个丰富多样，又主题明确的酒品展示专区。

5.创意陈列。使用有着红酒瓶外观的货架作为红酒的促销架，让整个红酒的展示效果得以放大，成为酒品专区的标志，引来顾客好奇的目光。

6.包柱陈列。四面加高设计的靠墙货架将柱子隐藏其中，哪里还看得出柱子本身突兀的外观？利用酒品陈列来装饰柱子，既增加了超市陈列面积，又让整个酒品区的风格统一起来。

一个精美的超市酒水区，不仅仅可以让陈列其中的酒品显得高档，更是利用陈列营造出的氛围，与追求精致生活的消费者产生共鸣，从而促进酒品销售，甚至对整个超市的好感度倍增。所以超市的酒水区，也需要经营者们来精心打造。

（四）软性饮料陈列

1.按商品属性分类集中纵向陈列。

2.在每个分类中按品牌集中，品牌内按各小分类商品系列纵向陈列。小包装在上，大包装在下。

3.品牌陈列规划：

（1）对于主力品牌，有意识地将其在各陈列区域内分散分布，拉开距离。

（2）高端饮料、高毛利饮料，于靠前显著黄金位置陈列。

（3）对于毛利贡献度大的二三线品牌，给予较优势陈列位置。

二、休闲食品陈列

（一）休闲食品品类

休闲食品包括：糕饼、膨化类、糖果、巧克力、果冻布丁、休闲小食、休闲季节性商品、散装休闲食品、特殊食品等。

（二）区域基本布局顺序

1.糕饼—膨化类—糖果—巧克力—果冻布丁—休闲小食。

2.散装休闲食品在休闲区中位于较好位置。

3.常规休闲季节性食品陈列在各自分类商品中；但节日休闲性季节食品如月饼、年饼糖则应在主通道专区陈列。

4.特殊食品中无糖食品一般陈列在休闲糕饼中或冲调区内，但要集中陈列并有显著标识。

5.精致食品有条件的可集中在专区陈列，成立精致食品区；没条件的可分别陈列在各自食品分类中。

（三）糕饼/膨化类/饼干

1.膨化食品陈列的基本要求。

（1）听装、袋装分开纵向陈列；组合装陈列在底部；单装规格大在上、小在下；价格由高到低。

（2）陈列顺序：乐事—现采、高端品牌—上好佳—呀！土豆—其他品牌。

2.饼干陈列的基本要求。

（1）礼盒装、其他包装分开纵向陈列；除礼盒装外其余饼干成型包装大规格在上、小规格在下，条装饼干陈列在下层。

（2）陈列顺序：礼盒装—曲奇—威化—苏打饼干—其他饼干；卡夫陈列靠前。

3.糕点陈列基本要求。

（1）品牌集中分类纵向陈列：派—面包—沙琪玛—麻花—米花糖—桃片—糕—其他糕点。

（2）成型大规格在上，小规格在下，价格由高到低。

（四）糖果/巧克力/果冻布丁

1.陈列的基本顺序：巧克力—糖果—果冻布丁—乳酸冰棒。

2.巧克力陈列的基本要求：

（1）按品牌集中纵向陈列，如：费列罗—德芙—好时—其他品牌。

（2）货架从上到下陈列：盒装—碗装—条形块装—袋装。

3.糖果陈列基本要求：

（1）按功能分类、品牌集中陈列。

（2）大规格在上，小规格在下，价格由高到低。

（3）袋子糖：硬糖—软糖—棉花糖—儿童玩具糖。

（五）休闲小食

1.按商品属性分类纵向陈列，各分类中按品牌集中陈列。

2.陈列以挂式为主。大包装在上层，小包装陈列在下层。

3.各类别罐装和礼盒装用层板陈列在各类别黄金位置。

三、粮油陈列

（一）米、面的陈列

1.米按种类分泰国香米、中国香米、丝苗米、东北米、其他杂米（珍珠米、糯米、紫黑香米等）；面按品种类分高筋面粉、特筋面粉、中筋面粉、低筋面粉、放心面粉、无筋面粉。

2.再按品牌分开（按店铺的销售量为准，较好销售量品牌陈列在最前面）。

3.同一品牌下按规格从小到大（5千克以下、5千克、10千克、15千克、25千克等）、从上至下纵向陈列。

4.一般10千克的商品的销量较大，故货架的第二层与第三层均摆放10千克的商品；5.5千克以下的单品少，可与5千克的单品一起陈列；15千克的单品少，可与10千克的单品一起陈列。

（二）油的陈列

1.先按种类分调和油、花生油、玉米油、大豆（色拉）油、其他植物油（菜籽油），再按品牌分开（按店铺的销售量为准，较好销售量品牌陈列在最前面）。

2.同一品牌下按规格从小至大（1升以下、1升、2升、3升、5升、5升以上）、从上至下纵向陈列。

3.有些品牌的规格有些较特殊，会出现有1.8升、2.5升、3.5升等规格，这些较特殊的规格应与较接近的规格一起陈列。

4.菜籽油、色拉油、玉米油的单品相对较少，故陈列在两组货架内。

单元四 家居厨房用品陈列

一、家居用品

家居用品，是人们日常起居所需的物品的统称。家居用品商品的陈列，须按照商品的属性进行归类陈列。陈列时还需考虑顾客的购买习惯，以方便顾客选购为主，将商品关联陈列。

按照商品的使用属性及范围，对家居用品的分类如图7-1所示。

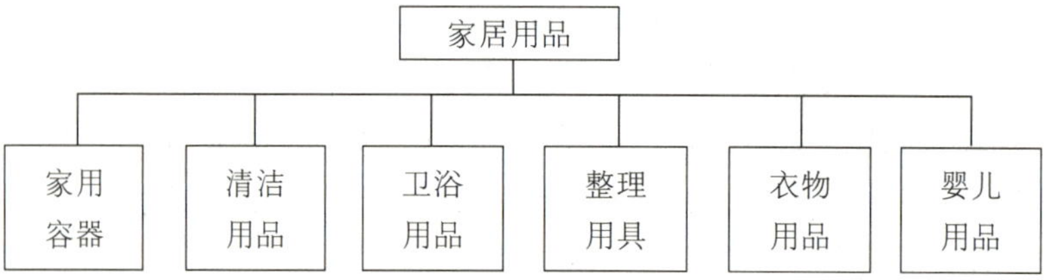

图7-1 家居用品分类

（一）家用容器陈列

按家用容器的形状及用途，可以划分为盆、水桶、水瓢、筛、篮、盘盒（托盘+果盒）等。

1.使用货架陈列，保持垂直陈列，将相同功能的商品进行集中垂直陈列。

2.水桶与水瓢应关联陈列，为使货架陈列美观，可将水瓢陈列在水桶的上方。

3.盆按其用途，分为脸盆、衣盆和菜盆。其中脸盆和衣盆应集中陈列，菜盆应和筛、篮集中陈列，托盘按照商品的材质分成普通有机和透明有机等。

4.陈列顺序从右至左：盆、水桶、水瓢、筛、篮、盘盒。

（二）清洁用品陈列

清洁用品按其使用范围，可分为地面清洁用品、卫浴清洁用品、家居清洁用品。各类清洁用品所包括的商品如下：

1.地面清洁用品：垃圾桶、地拖、扫把、垃圾铲等。

2.卫浴清洁用品：痰盂、厕所泵、厕所刷等。

3.家具清洁用品：鸡毛掸子、各类擦洗用品等。

各类清洁用品之间关联性较强，超市应将该类别所属商品关联陈列，方便顾客选购。

对于地面清洁用品，扫把、垃圾桶、垃圾铲、地拖、拖桶等应集中陈列；扫把与地拖陈列时按照长度分开陈列；陈列位置有限的可使用正挂与倒挂相结合的方法；挂钩建议使用双支钩，便于标示价格。

对于家具清洁用品，应与地面清洁用品关联陈列，陈列时先按商品的材质进行分类，再按商品的长度进行陈列。

（三）卫浴用品陈列

卫浴用品包括浴室用品和淋浴用品两类。浴室用品包括沐浴球（带）、沐浴帽、皂盒等，淋浴用品包括沐浴帘、莲蓬头及配件等。

对于卫浴用品，陈列方法如下：

1.沐浴球与浴帽一同陈列（以挂钩形式陈列为佳）。

2.沐浴球分为网面沐浴球与海绵球两种，应分开陈列。

3.沐浴球由上至下呈现由短到长、由小到大陈列。

4.沐浴球可以与淋浴用品中的沐浴帘关联陈列。

5.肥皂盒、碟可与洗衣刷关联陈列。

6.肥皂盒、碟陈列在上方，洗衣刷陈列在下方。

7.肥皂盒与肥皂碟分开陈列，肥皂碟在上，肥皂盒在下。

（四）家庭整理用具

1.按照使用功能划分为：储物箱、储物盒、鞋架、工具箱、衣柜、餐桌用品。

2.相同功能的商品集中陈列且按照规格大小陈列。

3.有条件的商场，衣柜应适当展示商品。

4.储物架按材质分为塑胶和浸塑两类，同一材质按照规格大小分类陈列。

5.纸筒按照商品的使用范围分为客厅用和洗手间用两类；同一使用范围的商品按照其商品的外观及大小进行分类集中陈列。

6.餐桌用品主要包括垫类和装饰用品两类。垫类包括：餐垫、杯垫、台布。装饰用品包括牙签筒、烟灰缸、纸巾筒；餐垫按照商品的材质分为PVC和烫金两类。陈列时注意做好商品的展示工作，方便顾客选购。PVC材质的餐垫减少折叠次数，避免造成商品损坏。

（五）衣物用品陈列

衣物用品按其用途分为洗衣用品、晾衣用品和整衣用品。

洗衣用品包括洗衣袋等；晾衣用品包括衣架、晒架、衣夹、衣刷、晒衣绳、衣叉等；整衣用品包括收纳袋和熨衣板等。所有的衣物用品应尽量集中陈列，且需与卫浴用品进行关联陈列。

1. 洗衣袋可使用挂钩或货架陈列。

2. 洗衣袋、洗衣机罩和收纳袋可以一同陈列，但陈列时需注意分类。

3. 晾衣用品按照商品的材质进行分类陈列，同材质商品按规格进行陈列，最后是按照商品的外观颜色进行分类陈列。晒架尽量使用挂钩方式陈列；普通装衣夹若没有足够的资源使用挂钩陈列，可使用货架陈列；不论晒架还是普通装衣架，均须按照商品的规格进行陈列，从上至下呈现由小到大过渡。

4. 对于整衣用品，按照使用功能划分为储物箱、储物盒、鞋架、工具箱、衣柜等，具有相同功能的整衣用品要集中且按照规格陈列。有条件的商场，衣柜中应适当展示商品。

（六）婴儿用品陈列

婴儿用品主要包括奶瓶、奶嘴、奶瓶清洁用具，陈列顺序从右至左：奶瓶、奶嘴、牙胶、奶瓶清洁用具。

二、厨房用品

厨房用品按用途可进行如图7-2所示分类。

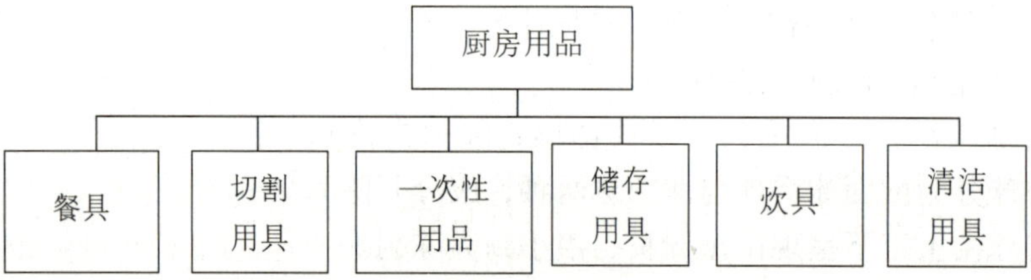

图7-2　厨房用品分类

（一）餐具陈列

餐具类商品主要包括：碗、碟、筷子、刀叉、调羹、杯、壶、盒类与微波炉用具等。

1. 碗碟陈列要求。

（1）单碗按照材质分为陶瓷、塑胶和不锈钢三类，应分开陈列；

（2）陶瓷单碗以花色为陈列依据；

（3）同一花色的陶瓷单碗应按照碗的大小尺寸做好垂直陈列；

（4）套碗与单碗应集中陈列，将套碗陈列于货架顶层。

2. 筷子陈列要求。

（1）先按照使用对象分为成人筷和儿童筷两类；

（2）再按照筷子的对数分为单筷和排装筷；

（3）最后按照材质分为木筷、塑胶筷和不锈钢筷；

（4）筷子应与碗碟关联陈列。

3. 刀叉、调羹陈列要求。

（1）刀叉与调羹应集中陈列，刀叉陈列在调羹的上方；

（2）调羹按照材质主要分为不锈钢、陶瓷和塑胶三类；

（3）调羹陈列顺序从上至下分别为：不锈钢—陶瓷—塑胶；

（4）若使用靠墙式地台板陈列，同样按该顺序进行从左至右或从右至左陈列；

（5）刀叉、调羹必须与筷子、碗碟关联陈列。

4.杯子的陈列要求。

（1）按照材质分为陶瓷、玻璃、塑胶、不锈钢四类；套杯陈列于陶瓷杯和玻璃杯的顶层；茶壶可以与茶杯关联陈列。

（2）塑胶杯分为太空杯、滤叶杯和普通杯；塑胶杯先应按照是否有盖分类陈列；然后按照杯的大小规格进行分类陈列。普通塑胶杯与不锈钢杯可以关联陈列。

（3）学生水壶具有较强的季节性在夏天到来之际，应将学生水壶利用N架陈列；若不属于销售旺季，可将学生水壶调至普通货架与冷水壶关联陈列。

（4）冷水壶和冰格有较强季节性，在夏天到来之际，应将冷水壶和冰格利用端架陈列；若不属于销售旺季，可将冷水壶调至普通货架与学生水壶关联陈列。

（二）切割用具陈列原则

1.刀具陈列在上层，砧板陈列在下层。

2.砧板按其材质进行分类陈列。

3.安全起见，刀具货架必须使用护栏，且摆放高度不应超过护栏高度。

（三）一次性用品陈列

一次性用品主要包括：烧烤用品、一次性台布、牙签等。

1.烧烤用品包括：纸碗、纸碟、一次性手套、一次性筷子、竹签；按照品种进行集中陈列；一次性台布可与烧烤用品关联陈列。

2.一次性杯先按材质分为纸杯和胶杯两大类；再按照包装分为排装和条装；陈列时将排装陈列于条装上方。

3.保鲜用品包括保鲜纸和保鲜袋；保鲜纸与保鲜袋需分开陈列；保鲜袋按照包装分为盒装和袋装；在同品类中可按照品牌进行集中陈列；锡纸、垃圾袋可以与其关联陈列。

（四）储存用具陈列

1.油壶按材质：（纵向）不锈钢—塑胶—玻璃。

2.调味盒按规格（纵向）单个装—多个装。

3.筷子盒按材质分塑胶在下方，不锈钢或其他在上方，按外形，盒状在下方，桶状在上方。

（五）炊具陈列

炊具分为锅、煲和煮食用具；按照材质分为不锈钢和瓦两类；将同一材质的商品集中陈列；煮食用具应与锅、煲类商品关联陈列。

（六）厨房清洁用具陈列

厨房清洁用具包括：百洁布、钢丝球、手套、围裙等；该品类商品可陈列在一起；联陈列：该品类商品可与厨房使用的剪刀、蒸架等。

知识掌握

1. 商超果蔬陈列的原则有哪些？
2. 简述肉类陈列前、中、后的注意事项。
3. 商超食品陈列的要求有哪些？
4. 简述商超粮油陈列的要求和基本方法。
5. 家居类用品一般包括哪些？简述其陈列要求。
6. 厨房用品都有哪些？如何陈列？

知识应用

● 案例分析

永辉超市的商品陈列

商品陈列是良好销售业绩的基础，在商品陈列时运用简单的陈列技巧，将商品美好的一面展现给顾客，会给顾客留下很深刻的印象，而且精美陈列的方式也会反映出生鲜的专业水准，所以在陈列时如何运用专业技能将商品陈列完美呈现，能够达到消费者容易看到，容易了解，容易选购，最终达到增加销售赚取毛利的目的，是我们作为服务者应该思考的问题。

在商品正常陈列时常用的是类别陈列、色泽陈列、形体陈列、关联陈列、假底陈列、组合陈列、情景陈列、动态陈列，特别是在调整排面时，首先考虑的就是一条台面的美观、整洁、平整，让顾客看到台面上的商品时有很好的视觉冲击感、消费冲动感、购物体验感是我们经营者应该学习的方向。在卖场陈列布局中，以主通道、次主通道的顾客购物走向划分为黄金面、侧黄金面位置；而在商品陈列时也分为阳面堆头、阴面堆头、阳面端头、阴面端头；正常台面、阴面普通台面陈列。

根据商品扮演的角色定位，在商品陈列时以位置观念、毛利观念、品类观念、提前入季观念四大陈列观念进行合理的陈列，而陈列时核心的思想为按商品流通大小决定陈列面积。

陈列的5大标准分为质量规格标准、道具标准、量化标准、陈列标准、属性规格标准，即在商品陈列时，往往会因为商品的规格不同，或者假底道具使用不当导致商品在陈列时已滑落地面，直接导致商品的损耗，所以在陈列时要严格按照生鲜商品陈列的5大标准进行操作，减少商品因道具使用不当造成的商品损耗。

随着消费人群的逐渐改变，顾客的购物方式也在不断地改变，而如何营造一个简单方便快捷的购物环境是服务行业日后要改进的方向。一个简单美观有序的商品陈列，不但可以提升一个卖场整体的形象，也可以使顾客在最短的时间内找到自己所需的商品，在利用以上陈列技巧时，可以根据不同的顾客人群，不同的时间节点做出不同的陈列调整，满足各种层次不同顾客的消费需求。

资料来源　根据企业内部资料整理。

问题：为什么永辉将卖场中的每种商品的陈列面积夸张地加大，利用突出陈列将卖场的气氛发挥到极致？

分析提示：随着现代市场经济的发展，消费者购物越来越理性化，他们要求在购买商品的同时也要有良好的购物体验，所以说现代的商业经营不只出售商品，同时也出售温馨的感觉、愉快的体验、得心应手的满足感。

实践训练

实践项目：考察学习学校周边超市的布局及陈列情况

要求：

1. 每7人组建一个团队。
2. 各组分别考察大润发、沃尔玛、天汇百货、好又多、华润万家、麦德龙。
3. 主要调研超市的整体布局和各大区域的陈列情况，并总结出优缺点。
4. 每组制作PPT，在课堂上汇报。

项目八 专业店与专卖店商品陈列

【学习目标】

知识目标：

理解服装陈列的意义，服装陈列风格类型；熟悉服装品类选择及内容，陈列空间布局要求；掌握服装陈列原则、促进服装购买的陈列方法；熟悉化妆品专业店布局及陈列的方法；熟悉饰品陈列要求和基本方法。

能力目标：

掌握服装中岛流水台陈列技巧及方法；掌握爆款陈列的系列方法。

【案例导入】

"明日博物馆"：焕新未来的生活

2020年11月5日至10日，优衣库以1 500平方米的"明日博物馆"首次亮相进博会，并成为消费品展区的最大展台。优衣库本次展馆命名为"明日博物馆"，没有局限于展示大量商品的功能，而是将重心放在分享服装面料的功能与科技方面，希望以设计的初心和在服装面料创新上的努力，通过生活场景与应用，为消费者连接未来的生活新方式。

现场以十大创新展区、六大服装科技，展示"服适人生"的艺术与科学，以"明日之服"唤醒人们对于未来生活的思考。优衣库首次在国内展示一台3D全成型无缝针织机，基于3D编织技术的研发，可以做到平均一个半小时织成一件，且一线成型、无须裁剪与缝制，减少缝线使得穿着感更加舒适的同时也能减少废料的产生；已在全球售出超过10亿件的明星产品HEATTECH，则是通过视觉实验把面料的吸湿发热技术呈现出来：随着人体蒸发的水蒸气被面料转化成热能，屏幕颜色由蓝转红，温度逐渐升高，热量被有效地保留。

从2017年开始，优衣库每年会在全球举办品牌博览会，把品牌理念，特别是商品设计在科技创新方面的成绩，用可视、直白的方式展示出来。2021年2月16日，优衣库母公司迅销集团总市值达到10.8725万亿日元，跃居服装行业榜首。优衣库在中国的门店数量已达到800多家。

资料来源　李煜冰.明日博物馆：遇见过去，预见未来——迅销集团全球资深副总裁吴品慧谈品牌的预见力和创新力［J］. 中国广告，2021（1）：42-44.

案例启示：通过科学与艺术，优衣库的"明日博物馆"在此次进博会上不只是更美的展陈，而且得到更立体、饱满的塑造和诠释，启发消费者对于服装多样化以及服装可以改变生活的认知。

优衣库博览会

单元一　服装陈列基础

一、服装陈列的意义

服装专业店是指专门买卖各种品牌服装的专业店。孔雀之美，在于开屏；服装之美，在于展示。有效合理的店铺布局与服装陈列，能够恰当地展现服装的特性、质感与理念，从而使整个终端生机盎然，为服装品牌增光添彩。

（一）服装店铺陈列的意义

1.展示商品。服装在展示外在美方面表现最突出，其陈列效果也很容易体现。一件高档时装，如果把它很随意地挂在普通衣架上，其高档次就显现不出来，顾客就可能看不上眼。如果把它“穿”在模特身上，用射灯照着，再配以其他的衬托、装饰，其高雅的款式、精细的做工就很清楚地呈现在顾客面前，顾客就很容易为之所动。

2.营造品牌氛围。我们知道一个卖场的整体氛围包含：橱窗装饰、货品陈列摆放、光源、色彩搭配、POP等。例如用橱窗塑造叙事性冲突，模特与模特之间通过服装搭配营造气氛，让模特之间产生联系，在服装细节上描述两者关系，如某件配饰的呼应、某个纹样的联系、模特之间动作的设置，营造模特之间的默契感。

3.可以提升销售额。“好的陈列和差的陈列，对销售额的影响在百分之百以上”，这是众多品牌和商家极度重视产品陈列的原因之一，商品陈列可以引起消费者的购买欲，并促使其采取购买行动。陈列是商品无声的推销员，是展示服装的最直观的实物广告。

卖场陈列方式与销售关系密切，分区域成系列的服装搭配陈列方式呈现给消费者最直观的搭配效果，整体风格协调统一，大色块错落有致，方便消费者选择，可促进连带销售（如图8-1、图8-2所示）。

图8-1　服装流行信息

图8-2　服装款式信息

4.提升品牌形象。陈列不需要投入大量费用，只需要静下心来，重新审视产品特点、消费者的购买习惯等，从审美的角度对产品摆放进行艺术的加工，就可能获得更大的效益。良好的商品陈列不仅可以方便、刺激顾客购买，而且可以借此提高企业产品和品牌的形象。通过对服装搭配和陈列的巧妙设计，服装店可以最大程度地向顾客传达其品牌所包含的文化内涵，也可以充分展示服装的美感，在营造了舒适的购物环境的同时，也在不经意间提高了服装店的业绩。

【拓展阅读8-1】

优衣库：朴素的“极致”文化

2021年9月初，优衣库在上海举办的2021秋冬新品发布会，以“赋能新生·穿‘悦’未来”为主题，用外化为一件件兼具舒适活力、时尚潮流、科技力量的“未来创新之服”，再一次诠释了品牌的美学设计和科技创新思维。一场疫情，改变了很多人的生活方式和消费观念。很多年轻人会穿着舒适的摇粒绒居家服搭配时尚的外出单品，居家场景已延伸至户外，特别是在年轻人群体中，生活界限越来越模糊。消费大数据显示，对Z世代来说，取悦自己是一种高级的时尚。舒适、随性是一种穿搭方式，也是一种生活态度。

荣登过2020年《财富》杂志“100个伟大的现代设计”榜单的优衣库高级轻羽绒系列，这一季也没停止进化。不仅推出更多新色，设计也更年轻时尚，在蓬松款、便携款与经典款之上，新增波纹绗缝款，轻、暖、便携、防水、防静电，一件囊括五大功能，适用不同场景，实现“无界”的穿着体验。

资料来源 木狸．优衣库：朴素的「极致」[EB/OL]．[2021-09-08]．https：//mp.weixin.qq.com/s/OgD8UXYRry3xAcTRo61Rfw.

二、服装陈列的风格分类

服装陈列技术经过100多年的发展，以多样的艺术手法，形成了较为固定的装饰风格流派。

（一）美式风格

美式风格是剧场式的装饰风格，如图8-3所示。

美式风格的表现手法注重空间展示。美国人喜欢营造敞亮，宽大的空间感，在空间处理上采用大量的装饰布悬挂，色彩较为中性。在统一氛围后，把人们的视线聚焦到商品上。

模特运用方面，美式风格非常善用真人化的模特和生活场景，真实如话剧舞台。利用真人化的表情，假发。饰品及喷绘的风景等表达生活方式，如同展示一场生活秀，具有极强的观赏价值和视觉吸引力。

图8-3 美式风格

注重氛围，不重视细节，美式风格的大气，势必会忽略对细节的装饰，如服装的皱褶不够生动，缺少表情等。美式风格的陈列整体视觉感受是隆重、豪华、华丽，但是过于随意，不够讲究精致，细腻。

（二）欧式风格

欧式风格包括瑞士风格、法意式风格和英式风格。

1.瑞士风格。瑞士风格在欧洲风格里是技术含量最高的一种陈列手法，覆盖量大，最讲究细节和章法。在空间处理方面多采用装饰布装饰背景，既注重细节，注重服装制作工艺的表现，也注重搭配，尤善用装饰品搭配时装。

瑞士风格极少使用模特，陈列现场多用醋酸纸，给人以整体上干净，精致，细腻，漂亮的视觉感受。

2. 法意式风格。法意式风格适合具有一定的品牌历史的服装品牌选择。它的表现手法多样，运用各种手法将成系列的商品进行组合，如图8-4所示。

图8-4 法意式风格

在模特运用上，习惯选用严肃，不夸张，表情动态适度的模特。利用服装自身的材质和精美的制作工艺，展示出时装的美感，不需过多的装饰物，突出时装本身，给人以上品、高贵、简洁的视觉享受。

3. 英式风格。英式风格具有“大英帝国”的霸道之气。

在表现手法上，注重对空间的处理，以成衣和绅士装为展示重点，运用多种面料的配搭，呈现正统，保守，绅士感强的装饰效果。

英式风格的陈列模特较为严谨，多采用无头模特，留给人们无限的想象空间，让人们随着时装本身的高贵之气，去想象穿着者的绅士风度。

英式风格橱窗和整体卖场，在陈列家具选择上多用胡桃木，做对称式效果来烘托氛围，并会采用相框（实木或油画框），打马球和高尔夫球的工具，作为时装的装饰，尤其善用伞。这与英国绅士常常会以手握伞柄形象出现在世人面前，有着不可分割的关系。

（三）日式风格

图8-5 日式风格

日式风格吸收了瑞士风格中细腻的表现方式和美式风格中善于营造戏剧化氛围的优势，再结合本国现代与传统集结的低姿、工整、简洁、抽象、自然等设计特点，创造出一种较为全面的陈列手法，可以以任何产品为陈列对象。这一风格的特点是：在窄小的陈列空间，通过设计以及充分利用空间和装置现代化设备，追求技术的全面和视觉效果的精致完美，如图8-5所示。

日本服饰店店铺内部陈列以装饰映衬法，在店内做一些装饰衬托，以强化服装产品的艺术主题，给顾客留下深刻的印象。清新、亮丽、舒适的设计风格，匹配闪亮的灯光以及多彩多姿的服装，使整个效果达到丰富多变。卖场的货架是寸土寸金，日本服装店正好掌握这个规则，将柜架布置得紧凑有致。

（四）中式风格

中式风格，并非都是浓墨重彩，它不强调形式，而重于作品的内在。如图8-6所示，中式风格选材质朴、精简，空间大方舒适，细节尽善尽美，这才是东方文化的精髓。

图8-6 中式风格

在空间上讲究层次，多用隔窗、屏风来分割，用实木做出结实的框架，可以雕花，做成古朴的图案。用实木雕刻成各式题材造型，打磨光滑，富有立体感。

陈列讲究对称，重视文化意蕴；配饰擅用字画、古玩、卷轴、盆景，精致的工艺品加以点缀，木雕做壁挂，更具有文化韵味和独特风格，体现中国传统文化的独特魅力。

中式风格给人以简约、朴素、大气、庄重与优雅的视觉享受。

三、服装店品类选择

科学的商品品类管理是确保服饰品牌运营成果的重要基础。从实践操作角度来讲，服装选品工作步骤为：

第一步，要获得本品牌前一季度的商品生产量、销售量、库存量等相关数据；

第二步，获得相关竞争品牌的销售与库存数据，包括上架销售的款数、SKU数，备货量与库存量，品类平均零售价，最高零售价，最低零售价，促销方案及效果；

第三步，对所有上架款式进行销售排名，对最畅销、最滞销的品类与款式展开分析，得出具体、详细、差异化的专业分析报告；

第四步，以本品牌下一季度的销售目标为依据，锁定需要的商品的总件数；

第五步，根据总件数分出大类，亦得出总款数；

第六步，在总款数基础上进行品类细分，确定具体的款数以及相关数据。

品类的细化对未来的销售是有益的，可以确保品牌始终站在一个科学理性的位置去面对市场竞争。品类细分可以按图8-7所示进行。

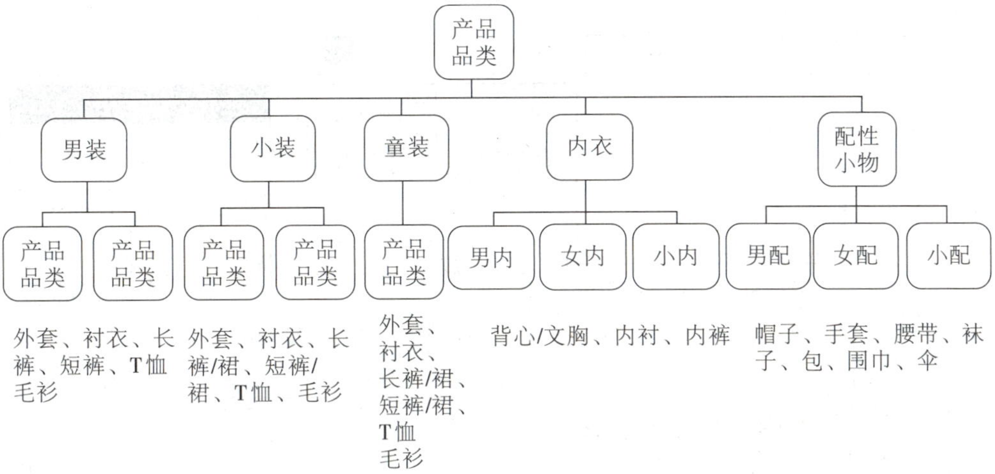

图8-7　服装品类细分结构图

【陈列技巧8-1】

优衣库品类管理

很多店面受到一站式、商超、mall等的影响，动辄几千、几万，甚至百万、千万级的SKU，尤其是毫无直接生意经验的互联网企业，互相之间都在比拼谁的SKU更多。它们如此设定品类和进行管理的原因是希望消费者在购买时更方便，因为“总有一款适合你”。

然而，现在的时代变了，人们的生活节奏加快，产品的SKU太多，品牌太多，商家太多，广告太多，高仿太多，辨别商品好坏以及是否适合自己的技术要求越来越高……以至于人们在选择商品时浪费了大量时间，很多人在面对不知道选哪个的时候，正趋向于不再选择。这个时候，以有限、少量、精品、畅销款为代表但是价格又低的“严选”品类管理模式正在流行。

优衣库在ZARA等动辄每年几千个新SKU上市、每周都有上新的压力中非常淡定，反其道而行之，甚至把SKU压缩到ZARA等品牌的十分之一，只是按季上新。但是，优衣库在品类管理的另一个层面的数量远远超过了ZARA等，那就是，优衣库在每个SKU上大幅度增加其他特性，比如同一款衣服的颜色可以多达18种。

资料来源　编者根据相关资料编写。

四、服装店空间布局

根据店铺形式的不同，又可分为店铺空间布局和售点空间布局。

（一）店铺空间布局

店铺空间布局确定中岛、卫星岛、橱窗及共享的黄金带、通道、壁面等陈列之间的关系。在进行店铺空间布局时，必须将其视为一个整体来考虑。应从大局着眼、小处入手，品牌是最重要的表现点。例如：大型店铺适合设置固定性的中岛陈列、卫星岛陈列、黄金带陈列、橱窗陈列、通道陈列、壁面陈列；中型店铺适合设置临时性的中岛陈列，固定性的卫星岛陈列、黄金带陈列、橱窗陈列、通道陈列、壁面陈列；小型店铺适合设置临时性的中岛陈列、黄金带陈列，固定性的橱窗陈列、壁面陈列，如图8-8所示。

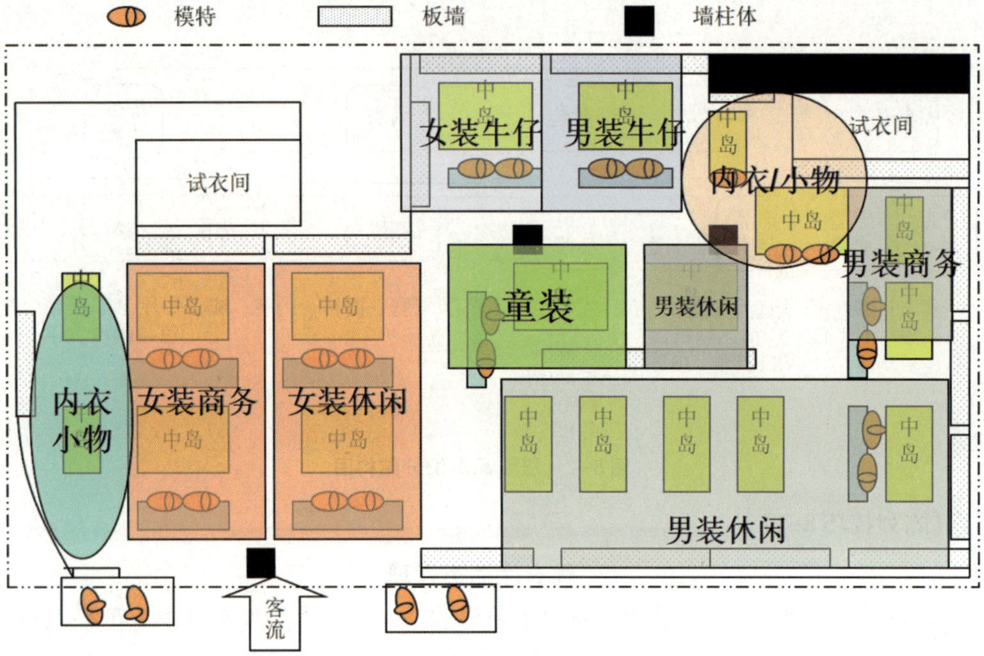

图8-8 某品牌服装店空间布局图

（二）焦点空间布置

确定范围内的黄金带、售点中岛、通道、壁面等陈列之间的关系。可将其视为一个整体考虑，也可从单品考虑。适合从小处着眼、细节入手，销售是最重要的表现点。依照空间布局，将主打商品、辅助商品及其他类型的商品区分排列，也可以类型的不同进行区域划分。

（三）空间布局操作要点

1.货品展示整体统一。为达到展示效果，充分体现品牌设计理念，从整体的LOGO设计到店内模特、人台的手势摆放等细节，都要体现设计与展示的主旨和意图。

2.货品摆放联系搭配。货区展示中产品以系列形式安排展示，将会突出产品在设计结构上的优点。

3.货品结构设置实用与有效。为体现服饰的展示效果，对设计的装置结构应在实际操作中充分体现其对服装产品展示的辅助作用。

4.展示空间的营造合理、顺畅、引导性强。现在的营销观念更强调消费者的心理感受，消费者在购物时需要充足的空间，自主选择，而增强引导性因素参与店内销售行为，更能隐性增强销售力度。

5.货品展示风格独特别致，特点突出。这不仅会使品牌形象变得个性鲜明，还将丰富产品的外在形象，渲染品牌的感染力。

单元二　服装陈列技艺

一、服装陈列的原则

(一) 醒目化

为了吸引消费者，便于消费者参观选购，应根据服装的特点灵活选择服装的展示部位、展示空间、展示位置、叠放方法等，使顾客一目了然。

服装属于选购商品，消费者在购买时希望有更多的选择机会，以便对其质量、款式、色彩、价格等进行比较。在陈列时服装整齐有序、货品齐全、丰富，消费者会感到选择余地大，而且，店里有欣欣向荣的感觉。

(二) 合理化

根据消费者的心理要求和购物习惯，对于同一品种或同一系列的服装应在同一区位展示。陈列的高度要适宜，易于消费者观看感受，提高服装的能见度和正面视觉效果。

(三) 艺术美

服装的陈列，应在保持服装独立美感的前提下，通过艺术造型使服装巧妙布局，相互辉映，达到整体美的艺术效果。陈列的方法要新颖独特、构思巧妙，对消费者有一种挡不住的吸引力。讲究一定的审美原则，美观、大方、匀称、协调，还可以恰如其分运用一些饰品等，充分运用艺术手法展示服装的美。

(四) 说明性

服装的各种说明资料，如价格，货号、面料、品牌、产地等，应该全面、真实，便于消费者全面了解商品。

二、服装陈列形式

在一个服装店铺中，陈列的形式手法既要统一又要有所区别，橱窗、中岛、整体货架选择合适的陈列形式，常见的陈列形式有：

(一) 对称陈列

即以一个中心为对称点，两边采用相同的排列方式。这种陈列形式的特征是具有很强的稳定性，给人一种规律、秩序、安定、完整、和谐的美感，因此在卖场陈列中被大量应用（如图8-9所示）。

图8-9　对称陈列

（二）重复陈列

重复陈列是指同样的服装、装饰、POP等陈列主体或标识、广告等，在一定范围内或不同的陈列面上重复出现，顾客受到反复的视觉冲击，在感觉和印象上得到多次的强化，留下十分深刻的印象（如图8-10所示）。

图8-10　重复陈列

（三）层次陈列

层次陈列是将同一卖点的不同商品，按照一定的分类方法，划分层次依次摆放，使顾客能迅速确定自己的购买目标，方便快捷地进行选择和购买。如可以分类为时尚产品、畅销产品和长销产品，主推产品、配套产品和服饰配件等。

（四）场景陈列

场景陈列是指利用服装、模特、道具、背景和灯光等，共同构成不同季节、不同生活空间、不同自然环境及不同艺术情调等场景，给人一种身临其境之感。生动、形象地说明服饰商品的特点及品牌倡导的生活理念，从而对顾客的购买起到指导作用，如图8-11所示。

图8-11　场景陈列

三、服装陈列规范

正挂陈列较适用于流行款与主打款的展示，陈列时应注意以下几点：

1. 同系列商品应挂列在同一展示区域。同时，男女服装应进行分列挂示。
2. 服装陈列时，应遵循从小至大的原则。
3. 正挂陈列的色系应遵循从外及内、由浅至深的原则。
4. 正挂陈列应配置价格标签，标签隐藏。

（一）侧挂

侧挂陈列适合顾客进行对比挑选，同时店内营业员也能够依照产品顺序依次进行讲解。进行侧挂陈列时，应遵循以下七个原则：

1. 同一区域内应使用相同的衣架。
2. 同一展示区域内，同款服装不得同时正面夹挂和侧面夹挂。
3. 各款服装之间应保持一定的距离，一般距离为2～5厘米。
4. 对于正装而言，领带、皮带、拉链应配备齐全。
5. 保证每款服装都能够整洁有序，并无褶皱痕迹。
6. 挂装尺码序列应为：自前向后，由小码至大码；自外到内，由小码至大码。
7. 同一挂架和挂钩上每个挂装间距为薄型产品3～5厘米，厚型产品10厘米。

（二）叠装

叠装陈列有利于节省空间，扩充容量，同时还能给顾客带来简约感与层次感。叠装陈列应当做到：

1. 叠装陈列区域不得有非同类服装出现。
2. 叠服装不宜过厚，一般保持在50～150厘米为宜。
3. 叠服装应保持行间距5～15厘米。
4. 在进行叠装陈列前，营业员应先将服装外包装去除。
5. 陈列层板应经过设计，以保持与服装颜色的和谐。
6. 叠装展示对于顾客视线有一定的障碍性，所以就近位置应有产品图册及着装人体模特。
7. 叠装的色块渐变序列应依据顾客流向，自外场向内场由浅至深。
8. 对于过季产品应单独设立陈列区域，同时应有POP等店内海报进行注释。
9. 对于顾客挑选过的商品应及时整理，保持服装的整洁与有序。

（三）配饰品陈列规范

配饰品通过细节来体现精致品位，因此对服装配饰品陈列（如图8-6所示）的细节尤其重要。

1. 鞋

鞋的吊牌要放在鞋里面，保持清洁；鞋底要贴上透明鞋底胶；扣上鞋扣，系好鞋带；鞋子内的填充物不可以外露，高筒靴用专用支架填充。

2. 背包

背包陈列要塞满填充物，使其保持原样，背包的包带应整理整齐，吊牌不可以外露，包装在背带、拉链扣上的包装纸要拆除。

3. 皮带

皮带陈列一律要去掉包装。挂在饰品墙上展示的皮带，注意长短、宽窄、数量等都要保持均衡。

四、促进顾客购买的陈列方法

（一）整体陈列法

整体陈列法指将整套商品完整地向顾客展示。如将全套服饰作为一个整体，用人体模特从头至脚完整地进行陈列。整体陈列法能为顾客做整体设想，便于顾客购买（如图8-12所示）。

图8-12　整体陈列法

（二）黄金区域陈列法

充分利用有效陈列范围，门店内创造独特的气氛，吸引顾客的注意力，进而起到促销商品销售的作用，服装黄金线陈列高度：男性为85～140厘米；女性为75～130厘米。

（三）整齐陈列法

整齐陈列是按货架的尺寸，确定单个商品的长、宽、高的排面数，将商品整齐地堆积起来，以突出商品量感的方法。整齐排列法突出了商品的量感，从而给顾客一种刺激的印象，整齐陈列的商品是企业欲大量推销给顾客的商品，折扣率高的商品或因季节性需要顾客购买量大、购买频率高的商品。

（四）关联陈列法

关联陈列法是指将不同种类但相互补充的服饰陈列在一起。顾客在购买某商品后，也可能顺便购买旁边的商品。关联陈列法能够使专业店的整体陈列多样化，也增大了顾客购买商品的概率。它的运用原则是商品一定要互补，要打破商品间的区别，体现消费者生活的实际需求。

（五）比较陈列法

比较陈列法是指将相同商品根据不同规格或不同数量予以分类，然后陈列在一起，让顾客通过数量和价格方面的比较来选择商品的一种陈列方法。它的目的是利用不同规格包装的商品之间在价格上的差异来刺激消费者的购买欲望，促使其因廉价而作出购买决策。

【陈列技巧8-2】

如何沟通陈列打造爆款

1.爆款必须符合的要求：

（1）款式新颖、应季、款式大众。

（2）超高性价比（设计优、品质佳、价格低）

（3）生产周期快，货源充足，能长期持续稳定供应。

2.爆款陈列的主要特点创造更高的曝光率，主要做法有以下几点：

（1）橱窗推荐（最基础的推广方式）

（2）入口处大轮播广告图（轮播，或者海报）

3.店铺的活动（可以针对这款进行活动的推广）。

（1）相关销售活动配合。

（2）关联推广，在店铺里面几乎是随处可见的效果。

五、中岛服装陈列技巧

所谓中岛，其实就是店铺中央区域的陈列空间，这里可以说是黄金区域，一般的顾客哪怕不买商品都一定会摸一摸、看一看中岛区域陈列的商品。中岛陈列的基本逻辑是：降低顾客的视觉压力，减少侧挂。

（一）中岛陈列操作方法

在中岛区域我们常用到的展示道具有模特、侧挂、流水台，几种道具常见的组合使用方式包括：

1.侧挂。中岛区的侧挂操作注意以下几点：

第一，商品与商品之间的间距要适当，大约一个拳头的距离；

第二，商品要注意分类，建议使用间隔法去做侧挂的陈列；

第三，侧挂杆上的商品中一定要与模特身上穿的那一套相关，这样可以由模特带动侧挂进行商品销售；

第四，侧挂杆上展示成套的搭配就是一杆搭到底，这样顾客会有多种搭配方式的选择，节省让顾客思考的时间。

2.模特加侧挂。这种方式在比较适合小型的店铺，面积小不够放流水台，但是又不想浪费中间区域的展示机会。中岛区域的模特展示注意以下几点：

第一，要穿着整齐、干净，没有褶皱；

第二，身上一套的搭配大体颜色不可以超过三种；

第三，模特最好是一整套的从头到脚的搭配，帽子、首饰、包、衣服、鞋子，这么做的目的是提高商品的连带率；

第四，就近原则：模特身上的服装在附近一定要有相应的单品陈列，这是为了方便顾客快速拿取商品；

第五，关联性：保证模特身上的服装和侧挂上的商品有一定的联系，例如品类相似、颜色相似、风格相似，不要让模特孤立在那里；

第六，模特的手势不要过于僵硬，如果手部关节是可以活动的可以弄成很多的形状，这些形状就来源于生活里的样子就好。

3.流水台+侧挂架+模特。适合店铺面积稍微大点的门店，这种方法展示面丰富，可以放店铺里的很多商品，而且很容易在区域形成场景感，容易促成成套购买。

流水台有平面的、阶梯式的。流水台陈列操作方法包括：

（1）三角结构：利用模特或者垫高台，让商品分出高低位置，形成一个立体的感觉，这样整个画面更有张力。

（2）流水台如果做叠装陈列，一堆至少四件，而且想要层次感的话，那后面的叠装堆要比前面的多几件；

（3）展示时多用商品组合陈列，让顾客产生连带购买；

（4）在流水台上用一些跟商品有关的氛围道具，比方说相框、小人偶、书本之类的小物件；

（5）注意留白，不是说流水台摆得越满越好，而是越精致越好，有时候太多反而让人觉得不舒服。

（二）中岛陈列操作细节

第一，保证中岛区域的陈列货架与壁面货架之间的距离大于60厘米，人的肩宽平均都在50厘米，所以60厘米刚好可以保证一个人正常通过。

第二，中岛要有重点灯光。如果有条件，那中岛区域一定要给灯光，打光显得商品亮丽。

第三，流水台不宜太低，一般在100厘米左右的高度即可，顾客需要弯腰甚至蹲下的话用户体验就会不好。

单元三　化妆品陈列

一、化妆品专业店概述

（一）化妆品专业店的含义

化妆品专业店是出售化妆品、个人护理用品的一种商业形态。其一般分为两种经营形式，一种是以单一品牌为主，就是只销售一种品牌的护肤品；另一种是销售多种品牌的产品。

（二）化妆品专业店的特点

1.品牌多样化。化妆品专业店最大的特色是多品牌经营，产品结构按低、中、高档搭配，国际、国内化妆品品牌混合经营，从而满足了消费者的不同需求。

2.平价。化妆品专业店定位于满足大众对化妆品的消费需求，跟传统百货店、商超相比，化妆品专业店销售价格更平价化，能吸引更多的消费者来购买。

3.方便快捷。化妆品专业店多位于商业街道、大型社区，弥补了大型商超的分布空隙，充分贴近人们的日常生活。

4.服务专业化。化妆品专业店多配有专业的美容顾问，他们都具备良好的专业素养，为消费者提供针对性、专业性的美容服务。有的化妆品专业店还配置了相应的专业设备，以提供专业化服务，有效指导消费者解决一些皮肤问题。

5.会员制。化妆品专业店多采取会员制，给消费者发放统一的会员卡。

有数据表明，同样是自然销售的化妆品，如果能有效利用商品陈列，销售量可增加45%～75%。可见，陈列对于化妆品专业店的经营有重要意义。

二、化妆品店布局的类型

（一）直线式布局

这种布局又称沿墙式布局。在这种布局中，柜台、货架都沿墙呈直线摆设。这种形式不受营业场所大小或墙角弯度的限制，能够陈列展示较多的商品，是最基本的设计形式。因其便于店员拿取商品，能够随时补货，节省人力。所以，化妆品专业店多使用该布局，尤其是中小门店，更是钟情于此。

（二）岛式布局

这种布局是指柜台以岛状分布，四周用柜台围成封闭状，中间设置货架。这种布局可以摆设成圆形、长方形、三角形等形状。岛式布局多用于销售体积小的化妆品，它能充分利用室内光线和空间，为卖场争取到更多的有效面积，如图8-13（1）所示。

基于岛屿自身的形状，它能随地形和营业场所支柱等情况来装饰店铺空间，起到美化的作用。但缺点在于，不利于上货补货，且面积有限，能陈列的商品不多。

（三）斜角式布局

其是指利用店内的设备和建筑空间，如柜台、货架等与室内的柱子围成斜角形状的布局。这种布局会增加延伸的视觉效果，让室内的布局变化具有空间性。

（四）陈列式布局

陈列式布局指在营业场所中央设置若干陈列柜、货架等，展示各种商品，货架等的前边摆设若干柜台进行销售。在这种布局里，店员的工作区域和顾客区域重合。店员和顾客都在同一区域活动，可以增加卖场的人气，形成互动的卖场氛围，也有利于提高服务质量，是一种比较自由、灵活的设计形式，应逐渐被广大实体店经营者采用。

（五）格子式布局

该布局类型结构严谨，是一种十分规范的布局方式，能够轻易取得顾客的信任。有时，所有柜台设备在摆放时互成直角，构成曲径式通道。这种布局能产生一种顾客形成的人流由入口经过布满商品柜台的曲径通向店铺出口的动力效果，给人以井然有序的印象，如图8-13（2）所示。同时，格子式布局大多用于敞开销售，能让顾客进入自选，满足了现代顾客对自由、闲适的购物环境的追求。

（1）岛式布局　　（2）格子式布局

图8-13　化妆品店布局

三、化妆品店陈列原则

化妆品店的商品陈列设计展示的基本原则如下：

（一）“量”

俗话说“货卖堆山”，意思就是化妆品的陈列设计要有量感，才能引起顾客的注意与兴趣。

（二）“集”

同类别化妆品要集中陈列在邻近的货架或位置上。化妆品在分类的前提下陈列设计在统一的位置，便于顾客在集中的类别中快速找到自己需要的商品或品种。

（三）“易”

易拿、易取、易还原，是化妆品陈列设计的条件之一。因为即使再美观、大气的陈列设计，若顾客拿取不方便，或者拿起后放回去很麻烦，也无法起到促销的作用。

（四）“齐”

这是指化妆品陈列设计时应尽量保证一个品牌或系列的商品能配套齐全，同时集中陈列设计，这样才能让顾客有更大的选择余地，在陈列设计上也能体现整齐美观的效果。

（五）“洁”

卫生整洁是顾客对化妆品陈列设计乃至整个卖场环境的基本要求。陈列时要及时清理商品上的灰尘，体现商品的新鲜度。

（六）“联”

很多化妆品在顾客心目中是有关联性的，当顾客购买某一商品后，他会需要与之相关的商品来配套，这样关联的商品陈列设计就显得很有必要，它是促成连带销售的重要手段。

（七）“时”

卖场人员在进行商品陈列设计时需要注意化妆品的保质期，特别是针对快到期的化妆品，卖场人员要遵循“先进先出”的原则。

（八）“亮”

化妆品尽量陈列在光线明亮、视觉效果好的位置，以保证商品对消费者的第一吸引力。

（九）“色”

很多顾客在卖场购物属于冲动性购买，而引起顾客这种冲动的因素除价格、品种、量感等原因外，商品外包装美观及视觉上的冲击也是重要的因素之一。因此，在陈列化妆品时要注意色彩搭配，冷暖色调组合适宜，避免同种色彩的不同系列商品集中陈列设计，包装雷同的商品更要注意区分开来。

化妆品店的商品陈列设计如图8-14所示。

四、化妆品专业店陈列方法

（一）裸露陈列法

商品的陈列应为消费者观察、触摸以及选购提供最大便利，多数商品应采取裸露陈列法，允许消费者自由接触、选择、试用，从而更清楚地了解产品的特性、功效，增加购买欲，坚定购买信心。

图 8-14　化妆品陈列

（二）季节与节日陈列法

店内所展示产品应随季节变化而不断调整陈列方式和色调，尽量减少店内环境与自然环境的反差，这样不仅可以促进季节商品的销售，还能使消费者产生与自然环境和谐一致、愉悦的感受。

（三）艺术陈列法

艺术陈列法是通过商品组合的艺术造型进行陈列，各种商品都有其独特的审美特征，应在保持商品独立美感的前提下，通过艺术造型，使各种商品巧妙布局，达到整体美的艺术效果，从而对消费者产生强大的吸引力（如图 8-15 所示）。

图 8-15　化妆品艺术陈列

（四）连带陈列法

为了唤起消费者的潜在购买欲，方便其购买相关商品，采用连带陈列方式把具有连带关系的商品相邻摆放，可以达到促销的目的。

（五）重点陈列法

大型的化妆品店经营的商品种类繁多，每个品类又有许多单品，在陈列时可以选择消费者大量需要的商品为陈列重点。

（六）背景陈列法

将待销售的商品布置在主题环境或背景中，在一些节日中有明显的销售优势，如圣诞节时，在卖场中布置装饰品营造浓郁的节日气氛，以吸引顾客、带动销售。

五、化妆品店面日常陈列应注意的事项

化妆品的陈列关系到顾客对产品的第一印象，对于化妆品的销售起着重要的作用。良好的化妆品陈列有助于提升产品的档次和层次感，进而吸引顾客购买，所以做好化妆品的陈列工作是很有必要的，化妆品日常陈列应注意的事项包括以下几点：

（一）化妆品的种类要多

化妆品种类多并不意味着单纯地增加品种。为了使顾客感受到化妆品种类的丰富，

可以在不增加品目数量的前提下，将品种按照用途和使用方法细分化，并分别加以陈列，这样也可以实现种类的丰富。

（二）化妆品的品目价格可比

为了使顾客感受到品目的丰富，先要收缩价格带的上限与下限。不管有多少品目，如果它们之间的价格差距太大，那么顾客在挑选化妆品时不仅失去了可比较的对象，而且加大了顾客的购买风险。价格的种类也不宜过多。如果价格种类过多，并且每个品目之间的差距只有0.2元或0.5元，那么就会给顾客的挑选带来很大的困惑。因此，在一个狭窄的价格带内，设计可比较的价格品目，并把成为比较对象的品目就近陈列，才能创造出品目丰富的效果。

（三）用内饰烘托店面的气氛

化妆品店内可以摆放花草、点香薰精油、放舒缓的音乐等方式来烘托店面的气氛。在空间大的店面，可以开设为客人提供美容指导和服务的区域，这个区域很重要，不仅可以吸引客人，还可以增加客人的选择和购买机会。

（四）小的或热销的产品放在中间

商品陈列中，最值得注意的是，一些规格小的，或者重要的、热销的商品要放到中间的位置，包装大的、不需要特别注意就可以看见的商品，可以放在上面或者下面。

【拓展阅读8-2】

集装箱+卡车原创空间惊艳亮相

KKV首家第二代旗舰店落地华南，这家旗舰店在原有的基础上进一步升级了场景，结合集装箱+出行元素打造出更强烈的店铺新形象，以明黄色为主视觉，让消费者能获得更有主题感的鲜明体验。KKV第二代店在原有明黄色集装箱的基础上，打造了各种交互式出行主题场景，货架被设计成汽油桶的样子，收银台被改造成高速收费站，不同的车厢则代表着不同的商品区域，饰品区、香薰区和面膜区等，天花板和顶灯也融合了赛道元素。

2 000平方米超大空间，一步一场景的极致体验感，使得KKV第二代店更有逛头。

资料来源　铱星云商.集装箱+卡车原创空间惊艳亮相，KKV首家第二代旗舰店华南首发！[EB/OL].[2021-07-25]. https://mp.weixin.qq.com/s/XaRD4y0w8Byb2SzEHoUT1Q.

单元四　饰品陈列

门店中用于搭配的饰品种类杂、款式多、数量多、体积小、色彩丰富。

一、饰品陈列的目的

（一）展示商品，提高商品的附加值

饰品在展示外在美方面表现得较为突出，其陈列效果也很容易体现。如果把一件高档珠宝首饰很随意地放在众多首饰中间，其高档次就显现不出来，顾客就可能看不上或者根本发现不了。如果把它放在显著位置，用射灯照射，再配以其他的衬托和装饰，其高雅的款式、精细的做工就能清楚地呈现在顾客面前，顾客就很容易为之所动。

（二）提升品牌形象，维护商家的信誉

陈列良好的饰品不仅可以方便、刺激顾客购买，而且可以借此提升企业产品和品牌的形象，使消费者易于接受商品的各种信息，形成企业的潜在利润，并易于使消费者产生对品牌的认同感和信任感，从而提升企业的知名度。

（三）营造品牌氛围

橱窗装饰、货品陈列摆放、光源、色彩搭配、POP等是构成一家店铺良好氛围的关键要素。饰品本身不会说话，但我们可以利用陈列手法、造型艺术和灯光让其活起来。

二、饰品陈列原则

（一）陈列的构图要守“规矩”

在所有时尚单品细分类别中，饰品的陈列应该是最需要“守规矩”的一类，既要保证重点的突出，又不能看起来杂乱无章，如对称原则、九宫格构图和左右侧视觉均衡等一些符合传统审美的原则都要应用于其中。做到了中规中矩，就保证了整个珠宝陈列看起来是舒服干净的，并且让顾客有仔细观察单件珠宝首饰的欲望。

（二）陈列的空间要有“留白”

试想一下，如果整个托盘都满当当的，会不会让人有一种喘不过来气的窒息感，而且，满眼都是亮晶晶的东西，应该看哪个呢？陈列时可千万不要忽略了“留白”的神奇作用。尤其是对于精品珠宝陈列来讲，适当的留白空间会更利于体现珠宝的价值感，同时整个陈列布局需要有层次感，强调对称和主次，体现出精品珠宝的大气和高雅。

（三）陈列的形态要有“画面”

饰品在陈列过程中应该注意趣味性和主题性的表达，消费者看到它们可能会先被某一个道具或营造的场景所吸引，继而会有一些特定的联想，这就让饰品本身和道具产生了“关联性”，而这种“关联性”的强弱就决定了消费者会不会拿起来看看或者试戴。

（四）科学分类原则

饰品种类繁多，在将它们安置到各自的位置上之前，应该要先把它们科学分类，方便后续的陈列工作。根据每件饰品的特点和卖点，按风格进行分区之后，便可以根据材质、色彩、图案和花型分成一个个小组，组成一个大的类别，这样会让人感觉非常清晰明朗，有规律可循。

二、配饰品陈列方法

（一）橱柜陈列

橱柜陈列就是将饰品放入玻璃板陈列柜里，这个陈列手法主要是用来展示较贵重的高级饰品，店员需要按顾客的要求，从玻璃柜中将商品取出来给顾客看。例如，店员需要将珠宝饰品或手表置于黑色托盘上，以此演绎出商品的高级感和大气稳重的形象。一般情况下，商品都是放置在陈列柜中，灰尘较少，在防盗的同时商品也不易污损（如图8-16所示）。

图8-16　橱柜陈列

利用橱柜陈列时，首先应了解柜台的特点和功能。在进行具体的柜台布置和陈列时，只有掌握柜台的特点，才能充分了解柜台的作用，才能更好地完成珠宝首饰的陈列工作，达到最好的展示效果。

多数柜台每节的长度为1.2～1.5米，上部采用全透明防爆玻璃，柜台内空高在25厘米左右，宽度为50～60厘米，柜台整体高度基本为90～120厘米。

（二）平台陈列

大众品牌的饰品通常都会采用开放式的格局，将饰品陈列在展台或流水台上，这样各种饰品才能整齐地摆放出来，不仅可以凸显气势，还可以让顾客更直观地浏览、更自由地挑选自己想要的商品（如图8-17所示）。

图8-17　平台陈列

（三）墙面陈列

当商品数量过多时，可以采取墙面陈列。利用各种道具将商品陈列在墙上，但一定要制造高低落差，营造一种节奏感和韵律感。墙面陈列的优势就是可以减少占地面积，同时使饰品表现更具立体感。

（四）存储式陈列

饰品店一般款式多、种类杂，商品流动速度快，一旦售出就要立刻补货，因此可以采用存储式陈列，加快补货速度，提高效率和销售额。可以结合平台陈列，将货架置于平台下并用布遮掩，或者使用抽屉，这样就不会显得杂乱无章，也省下了从仓库运送这道工序。

四、饰品陈列技巧

（一）要有明确的主题，进行重点陈列

饰品毕竟体积小，单个呈现很容易没有存在感，所以在陈列饰品时要保证一定的量感，凸显气势，强调风格，增加吸引力。但如果盲目地大量堆积商品，便容易导致反效果，让饰品显得非常低档廉价，没有引导性，顾客丧失决策，放弃购买。所以在追求量感的同时，要保证商品之间保持距离，还要主次分明，有重点推荐的商品。

（二）及时更新陈列主题与风格

那如果店铺空间有限，没有办法一次性将所有商品陈列出来该怎么办呢？这个时候建议大家定期更换陈列主题，变换陈列手法，在不同的时间段里推荐不同风格的商品，轮番展示，让所有商品都有在舞台绽放魅力的机会。

（三）利用好黄金陈列区域

饰品这类商品本就是顾客经常拿来试戴的，所以易拿、易取、易还原就显得非常重要，通常情况下，70~130厘米的位置是黄金陈列区，这个高度区间是顾客最容易看到和拿到的高度，在这个区域里，可以陈列一些新品或利润高的饰品。

（四）利用道具和照明为饰品加分

配饰品毕竟也是以人为本，以搭配服装来实现最终价值，所以模特就可以很好利用起来，可以作为店铺的一组磁石点利用。可以将多种产品的搭配方式直观地传递给消费者，既吸引顾客眼球，引领搭配潮流，又丰富卖场陈列形式，丰富店面陈列形态。

好的商品也需要灯光和道具（如图8-18所示）的衬托才能体现出来，重点灯光的照射是突出商品质感的法宝，也是指引顾客目光的路牌。而饰品本身就有很强折射光线的能力，灯光的照射让其更加璀璨夺目。

摆放饰品时，会常用到玻璃容器，因为玻璃的质感，通透感和折射灯光的效果，都能更好地衬托饰品。

道具的选择也是有要求的，通常是按照饰品来选择道具的，如果饰品颜色较为丰富，那么就要选择颜色较素的道具衬托饰品色彩的丰富。如果饰品是白色时，道具就要选择黑色或深色来衬托饰品的白色。总之，道具都是起衬托的作用，千万别喧宾夺主。

图8-18 珠宝陈列道具

【课堂讨论8-1】

饰品陈列妙招有哪些?

传统的首饰陈列，一般都会排列有序，但总觉得缺少什么。一些收纳大师巧用生活中的小物件如：木头、原始树枝等做成配饰品挂架，陈列出高级感，非常惊艳。

树枝派。把树枝刷上一层油漆，让原始质感变得有光泽，在树枝身上扎满小钉，这样就可以把项链、手镯挂起来了，还节省空间。

相框派。把首饰摆放在相框里，你想过吗？它就像一幅画一样。在相框内塞上一块同形状的海绵，把耳饰插在相框内，也可以巧用蕾丝的孔眼，挂起配饰很有格调。

衣架派。常用的衣撑改造成饰品架？对，就是这么有创意。只需要准备一个衣撑、钩子等即可（改色请准备丙烯颜料）。

CD派。家里的废弃的CD应该很多，基本放在柜子很少用、又占地方，不如巧妙运用CD架子，再从CD边缘打上圆圆的小孔，放上小钩子就可以悬挂饰品啦！

问题：饰品展示有哪些妙招？

提示：参考KKV饰品墙，货架饰品的陈列。

知识掌握

1.服装陈列有哪些方式?

2.服装的正挂、侧挂和叠装有哪些规范?

3.化妆品陈列有哪些方法?

4.化妆品陈列的原则是什么?

5.饰品陈列有哪些方法?

6.饰品陈列的注意事项是什么?

知识应用

案例分析

真实版的“解忧杂货店”

KKV是KK集团旗下的新零售连锁品牌，主要商品包括生活百货、零食，是一个主打精致生活方式的集合店。KKV选品包含DTC衣品、快时尚饰品、进口美妆、全球零食、甄选母婴、宠物用品等14个品类。

一、色

初见KKV旗舰店，必定会被其独特的明黄色所吸引。在众多色彩中黄色是鲜艳明朗的代表，给人轻盈，灿烂，辉煌，充满希望的印象，不仅易于吸引路人的目光关注，还能予人以愉悦爽朗的心情，也与年轻人群朝气蓬勃的精神内核高度吻合。KKV以饱和度高、醒目的黄色系为主色调，既表达了对时尚、个性、活力和创新的主张，又不失高级感，再配合白色和灰色的辅助色，加强了超1 000平方米空间的延展感和无界感。黄色的LOGO和集装箱式装修风格，白色的货架，黑色的数字，经典的黄白黑配色支撑起整个店面的视觉感受。

二、型

“特色集装箱”几乎成为KKV一个独特IP。KKV门店外墙利用集装箱元素交错设计，复合混搭打破千篇一律，构建出了商业建筑里的流行市集，通过空间重组打造淘货圣地，KKV的“特色集装箱”迅速刷屏社交网络。

KKV将“集装箱”作为重要的场景元素，旨在用集装箱主题反映品牌时尚、个性、活力、创新的主张，室内工业风的装修风格将这些理念深入KKV的空间美学，打造场景化的沉浸感。远观KKV整店如同一个巨型的彩色集装箱，进入店内则感受到明亮清爽的柔和色调。

三、产品幕墙

视觉时代，抢占消费者心智的最好方法是运用强有力的“视觉锤”，视觉形象就像锤子，可以更快、更有力地建立定位并引起顾客共鸣。KKV门店中最有特色的莫过于大量的“产品墙”，从“饰品墙”、“红酒墙”、“泡泡墙”到“泡面墙”，仿佛无论何种产品，KKV的逆天设计师们都能扶它们上墙，这一反传统设计还曾在两年前KKV诞生之初，被传统零售业界人士所不理解，而谁曾想，现已一举成为各大网红纷纷打卡并爆红的出圈之作。

KKV门店

截至2020年7月，KKV已经在北京、上海、广州、深圳、杭州、成都、苏州、天津、武汉、重庆等地开了300多家门店。

资料来源　编者根据相关资料整理。

问题：为什么KKV能成为网红打卡地？

分析提示：KKV的店面已不是传统零售百货的购物场景，而是通过精准的选址、出色的空间设计、场景感十足的店内氛围共同打造了一个体验感和吸引力极强的场域，为消费者营造了沉浸式的购物体验，使其在边逛、边拍、边买中很自然地完成了购物体验，并主动分享到微信等社交媒体。

实践训练

实践项目：模拟服装门店中岛陈列

1.工具材料准备：

（1）陈列卡片及道具：中岛台空白卡片，各色模拟服装、道具卡片（相关材料电子版请通过百度网盘下载使用，链接：https：//pan.baidu.com/s/1tg3AzEiaO-Bggfw9TS23Pw，提取码：0000）。

（2）工具：剪刀、胶水、彩笔等。

2.要求：

在规定的时间内（120分钟）完成卡片模拟陈列任务。

注意：模拟卡上的服装配饰为基本款，实际操作可适当改造或添加道具等，使陈列更丰富和有创意。

项目九 陈列维护与管理

【学习目标】

知识目标：

了解店铺陈列维护的基本标准；理解商品及货架维护内容；理解 POP 及海报的维护内容；掌握陈列管理的主要目的；熟悉陈列管理制度内容；掌握陈列培训内容分类；掌握陈列考核方式。

能力目标：

能够做好陈列日常维护工作；能够拍出符合陈列要求的照片。

【案例导入】

KKV：一场始于颜值的新消费场景实验

2021 年 1 月 26 日，摩根士丹利发布了一份名为《消费 2030：“服务”至上》的报告。报告称，到 2030 年，中国的消费格局将发生巨大变革。这场变革带来的结果是，服务为 GDP 创造的价值将超过商品。以“情感健康”和“自我实现”为目标的消费将日益突出，消费者将越来越依赖一个“全自动化”的社会。摩根士丹利认为，中国消费者的消费理念将引领全球。

这恰恰也道出了 KKV 们的本质：“色彩”“美学”“艺术馆式场景”背后隐藏着“服务至上”的品牌精神。服务的第一个点离不开“颜值”。颜值包括两方面，一是店铺的 VI 体系，二是产品的陈列。KKV 的 VI 体系以明黄色为主色调，在灰色为主的城市丛林中格外显眼，店铺内部以明快鲜艳的颜色进行搭配，设计感极强。在产品陈列方面，同品类的产品按照规格、颜色陈列出一种艺术感、仪式感，让产品集合起来变成消费者的“打卡点”，相当于是挖掘出了产品之外的新服务。KKV 服务的第二个点，也是其最核心的服务，是将品牌对用户深层需求的洞察转化为店内的产品逻辑，在超过 1 000 平方米的店面内部，KKV 会布置十余个不同主题的区域，从文具、潮玩、全球零食，再到进口酒饮、美妆、母婴、家居等，“主题区域”不是新创造，但经过选品团队的精选+设计之后，KKV 的主题区域传达出不一样的感觉，就是一种精致、文艺同时又有烟火气的现代感。KKV 店里的产品其实是由数据驱动的——产品的上架、下架不由个人决定，甚至不由 CEO 决定，而是由销售数据决定。

资料来源　中国城市中心.从摩根士丹利报告中看《中国消费 2030》[EB/OL].［2021-04-25］. https：//m.thepaper.cn/baijiahao_12058496.

案例启示：未来新商业模式进化方向是要根据数据做场景升级迭代、利用互联网思维重塑购物业态，重建人货场连接。门店的陈列维护、优化和数据化管理工作越来越重要。

单元一 日常陈列维护

门店陈列方案实施后，进入门店陈列维护阶段，即门店的销售人员根据陈列规范要求进行日常必要的执行与维护，以保证店铺陈列效果。

一、店铺陈列维护的基本标准

（一）缺货的控制

商品缺货会使顾客的要求无法立即得到满足，并导致营业额大幅度下降。

（二）排面量控制

货架上商品的排面量是每种商品在货架上横向陈列的数量，保证畅销品不断货，有效地避免畅销商品缺货、补货的弊病，为店铺创造更高的利润。

（三）陈列道具的控制

商品陈列的优劣决定着顾客对店铺的第一印象，卖场的整体看上去整齐、美观是卖场陈列的基本思想。因而店铺对于陈列道具的控制也尤为重要。

（四）POP的控制

顾客主要从陈列的商品上获得信息，除了陈列的高度、位置和排列之外，广告牌、POP等提供的信息也非常重要，它往往给予顾客非常直接的感受。

（五）销售时段的控制

销售时段的控制，即密切注意商品的销售动态，把握好商品补货的时间或商品的促销时间。在尽可能多的销售时段上，获得最大销售额。

二、商品及货架维护

1.商品应尽量做到齐色、齐码，每款每色都有挂装的形式出样。

2.商品无论是挂装及叠装，都要求做到整齐、洁净、归一、不起皱，出现污渍要及时更换，起皱要整烫，且商品都应去外包装袋。

3.每周要更换商品陈列位置，给人以新鲜的感觉，商品售出后要及时补充，不要出现空架现象。挂装的服装如果让顾客买走，要随时从叠装里补充，叠装的衣服再从仓库里补充，展床的货品如果让顾客买走，要随时从货柜里补充，货柜的货品再从仓库里补充。断款货品可与特价产品叠放在一起。

4.不要把双面胶、胶带等往货架上乱贴，经常检查有螺丝连接的部位有无松动，有无配件损坏，若有需要及时更换。

三、POP及海报的维护

（一）POP

避免店铺中出现过时POP，门店中所有的POP海报，都是为了营造气氛，对陈列主题的诠释和促销推广的宣传。所以一定要保证POP海报的清洁和平整，且一定要粘贴在指定的位置。

（二）产品宣传册、陈列手册

介绍应季产品的宣传册，可平放或摊开在门店里的展示台上，或放在报架上，便于顾客翻阅，避免折成花形做陈列摆放。

（三）橱窗挂画

挂在橱窗里面作为背景的海报，主要用作换季主题及促销宣传。一般用悬挂的方式安装，较大的封闭式橱窗用海报满铺作背景效果较好。不管是哪种方式，都要求画面平整、无缺损（挂画要使用较粗的鱼线吊装，开放式橱窗要正反两张贴在一起悬挂）。

（四）高架海报

主要用于营造卖场气氛、诠释陈列主题和促销宣传。高架面板要装四个海报码（上下各两个），以便保证面板不变形，还要保证海报的粘贴平整，安放位置合理。

（五）收银台背景画

收银台背景画是门店里的一个焦点，一定要粘贴平整，保持清洁、无缺损，不可在上面粘贴其他东西。

（六）门口吊牌及海报

吊在门口的宣传海报，一定要保证平整，背板损坏，立刻更换。放在门口海报架的是宣传海报，同样要保持平整，不可使用自制的刻字和手写海报。一般为店铺门口或里面用来衬托店铺形象的灯箱，一定要保证画面清洁，并应季更换画面。

（七）仓位海报

较大店铺为了迎合卖场气氛，提升形象品位，会合理安排一些仓位上的海报。背板一般使用雪弗板或KT板，一定要保证拼接整齐、安装平整。

四、模特、道具、灯光维护要求

模特所穿服装应根据要求进行更换，一般为一至两周一次，以店铺新到货品为主，统一服装的色系，颜色的深浅，服装的长短都应协调，服装熨烫平整，适当的饰品搭配，根据衣服的性质形象生动地摆放出模特姿势，使之充满生活气息。模特搭配放置好以后再重新检查一下各个细节，吊牌是否外露，鞋带是否系好，总体效果是否达到要求。

模特服装有同类生活用品予以搭配，如丝巾、皮鞋、皮包等；模特卡标明商品价格、产地、型号；灯源包括天花灯盘、灯箱是否正常；射灯打在强调的特别位置，而不是通道或空白的墙面；绿色植物在适当的位置并干净整洁。

五、门店音乐维护

（一）门店音乐类型的选择

上午以轻快的音乐为主，可给人轻松愉快的感觉；中午用热烈一些、节奏感强一些的音乐，给人以振奋的感觉；下午三四点钟后应用抒情一些的音乐，可给人放松的感觉；晚上七点钟后可用节奏感强的音乐，因为人们一天中比较兴奋的阶段是晚上。

（二）店堂音乐音量的大小

店堂音乐音量大小的标准是人在店堂内的正常说话应在1.5米左右能够听清楚，听不清，即为音量过大。

六、门店卫生维护

每天至少要做三次卫生，即早上开店前、中午、晚上打烊后，并随时对门店商品进行整理，以保证卖场的整齐和清洁。门店卫生维护，有几个关键部分需要经常检查：招牌、橱窗、模特、展台、货架、地面、商品、收银台、试衣间、标价牌、灯具等，以保证店铺的清洁和整齐。

1. 每位员工都有责任随时捡起地上的垃圾，保持销售过程中地面的干净。

2. 灰尘和污垢要及时擦洗干净。

3. 垃圾桶须保持干净，及时更换垃圾袋。

4. 要及时抹去镜、钢架及玻璃上的污迹。

【拓展阅读9-1】

高颜值吸睛Z世代

Z世代，英文是：Generation Z，或者也常被简称为：Gen Z。Z世代是指出生在1995—2010年之间的青年群体，也被称为“95后”。他们谙熟数字科技，受到互联网、即时通信、社交媒体的影响极大，是第一代同时生活在电子虚拟与现实世界的原生世代。由科技发展形塑的社群关系与价值观深深影响了此世代的自我认同。现在大量、深度使用网络的多是Z世代的人，所以现在这个时代也被称为泛Z世代。Z世代是一类拥有着约3.7亿，占据约27%中国人口的庞大群体。

不知从何时起，Z世代消费越来越重视颜值。从手办到盲盒、BJD娃娃，这种看似没有多大实用价值的商品，却因为可爱好看而广受年轻人欢迎。在挑选商品时，Z世代更偏爱同类商品中包装更好看的，或产品本身更好看的。《Z世代消费态度洞察报告》的数据显示，64%的消费者会购买包装更吸引人的产品。极简风、少女心、ins风等高颜值的风格已然成为网红产品的爆款标签。越来越多的品牌、产品针对Z世代的“颜值需求”展开动作，提供能满足Z世代颜值追求的产品和服务，甚至让Z世代消费者仅为颜值买单。

资料来源　郑洁，付爽，陈萍，等．“Z时代”客群的获客探讨［J］．金融电子化，2020（1）：88-89.

单元二　陈列管理

一、陈列管理的主要目的

（一）以产品为核心，维护陈列秩序和品牌形象

通过日常管理明确陈列主题，围绕主题展示产品，强化产品风格。站在顾客的角度和立场审评陈列效果，维护陈列秩序，为品牌形象服务。

（二）统一终端店铺形象

随着服装公司的迅猛发展，终端店铺的数量也越来越多。一些品牌虽然直接监管的直营店陈列做得不错，但其他专卖店，特别是离公司总部较远的专卖店或加盟店的陈列却常常呈现出比较混乱的局面。无论是10家店、100家店还是1 000家店，都应该在同一时间以同样的形象呈现在顾客眼前，只有这样品牌的终端形象才能得以维护。

（三）使陈列工作制度化、标准化、流程化

对于具体落实陈列工作的人员如区域销售经理、代理商、店长等，可能每个人对品牌的理解都不同，如果每个人根据自己的品位和对品牌的理解去做陈列，而没有统一的标准，卖场终端的陈列便会千差万别，因此，将一个陈列设方案精准快速地复制到所有

的店铺，是陈列管理要解决的核心问题。

二、陈列管理制度

1. 店铺日常陈列维护制度。

2. 陈列方案设计及审批制度。

3. 陈列道具的管理制度。

4. 陈列实施制度。

5. 陈列培训制度。

6. 新店开业的陈列扶持制度。

三、陈列标准手册制定

陈列标准及范例如果没有标准就谈不上管理。标准化、统一化、规范化是成功连锁品牌企业管理的基础，当然陈列管理也不例外。终端店铺要想很好地执行店铺陈列标准及日常的维护工作，公司陈列人员必须制定一系列的陈列标准来进行规范。陈列标准实施过程中主要包括以下三部分：

（一）发布标准

陈列标准建立好后，应立即通过网络或其他渠道发布标准，从标准发布的那一刻开始，便进入陈列执行的监控期，陈列师要确认各个店铺对陈列标准的执行程度，同时，其他部门也应该积极支持和配合。

（二）落实标准

落实标准应该做到及时、快速、统一、规范、理解、渗透。陈列标准发布后，应立刻开始行动，在规定的时间内快速完成。标准要按照统一的要求规范完成，不能仅凭个人的意愿，陈列人员要学会理解规定的内容，提高对品牌的认知，严格落实并将标准渗透于品牌文化中。

（三）调整标准

在实施落实计划的过程中，陈列部门作为监控者要及时了解实施的情况，及时检查，并掌握终端具体的销售数据、顾客反馈等大量信息，作出精准的判断和最佳的调整。店铺陈列管理的各种标准，通常称为陈列手册。其中包括道具的使用方法、模特的穿衣展示原则、当季产品陈列规范手册、店铺货区调整手册和橱窗方案实施标准手册等。

四、陈列培训管理

陈列作为一门技术和艺术结合的学科，需要终端人员具备一定的专业知识。为提高员工对陈列的认识，加强陈列技能的运用，需要统一陈列思路，开展陈列培训。

（一）培训方式

1. 集中培训。由培训部门按计划统一安排时间，陈列部门做好培训教材及培训考核试卷的准备工作，按照计划实施。将陈列人员陈列培训考核的结果备案保存并通报运营部，作为员工选拔参考条件之一。

2. 分区培训。根据各区域需求，陈列师安排相应的培训计划，下放到各片区，选择代表性店铺，集中相关人员进行实际培训讲解。陈列师做好分片培训总结报告，陈列人员存档并发送人力资源部、运营部、区域参与店铺。

3. 单店培训。每家店铺的结构、人文环境、客户群体都会有所区别，所以陈列师要根据每家店铺的陈列特点，进行针对性的培训。

（二）培训对象

1. 新员工入职培训。一定要建立新员工培训制度。主要是基础陈列技巧的培训，一般需要面对面教授，工作量较大。

2. 店助、店长培训。店长是品牌终端的操盘手，店铺中销售人员流动性较大，店长是相对稳定的人员，他们决定着终端店铺陈列工作的落实，因此要帮助店长、店助培养扎实的陈列技能，使他们能胜任对店铺员工的细节培训。

3. 区域经理、督导培训。区域经理和督导主要负责品牌在各个区域的执行效果，对区域经理、督导进行培训，能够及时调整陈列中的问题，更好地统一终端的陈列形象。

（三）培训分类

1. 季节培训。每年至少应该有两次季节性的大型培训（春夏、秋冬交际），在当季服装上市前进行培训，能够让员工更好地理解和贯彻新一季产品的陈列内涵。

2. 橱窗更换培训。不同的品牌对橱窗更换的速度和重视程度不同，一般情况下，一期橱窗的展示时间为三四十天，但需要每周更换一次服装及服饰搭配，可以根据一些图文资料进行橱窗更换培训。

3. 特殊培训。当遇到一些突发事件，如服装换季货品较乱、新品上市计划与实际情况差异较大时，陈列师应立即采取行动，重新调整陈列标准，及时进行不定期的培训。

4. 订货会培训。订货会期间，陈列人员通过接受品牌发展规划、产品陈列方面的培训，引导订货商配货。

五、陈列考核

在陈列标准的执行中，如果没有检查反馈及奖惩激励制度，那么很难把标准坚持下去和及时发现问题并改进。

（一）拍照考核

为了了解店铺陈列效果，发现不足，及时监督指导；同时为了根据店铺的实际运营情况，制订下次陈列的计划和道具清单，陈列拍照后发送给陈列总部。

陈列照片的拍摄要求：

1. 橱窗：尽可能地把橱窗拍摄完整，尽量不要与橱窗呈垂直位置，以免玻璃对闪光灯造成反光，影响照片效果。

2. 店铺：以进店路线为拍摄路线，尽可能把一个墙面完整地拍下来，并连接左右两边的仓位，使人一眼看过就可以了解这个仓位与哪些仓位连接。在拍摄进口的照片时，尽量把门口的门面及照片和正对门口的仓位一起拍摄下来。针对橱窗、展示台及其他重点陈列地方也要单独拍摄。另外，拍摄时还要在左右远角拍摄一些店铺全貌，使人可以了解店铺的整体情况。

（二）综合考核

公司相关部门、经销商、店铺管理人员对陈列人员日常工作的其他考核项目包括店铺销售业绩、陈列培训有效性、对陈列问题处理、客户满意度等。

知识掌握

1.店铺陈列维护的基本标准有哪些？

2.商品及货架维护内容有哪些？

3.POP及海报的维护内容有哪些？

4.陈列管理的主要目的是什么？

5.陈列管理制度的内容有哪些？

6.陈列培训的内容分类有哪些？

7.陈列拍照的考核要求有哪些？

知识应用

● 案例分析

陈列师刘小洁：陈列师日常巡店工作流程

进店后调整前，首先要对店铺的陈列进行一个评分，然后和店长、督导做一个调整前的沟通，让对方说明一下目前的陈列思路和规划，然后再咨询一下店长或者是督导未来的陈列想法及规划，还要了解店铺的一些基本情况等。沟通结束后，陈列师就开始调整前的准备，确认店铺的货品、款式是不是齐全，道具是不是都可以使用。

调整过程中，首先要进行拍照，先从大到小，从外到里，大就是比门头、VP全景、橱窗等大一些的照片，然后进店拍大区域再到板墙，再到陈列区域细节，从外往里走这样拍一圈。

开始调整，调整过程要根据之前搜集到的信息资料还有一些之前准备的数据工作去做调整，可以先调橱窗和模特，也可以先调卖场。调整过程中，首先将商品分出风格、系列，然后再分色块，最后调整点侧挂和细节，再调整流水台，还有层板上的一些装饰品、叠装等。

调整后的检查，检查一下陈列是不是有主推，滞销款是不是进行了二次搭配，最后是看一下橱窗，VP的模特的摆位，以及有没有眼神交流，整体的模特和橱窗的组合搭配有没有故事感等，橱窗搭配一定要吸睛，让顾客从这走过来看见的橱窗是有故事的，这样顾客才对门店的陈列感兴趣，然后才有可能进入店铺。最后要做一个灯光的调整，也就是说调完陈列之后一定要看一下灯光，所有的灯光是不是打到胸前这个位置，是不是照得均匀，顾客走进去的时候会不会晃眼，这些都要做最后的检查。

调整后的所有细节都检查完了以后，还要进行拍照留档，这样对比才会很明显。

离店前还要与店长沟通，告诉他你调整的一些思路，比如你搭配的一些思路，并告诉对方怎么去给顾客做推荐，相当于给他做一个简单的培训。

离店两周后，还要做数据分析，比如对模特VP以及所有正面展示给顾客的商品要做一个销售数据分析，看看到底卖了多少件，如果卖货比原来多的话，说明调整是成功的；如果销售不好的话，那么就要去找原因。

资料来源　编者根据相关资料整理。

问题：为什么陈列师调整前后要拍照？

分析提示：为了看到调整陈列效果，这是分析报告撰写的一个重要依据。陈列区域、搭配、色彩等因素都会影响到销售效果，所以陈列师的工作目标就是利用陈列技术实现销售量增加。

实践训练

实践项目：关注陈列师公众号、视频号或微博

要求：

1.搜索陈列师相关视频、文章。

2.找到自己欣赏或喜欢的一位陈列师，关注并跟踪分享其工作视频及文章。

3.总结陈列师的工作特点、要求和职业发展趋势。

4.在课堂上分享。

项目十 名创优品综合陈列案例

【学习目标】

知识目标：

了解名创优品重视陈列的主要原因；了解名创优品店铺装修及商品陈列的主要特征；掌握名创优品陈列的“八项原则”；掌握名创优品的常见货架及陈列标准；熟悉陈列维护的基本内容。

能力目标：

能运用陈列标准对同类型商店陈列进行比较分析。

【案例导入】

名创优品——平价赛道的领跑者

2020年10月15日，名创优品带着全球4 200家门店登陆纽交所，总市值达到70.46亿美元。自2013年在广州开出第一家门店，到在全球构建了4 514家门店的零售网络，名创优品以实体零售全球扩张速度第一成为平价赛道的领跑者，同时也是零售行业品质门槛的设立者。

2020年，名创优品为全球市场打造了29个千万级爆款产品。2021年，名创优品继续携手迪士尼、NBA等12个头部重量级IP，精准研发一系列更具创新性、更具设计感的“高品质、高颜值”IP产品，同时配合线上线下全渠道的突破性营销打法，再次引爆全球消费市场。这种始终坚持“产品为王”的理念，坚持“高颜值、高品质、高效率，低成本、低毛利、低价格”的产品原则，让名创优品轻松穿越险滩，迎来新增长突破口。

2019年年底，名创优品上线用户平台，线下注册的会员可以进入统一的用户池，通过短信、微信生态的触达能力做持续精准的用户运营，有效提升用户复购。2020年，名创优品打造更具吸引力的金银卡会员权益，将到店的消费者大比例转化为会员，用权益提升用户黏性，用户年度复购率提升50%。

资料来源　成金兰.领跑平价赛道，名创优品为何能不失速？[J]. 销售与市场（营销版），2021(6)：45-49.

案例启示：真正成为一个品牌，需要有赢得消费者信任的持续能力。作为实体零售业的代表，名创优品一直坚持从产品切入，培养用户忠诚度，再通过用户体验辐射拉动口碑形成品牌美誉度，最后扩大品牌知名度。

名创优品海外店

单元一 企业简介与品牌文化

一、企业简介

名创优品（MINISO）由日本设计师三宅顺也先生和中国青年企业家叶国富先生在东京共同创办，三宅顺也先生同时兼任首席设计师。名创优品是全球智能消费品领域的倡导者。

2013年，名创优品投入运营，同年9月，名创优品进驻中国，全面布局在华智能消费品市场。名创优品品牌创立的初衷是，释放当下年轻人的压力，让他们能更轻松地享受有品质的生活。“优质低价”“欢乐”“随心所欲”是品牌的三大DNA。

2020年，名创优品全新出发，品牌被赋予了更丰富的含义。5月16日，名创优品推出全新的品牌口号：只管撒野，名创优品。名创优品的愿景是成为更懂年轻人，有态度、有温度的日用消费品牌。凭借着高颜值、高品质、高性价比的特质，名创优品已成为生活日用品消费领域里深入人心的品牌之一。

二、名称由来

名创优品创建的初衷，就是建立一种生活方式。其不会刻意强调所谓的流行时尚或个性，但产品名副其实，独树一帜；也不认为受欢迎的品牌就应该要抬高身价，相反，名创优品是从未来的消费观点来开发商品，那就是还原产品本质、褪去浮华，回归本真，使之更时尚、更可靠、更低价。名创优品让生活用品拥有丰富面相的同时，也兼顾到价格的合理性，让名创优品的消费更理所当然地成为一种时尚的生活方式。

三、企业LOGO

名创优品的LOGO设计，以购物袋创意为主体形象，整体设计简洁时尚，极具现代感（如图10-1所示）。在与品牌的行业属性完美融合的同时突出购物消费的概念，识别度高，让人过目不忘。LOGO的品牌名称和微笑图形的设计组合，是为消费者提供优质的微笑式服务理念的一种表达，更是一种对生活态度的倡导。“快乐就好”，生活的本质就是对快乐的追求，让我们开心面对，享受生活赋予我们的一切。

图10-1 名创优品Logo

四、品牌文化

使命：让每一位消费者更轻松地享受有品质的生活。

愿景：成为世界级科技型零售企业

价值观：奋斗改变命运

文化理念：简单、阳光、讲真话、热情、高效、敢担当、专注、专业、专心品牌哲学：人类身处的大自然拥有着神奇的力量。师从自然，从中学习创造，用心生活，感受着生活带给人类的快乐！名创优品奉行简约、自然、富质感的生活哲学，设计制造“物超所值”的商品，商品开发兼顾有关地球资源、环境、回收等问题，真正做到回归自然，还原产品本质。

名创优品不只是品牌，更是一种生活方式。其始终相信“好生活与价格无关”，为此，名创优品在产品研发上不断努力创新去重塑“好”的新标准，打破“好产品一定贵”的界限。而真正的好产品“颜值、品质及动人的价格”一样都不能少，名创优品希望把这种物超所值的产品带给每一个人。

多年来，名创优品整合全球优质资源，与全球知名IP及设计师深度合作，并通过大规模采购、注资优质供应链企业，来实现“超值低价”的经营方式。名创优品一直向大众输出高品质、低价格的优质产品，并坚持“低毛利、不赚快钱、永续发展”的经营哲学。

五、目标消费者

名创优品用户画像鲜明：青春时尚、走在潮流前端、有一定经济水平但理性消费、活跃在社交网络、重度依赖手机、敢于尝新事物年轻人。

聚焦“Z世代”年轻消费人群，名创优品在产品的开发方面极具创新意识，并紧贴当下年轻人的消费潮流。目标消费人群为14~35岁。其中，Z世代是其核心客群。Z世代新人群需求向小众化、专业化、多元化，忠诚度趋低等特点转变，注重产品丰富度、性价比、便捷性和空间体验。

六、商品系列

名创优品以生活休闲时尚百货为主，囊括创意家居、生活百货、健康美容、时尚配饰、办公用品、文体礼品、季节性商品、食品、数码配件和IP授权等多个品类，涵盖生活所需的方方面面。

自创立以来，名创优品已先后与HelloKitty、裸熊、粉红豹、芝麻街、故宫宫廷文化、漫威、米奇米妮、可口可乐等全球知名IP合作，推出了一系列深受年轻人喜爱的联名产品；在原创设计方面，名创优品成立设计研究院，签约芬兰、丹麦、挪威、西班牙、韩国等国知名设计师团队，不断孵化出简约、自然、富有质感的原创产品，并屡屡斩获iF、Reddot、A´Design Award等国际设计大奖。

【课堂讨论10-1】

叶国富：为什么“优质低价”能做成的只有小米和名创优品？

“今天在中国，能看得懂名创优品模式的人，不超过10%。”2019年4月12日，在哈佛商学院炉边谈话中，名创优品全球创始人叶国富总结分享了名创优品六年来的增长方法论，他提出：“以产品为中心，把毛利做得极低，然后持续地盈利。这是所有优秀的零售企业永续的经营哲学。”

叶国富分享实录：

2013年，我跟一位日本设计师三宅顺也共同创办了名创优品，对标屈臣氏、Costco、无印良品和优衣库。由中国人参与创办的零售企业中，能这么快走向全球的，我是第一个。名创优品为什么能这么快地走向全世界？我觉得是因为两个坚持：一是坚持做好产品和好设计；二是坚持做低毛利，不赚快钱。

以产品为中心，把毛利做得极低，然后持续地盈利。这是所有优秀的零售企业永续的经营哲学。在中国、泰国、韩国等国家，曾经模仿我们的品牌超过一百家，但现在都没有了。因为不赚快钱的模式，一定是要“长跑”，要有规模。没有耐力的话，一定会倒下去。

今天全球的经济都很萧条，但大家追求好产品，追求性价比的这种理念，在全世界都是统一的，这是我们走入80多个国家之后总结的经验。我认为新零售一定是以产品为中心，通过产品来驱动销售，而不是渠道。很多中国企业认为新零售是产品+线上+线下，通过技术来实现的。但我认为零售企业最核心最本质的东西，一定是要重视产品品质、设计和性价比。这三点一定能打造出一个非常有竞争力的零售商业模式。

资料来源 叶国富.为什么“优质低价”能做成的只有小米和名创优品？[EB/OL].[2021-04-25].https：//www.iyiou.com/analysis/2019041797673.

问题：怎么理解零售和消费品跟每个人都息息相关？

分析：通过零售可以满足大部分消费群体的消费需求。名创优品造福了中国四亿小镇青年，大大地降低了他们的购物压力，提高了他们幸福感。

单元二 门店空间布局

一、名创优品门店选址

（一）名创优品全球店铺

截至2020年12月31日，名创优品在全球构建了4 514家门店的零售网络，在美国、加拿大、俄罗斯、澳大利亚等近90个国家和地区布局了1 700多家门店。

（二）名创优品店铺选址

名创优品的选址经历了试探性地改变选址策略的过程，由城市周边区域转移到核心区域，并最终形成选址标准：选定一二线城市的核心商圈、黄金地段的购物中心和人流密集的步行街。

【拓展阅读10-1】

名创优品凭什么在海外80国开1 700家门店？

2015年12月12日，名创优品正式进军新加坡。当日，狮城大厦店、港湾中心店、城联广场店同时开业。无一例外，三家门店均位于新加坡的核心商圈，拥有绝对的地理优势，属于本地优质商业点位。

印度尼西亚雅加达Artha Gading购物中心是该城市大型的综合购物广场之一，地处繁华的北部商圈，也是年轻人聚集地。2017年5月，名创优品在这里开出了当时自己在印度尼西亚体量最大的门店，面积达573平方米。在这个门店里，除了常规的货物陈列和收银、仓储区域外，一个不显眼的设置是专为印尼员工提供的祷告室。在门店建设上设置祷告室是名创优品因地制宜进行本地化的一个缩影。

资料来源 点心.这家中国“杂货店”，凭什么在海外80国开1 700家门店？[EB/OL].[2020-08-19].https：//ishare.ifeng.com/c/s/7z4J8tCKVzh.

二、名创优品空间布局

陈列、商业、艺术，在名创优品的概念中，这三者必然是相互依存、缺一不可的。艺术依赖商业平台生存并持续它的价值，让它能一直保持美感；而商业的表现形式则以陈列作为一个窗口，让大众能够看得到、看得懂，因为店铺陈列的视觉效果会直接影响消费者的购买心情和购买行为。名创优品有着美好的愿景，希望人们能透过它的店铺陈列，看到一个时尚、创意、有质感的时代。

名创优品门店时尚、简约、宽敞的空间，加上完美的陈列设计，使店铺得以充分展现种类繁多的商品（如图10-2所示）。

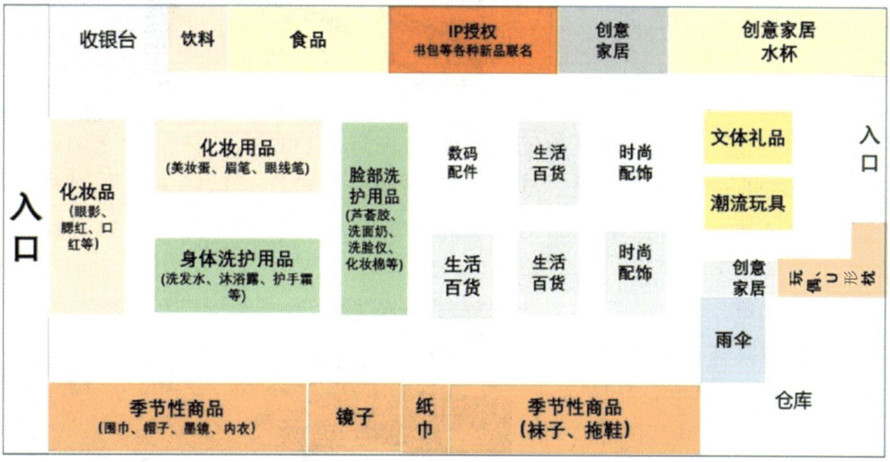

图10-2　名创优品某点空间布局图

名创优品空间布局特点如下：

1.展现品牌形象。同类商品为什么价格不一样？顾客体验为什么不一样？很多情况下，是因为商品被放在不同的位置，有些商品被巧妙地展示在顾客眼前，让顾客认为它们就是高大上的，它们是有吸引力的，它们物有所值。所以做好空间布局和陈列是维护品牌形象最基本的要求。

2.区域划分清晰。为了帮助消费者快速找到所需要的商品，店内陈列的第一要务就是明确品类分区。名创优品大致有六大区域，分别是彩妆区、护肤品区、文具区、电子产品区、食品区、家居区，每个区域依据热度占据店内不同位置，同一类的商品比邻而排，方便消费者对比选择。如小饰品的货架旁边就是镜子货架，方便顾客试戴后观看效果。正是这种细节之处的人性化设计不断积少成多，才拉开了名创优品与其他品牌的差距。

3.提升店铺的进店率和成交率。除了品牌形象的维护、给顾客带来良好的购物体验外，陈列还有更为根本和直接的目的：提升店铺的进店率和成交率，从而提升门店的业绩。名创优品通过将商品巧妙合理地陈列组合起来并展现在顾客眼前，可以吸引顾客进店，也可以提升顾客的连带率，让顾客在不知不觉中买到更多超出他们原计划的商品。

三、名创优品氛围营造

（一）入口设计

入口处悬挂液晶屏幕，播放特别制作的背景音乐或MV短片，起到迎宾、制造氛围和企业形象展示等多重作用，吸引消费者驻足了解，潜移默化中提高了粉丝黏性（如图

10-3所示）。商品排列井然有序，让消费者感到舒适和愉悦。

宽敞的门口也是名创优品的特色，两边只保留较窄的门边，剩下的空间全部与商场连通，营造出开放宽容的购物环境，从心理上减轻消费者的购物压力，也适应了名创优品人流量大的现实。

图10-3 名创优品入口

（二）色彩运用

象牙白是永远的主色调，这款舒适温和的配色使店铺少了几分纯白色的虚幻冰冷，显得大方热情，再辅以暖黄色的柔和灯光，不仅使大红色的店标熠熠生辉，也使人如沐初晨之阳，成功地拉近了与消费者之间的距离。墙壁、柱子、货架均呈乳白色，给顾客一种时尚、简约的美感（如图10-4所示）。名创优品的色彩陈列通常运用在货架上，而且是比较靠后的货架。

（三）货架高度

名创优品每家店铺的SKU数量在3 000个左右。密集的商品陈列需要开阔的上层空间来调和与缓冲，货架高度为1.5米；为了给黄金视角位置预留空间，提升顾客进店率，店铺需要有一定的层高，高度在3米左右。

图10-4 名创优品色彩运用

（四）太空舱

天花板以白色为主，靠墙的边场货架上通常设置二层到四层白色背景、黑色图案的太空舱，对整体环境起到衬托、修饰作用，并承担部分储物功能，减轻了门店仓储的压力。

（五）利用POP

在名创优品，能用POP尽量用POP。POP的好处就是显眼，直接标明产品信息，起到示范性的作用。在商品选择多的情况下，可以将重要信息快速地传达给消费者，更好地帮助消费者做出决定。名创优品习惯将POP直接放在橱窗里。橱窗就是直接一张POP（如图10-5所示），很简单，很有效。

图10-5 名创优品POP

单元三　名创优品货架陈列

说起陈列，首先离不开展示陈列效果的舞台——货架。名创优品在全球范围内严选优质产品供应商，对于货架的选择，名创优品坚持高标准，追求高品质，经过几番研究对比，最终与LV门店选择了同一家供应商。名创优品自创立之初起就将“简约、自然”写入品牌的DNA，其货架风格也完美延续了这种品牌哲学。18厘米厚的实木板材上保留着原始的自然纹理，坚固的合金支架上是象牙白色的优质漆，质感细腻，工艺严谨。

一、名创优品货架设置

在具体的陈列上，门边的阶梯式货架上永远优先摆放最吸引消费者的精致香水与华丽彩妆，紧随其后的是一排排整齐的微梯形货架，用于盛放护肤品、电子产品、文具等小物品。不同于常见的垂直货架，名创优品特别采用了有一定斜度的微梯形货架，不仅增强了视觉美感，还有效减少了消费者的视觉盲区，使货架低层的商品也能获得关注。靠墙的三面货架则采用储物格的方式，摆放零食、玩偶、日用家具等体积较大的商品。而最顶端的三排，则往往整齐地摆放着白色的库存纸箱，这一独特创意，成功避免了传统零售行业将最底层作为库存区对空间的浪费。

二、名创优品货架陈列

接下来我们熟悉一下名创优品五种常见货架的名称、组成以及陈列标准。

（一）彩妆台

1.彩妆台的组成。彩妆台由以下部分组成：8个地柜；第二层层板正面放置16个四方有机盒、第二层层板两个端头分别放置6个梯形有机盒、9个木质盒子；第三层层板放置6个三层化妆品小架子（如图10-6所示）。到了门店的彩妆区域，我们还会发现第三层层板放置的三层化妆品小架子区域还会配备4面小镜子，每边2面。

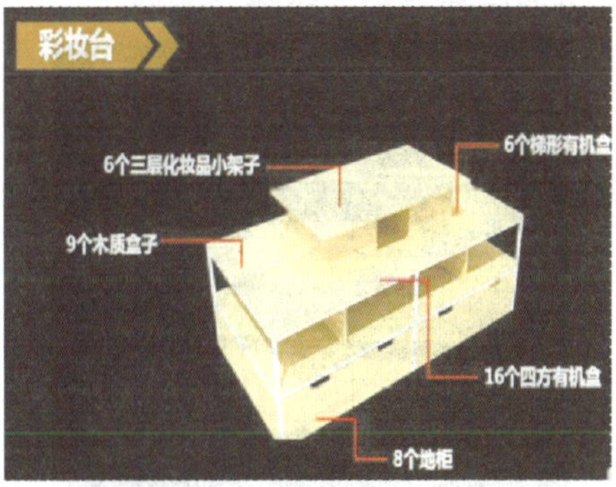

图10-6　名创优品彩妆台

2.彩妆台的陈列标准。

第一，一个彩妆台会有两个正面，在陈列时，两个正面用于陈列不同商品，一个正面陈列彩妆，另外一个正面陈列指甲油和香水。彩妆台放在靠近收银台的位置，指甲油和香水朝向收银台这一边，彩妆朝向另一边。彩妆会花费顾客更多的时间去试用，而香水属于消费冲动型商品，这种陈列方式避免了彩妆试用人员与收银台附近付款人员的冲突。同时，彩妆台的两个侧面分别陈列眼线笔、眼影笔和卸妆类商品。

第二，名创优品彩妆台陈列的商品中，香水、彩妆等是鼓励顾客试用的，因此彩妆台的上层一般用来陈列试用装，下面存放与上面试用装对应的库存。需要注意的是：试用装必须进行及时清洁和维护，保持干净卫生，以免影响顾客的购买和试用的欲望。同时，另一个正面陈列的指甲油和香水也是鼓励顾客试用的，绝对不能出现将香水的喷头去掉，影响顾客试用的情形。

第三，8个地柜与第二层层板搁置的16个四方有机盒之间，通常摆放的是盒装的化妆棉（如图10-7所示）。化妆棉呈两圈陈列，外圈陈列三层，内圈陈列四层：外圈陈列三层，留有一定空隙，方便顾客拿取；内圈陈列四层，可以避免顾客看到彩妆台里面的一些杂物。化妆棉陈列时需要将不同颜色间隔开来。

图10-7　名创优品彩妆陈列标准（1）

第四，彩妆台最上面三层化妆小架子处有4面小镜子，每边2面，夹在第二层的边缘，便于顾客在试用彩妆的过程中使用，必须保持镜面面向顾客，门店必须注意保证镜子的干净，不能出现指纹。另外，在左右两边三层化妆小架子拼合的中间，会有一个小小的通道，在这里不允许摆放任何物品，必须保持它的通透性和卫生。

第五，彩妆台前面一般放置两个圆筒。圆筒内陈列的商品是袋装化妆棉（如图10-8所示）。筒内的商品不能随意丢放，需要统一正面朝外，以绕圈的方式进行陈列。

图10-8　名创优品彩妆陈列标准（2）

第六，彩妆台层板上放置的梯形架、三层化妆小架子、四方有机盒要与彩妆台的周边保持齐平。

第七，彩妆台最底层的8个地柜摆放的东西一定是彩妆台的库存，不能是其他的杂物或者私人物品。同时，柜内要求整洁，需要做陈列，方便门店员工快速补货，地柜必须保持关好的状态，不能出现拉出来未及时还原的情况。

在名创优品门店，彩妆台区域的人流会比较大，在遵循上述陈列标准的同时，门店人员必须关注试用装的摆放、卫生，以及镜面的卫生等。

（二）中岛货架

1. 中岛货架的组成。中岛货架是门店当中的标准货架（如图10-9所示）。它主要有层板、挂钩、托臂3个主要组成部分。中岛货架边上的位置称为端架，上面会有POP价格牌，其最底层往往有用于存放库存的抽屉。挂钩、托臂都有3种不同规格，需要根据商品的不同类别来选择使用。比如，充电宝只允许陈列3个，如果用长挂钩就会很影响美观，因此可以考虑使用短挂钩或者短托臂进行陈列。

2. 中岛货架的陈列标准。

第一，中岛货架第一层货架的商品不能堆放太高，只能与货架顶保持基本平行（如图10-10所示）。商品与层板之间保持两指指距（并非绝对的两指，而是说在不影响顾客拿取的前提下，尽量将间距做到最小，充分利用货架）。堆放不能太高是为了避免挡住卖场的视线、预防安全风险；两指指距是为了保证顾客方便拿取商品，否则影响顾客的购物体验和成交率。在陈列时，遵循一边摆放体验商品，一边摆放库存的原则。

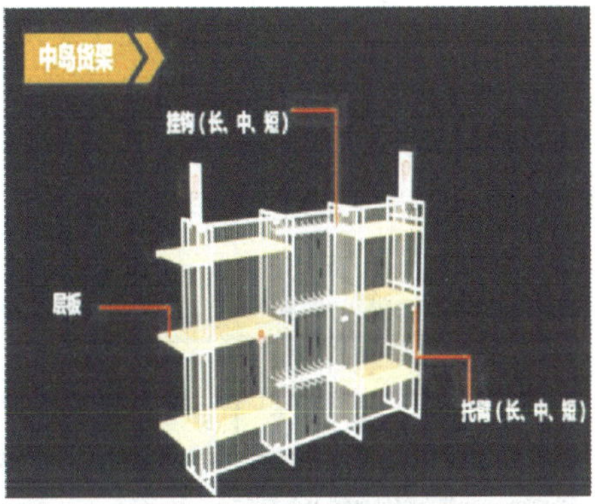

图10-9　名创优品中岛货架

图10-10　中岛货架陈列标准

第二，图10-11所示是中岛货架的端架，端架是个非常重要的位置，一般陈列高单价的商品、店铺的畅销款、爆款、主推的商品、新品、季节性商品或者是符合商圈、当地消费习惯的一些款式。所有的端架商品必须与中岛货架有一定的关联性，是连带的商品，这样可以实现一个连带的销售，如果没有一点儿的关联性，看起来会特别突兀（图10-11中货架上陈列的是儿童玩具汽车、芭比娃娃等，端架上陈列的是小型儿童玩具——连带商品）。端架上只能摆放一个到两个单品，或者同款不同颜色商品。另外，端架只能用短挂钩，不能用中、长挂钩，因为过道并不宽敞，使用长挂钩会造成拥挤或容易被顾客撞倒。

端架的最下层不论是用层板陈列还是用挂钩陈列，都要与地面保持10厘米左右的距离。在端架的陈列中，要特别注意未充分利用端架的情况，有一些门店的端架可能只陈列了一层或两层，不仅不美观，还浪费了黄金位置。

端架头一般会有POP价格牌，置于货架头的中点位置，如果端架商品非10元价格，需要把价格牌翻过来。

第三，中岛货架最底层的抽屉不能超出货架，不能超过一个手指的间隙，不能露出里面的商品，应及时退回抽屉，里面必须整洁，便于及时补货（如图10-12所示）。

图10-11　中岛货架端架

图10-12　中岛货架最底层

（三）边场货架

1.边场货架的组成。在门店中，所有围绕墙边的货架均可称为边场货架，其上方是太空箱（如图10-13所示）。

边场货架上方太空箱的层数与货架的整体高度相关。一般来说，货架在2.7米以下，放两层太空箱；货架在2.7~3米之间，放三层太空箱；货架在3米以上，放四层太空箱。

2.名创优品边场货架的陈列标准。

第一，边场货架的太空箱与上陈板之间保持一指宽间距，方便太空箱内物品的拿取、摆放（如图10-14所示）。

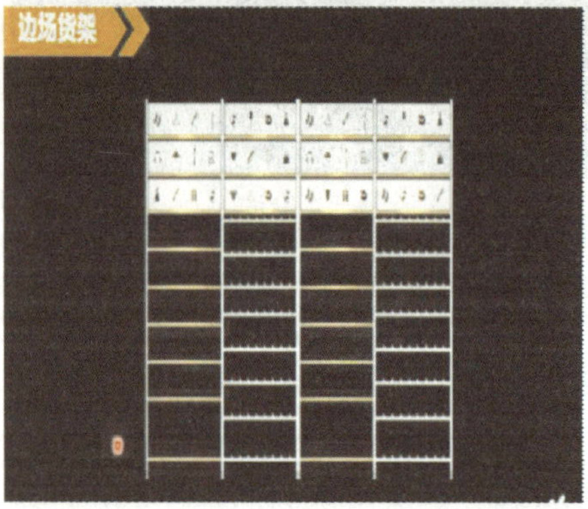

图10-13　名创优品边场货架（1）

图10-14　名创优品边场货架（2）

边场货架上方的太空箱有24种图案，要求3米内不得重复。

边场货架上方太空箱内的物品不能过重，门店店员一般需要爬楼梯补货，太重不便于高处补货。太空箱内存放的物品最好做到一物一箱，如果不能做到一物一箱，也需要保证一个箱子不超过两个单品，这样便于补货。

太空箱跟仓库管理方式一致，每天都要有进出的登记。

第二，边场货架太空箱下方的第一、二层货架商品必须纵向陈列，这主要是出于亚洲人身高的考虑。

第三，边场货架底部必须保持干净卫生，不得存放其他物料。

第四，边场货架若陈列易碎、易掉商品，要注意在货架上增加挡板或者锁扣，防止商品损坏。

（四）挂钩架

挂钩架基本上用来陈列可以悬挂展示的商品（如图10-15所示），比如地垫、拖鞋或者是彩妆工具等商品。

使用挂钩架陈列商品时要注意这样几个细节：

第一，挂钩横竖方位保持一条直线，如果上下陈列商品不一致，应该尽量保证一条直线。

第二，使用挂钩架陈列商品一定要考虑其重量以及挂钩架的承载量。当门店来货较多时，一般会尽量将商品陈列到货架上，使门店货量呈现饱满状态，理论上这是正确的，但陈列的商品过多会导致商品陈列凸出来，这就严重影响了门店整体的陈列布局。

第三，在过道窄的位置使用挂钩架陈列商品时，除了要保证整个商品在一个平面上之外，还要注意不影响过窄通道的顾客通行。

第四，从侧面看，要求所悬挂商品不能超出货架。

第五，挂钩从挂钩架的最顶端开始。

（五）促销架

名创优品促销架有很多种，比如方形促销架、精品促销架、异形促销架、三层促销架等。促销架通常放在卖场最显眼处，摆放畅销品、新品或季节性商品（如图10-16所示）。

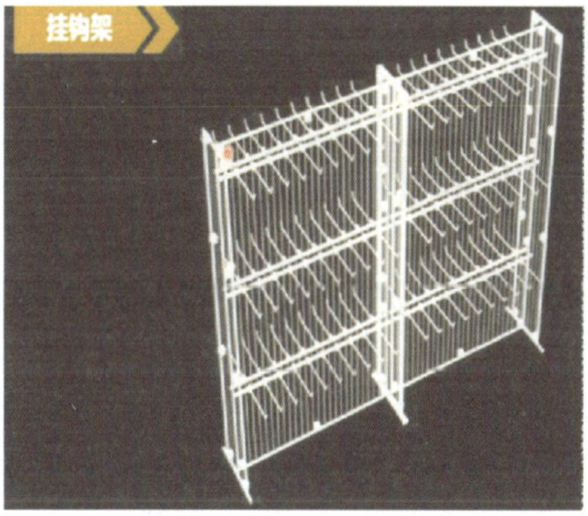

图10-15　名创优品挂钩架

图10-16　名创优品促销架

促销架的商品陈列要注意以下几点：

第一，每种促销架只能摆放1~2个单品，或者同款不同颜色4~5个单品（如图10-17所示）。

第二，最上面若是玻璃架，顶层不能放置商品。

第三，使用三层促销架陈列时，货品不能叠放过高，通常不能超过两层。若是使用3个篮组合摆放三层促销架，上面的POP价格牌必须正反交错开来。

第四，摆放的商品必须整齐，争取摆放同款、同系列、同价位单品，但每一层尽量摆放同款单品。

第五，如图10-18所示，使用精品促销架陈列商品时，堆头一定要配价格牌，高度调至最高，放在中间位置。商品高于透明边框一拳左右即可，否则容易掉落，造成商品损毁。

图10-17 促销台陈列（1）

图10-18 促销台陈列（2）

三、大数据支持的陈列设计

要想让陈列直接带来商业效益，除了具有对艺术顶礼膜拜的工匠精神外，还需要大数据的支持，以分析消费者的消费心理与购物习惯，使陈列精准服务消费者。为此，名创优品进行了大量的市场调查，仔细分析全国千家门店的销售情况，以决定商品的布局区域并根据销售变化及时调整。此外，借助陈列为促销活动升温也是名创优品的制胜之道。门口紧邻彩妆的地方永远是活动专区，物美价廉的促销爆款整齐摆放；同时，收银台旁边的空间也是重要的促销阵地，凑单或顺手购买的概率极高，名创优品往往在这里精心布置一些广受欢迎的商品，如巧克力、糖果等，销量喜人。

单元四 名创优品陈列原则及要求

一、名创优品门店陈列的原则

装修奠定了一家店铺的底色，陈列则构成了店铺的内涵。作为对商品陈列工作的指导纲领，名创优品总结出一套朗朗上口的“八项原则”。

（一）显而易见的原则

显而易见的原则，是指要保证卖场的通透性，使顾客从外面看一眼就能看到卖场内的所有商品。首先，不能出现货架横竖交叉、靠前的货架挡住通道或者挡住货架这样的情况，保证顾客从外面能看到边场货架陈列的一些商品；其次，所有商品的包装必须正面朝外，以便让顾客看得清楚；最后，新品上市或重点推荐必须做一些突出的陈列，比如说在端架的位置或者在专门区域进行展示。

（二）丰富饱满的原则

丰富饱满的原则，一是指商品品类丰富多样，二是指商品陈列整齐饱满。陈列环节主要关注后者。首先，门店所有的货架要进行饱满陈列，千万不能出现空挂钩的情况；其次，要避免空架等浪费货架现象的出现。

（三）易拿易取的原则

易拿易取的原则，是指商品与商品、商品与货架之间保持一定的空间，方便顾客或者店员拿取。如保持两指间距、太空箱与上陈板之间的一指距离、边场货架最上面两层纵向陈列等。

（四）分类陈列的原则

分类陈列的原则，是指陈列时对所有商品按照品类、用途、性能、颜色、形状、包装、价格等进行分类组合。分类陈列时，同时需要遵循“上轻下重、上小下大”的原则。如果没有分类，整个卖场就会一片混乱，毫无形象可言，顾客在购物过程中就会无所适从。

（五）先进先出的原则

先进先出的原则，是指有保质期要求的商品按照生产日期的前后从里到外进行陈列，将保质期短一些的商品摆放在货架前端，防止商品损耗。不限于食品，像数码产品、彩妆护肤品等有保质期要求的商品都遵循这样的原则。

（六）关联陈列的原则

关联陈列的原则，是指按照季节、用途、消费者需求等关联因素对商品进行分类组合。关联陈列是应用非常广泛的一个原则，在陈列时货架与货架间、货架与端架间都要考虑关联性。

（七）垂直陈列的原则

垂直陈列的原则，是指对品种较多的商品由上至下纵向陈列，提升层次感和清晰度。如果商品品种超过四种，可以采用垂直集中这样一种纵向陈列——由上至下纵向摆放。这符合人们“先上下，后左右”的视觉习惯，同时也会让商品更有层次感。

（八）黄金位陈列的原则

黄金位陈列的原则，是指将高利润商品、季节性商品、特价促销商品陈列在最显著的位置。黄金位是顾客一眼就能看见的地方，包括门口堆头、端架、临通道区域等。

二、名创优品商品陈列的要求

名创优品在全球市场的发展引起了广泛关注，业内人士总结了其商品陈列的一些具体要求。

1.合理归类、讲究秩序。根据商品的类别、品牌、性质等因素进行分类陈列。

2.恰当的陈列方式。根据商品的形状、质地、外包装等不同特性分别采用平铺、叠放、堆放、挂置等不同展示方式，以达到最佳的展示效果。

3.货架前排要求商品摆放丰满，不允许有空位，以不超过货架三分之二为标准，当商品货量不足时应用同类或相同商品填补。

4.陈列时应整齐摆放，有一定的规律性，做到及时整理商品，保证前排商品丰满和整齐。

5.柜台和堆头商品应充足，给人以丰盛的感觉。

6.商品陈列时应讲究品种的合理搭配，相关商品、配套使用商品应灵活搭配在一起陈列。

7.必须保证商品陈列的安全性，商品展示不得超出货架或超重，必须摆放稳固，具有安全性。

8.每种商品必须配置价签，价签与商品对应摆放，一物一卡，堆头商品应有相应海报呼应。

9.陈列时应灵活采用各种陈列方式，合理利用空间，尽可能展示更多的商品，但不应造成拥挤、杂乱无章的印象。

10.注重商品的保质期，将货架里的商品或保质期较短的商品移到货架前陈列，秉持“先进先出”的原则。

11.货架上陈列的商品必须是可以销售的，不得出现无条码、过期和包装破损等影响销售的商品。

12.商品上架陈列前，必须先擦拭干净。

13.堆头商品的陈列要求：

（1）价格优惠、畅销、应季商品、日常消耗品或新引进品种。

（2）堆头陈列应注重丰满、量感及层次感，高度应在1～1.5米之间。

（3）堆头商品应摆放整齐，整箱商品展示时应将向外展示面拆除或切开，将商品信息完全展示出来。

14.陈列商品的“正面”必须全部面向通道一侧，每层陈列商品的高度与上段货架隔板必须留有一个手指的距离，每种商品之间的距离一般为2～3毫米。

15.陈列商品时，空纸箱一定要压扁，整齐叠放在货架通道内，严禁放在主要通道上堵塞通道，上货完毕后及时将纸箱清理干净。

16.立体陈列商品的要求：

（1）体积大、重量大的商品放在下面；防压、易碎商品摆放在上面。

（2）注重陈列的美观，同种颜色和同种高度的整箱商品陈列在一起，陈列的高度趋于统一；货架单头商品开箱陈列，高度与商品一致。

（3）注重商品的质量，陈列商品根据商品的保质期、季节等不定期进行更换。

（4）按照商品类别、品种整齐摆放，尽可能与货架展示商品对应摆放。

三、名创优品陈列维护

陈列维护就是每天要对展示的商品进行维护，比如清洁、整理、打扫，保证最佳呈现状态。

门店是开放的，商品是流动的，这就意味着门店需要不断地进行陈列维护，才能让门店商品不出现凌乱不堪的情形。门店陈列维护的重点如下：

1.卫生维护。门店陈列维护的第一项重要内容是卫生维护，要求时刻保持门面、橱窗、收银台、过道、商品、货架等整个卖场的干净、卫生、整齐（如图10-19所示）。

2.商品维护。定期检查卖场商品，确保商品系列完整、规格齐全、货源充足，确保商品包装清洁、无污损，检查商品的保质期。

3.排面维护。定期进行排面维护检查整理，将顾客拿乱的商品及时归位，确保商品陈列按照陈列原则进行，确保商品陈列位置不被移除或移位（如图10-20所示）。

图 10-19　陈列维护（1）

图 10-20　陈列维护（2）

4. 补货。及时关注商品销售情况，库存量不足的商品需要及时补单；排面补货需要及时，端架、促销区需随时补货，随时整理。

陈列维护需要门店所有人员共同完成，店长应注意培养并提高每位店员的陈列意识，随时随地维护好门店陈列的外观形象，保持整齐干净。领班应在每天早会时强调陈列的维护工作，从而让每位店员养成良好习惯。

知识掌握

1. 名创优品陈列的“八项原则”是什么？
2. 名创优品门店空间布局特色有哪些？
3. 名创优品门店氛围是如何营造的？
4. 陈列维护工作可以从哪些方面展开？
5. 查阅相关资料，看看大数据如何影响门店陈列。

知识应用

● 案例分析

名创优品如何成为“爆品制造机”

一个不起眼的眼线笔单品，名创优品的售卖量破了1亿支/年。这款眼线笔的爆品打造法则是什么？第一，产品质量好。名创优品的眼线笔与一些大品牌出自同样的工厂，品质和它们近似。第二，价格便宜。这一爆款单品创下了全球销量破1亿支的商业奇迹，消费者用“钱”投票的逻辑很简单：与兰蔻、香奈儿、美宝莲共用一家供应商，同样品质的东西在这些大牌专柜起码要卖上百元，而名创优品却只卖10元，这样巨大的价差，自然让其成为消费者的案头首选。对于眼线笔这个产品，在好物低价和良好门店体验的刺激下，诱发了很多消费者的冲动购买欲望。消费者在试用并购买之后，在日后的使用中再次确定，此款产品的防水度、顺滑度等各项指标都不差，于是就会倾向于把它推荐给身边的朋友。由此便产生了用户裂变。透过这款眼线笔，能了解到名创优品打造爆品的秘密。

名创优品“爆品制造机”是如何选品的？

第一个标准：刚需。名创优品的爆品（如眼线笔、香水、矿泉水）都符合这一标准，即都是刚需、高频消耗品。名创优品基本上只卖刚需的产品，不卖小众的、需要教育用户才能产生需求的产品。

第二个标准：基本款。基本款蕴含一种平权意识，即让1%的富人之外的平民过上有品位的生活。名创优品的产品基本上都属于基本款。

第三个标准：合理的产品结构。在名创优品成立之初，就一直遵循产品为王的理念，创始人叶国富将其归为“三高三低”的模式，即“高颜值，高品质，高频率；低成本，低加价，低价格。”

资料来源　钟园园.名创优品如何成为“爆品制造机”[J]. 中国药店，2021（3）：84-85.

问题：名创优品爆款在门店如何陈列？

分析提示：借助陈列为促销活动升温也是名创优品的制胜之道。门口紧邻彩妆的地方永远是活动专区，物美价廉的促销爆款整齐摆放在这里。

● 实践训练

实践项目：名创优品及其竞争品牌（如KKV）调查

1.每5人组建一个团队。

2.实地调查/观察一家目标消费者和经营品类相类似品牌门店。

3.从品类管理到卖场陈列等各方面进行比较分析。

4.将调查得到的结论及拟定的制度形成文本并制作PPT，在课堂上汇报。

主要参考文献

［1］新零售运营管理项目组．商场超市布局与陈列［M］．北京：化学工业出版社，2021.

［2］铃木哲男，胡春才．52周MD：周周都有高潮的商品规划［M］．上海尚益咨询公司，译．上海：东方出版社，2021.

［3］木兰姐．打爆口碑：0到150亿的品牌方法论［M］．北京：机械工业出版社，2021.

［4］郑琼华，于虹．服装店铺商品陈列实务［M］．2版．北京：中国纺织出版社，2021.

［5］加藤津代志．超市店长工作术［M］．龙蔚婷，译．上海：东方出版社，2018.

［6］陈根．陈列设计从入门到精通［M］．北京：化学工业出版社，2018.

［7］柳井正．一胜九败：优衣库风靡全球的秘密［M］．徐静波，译．北京：中信出版社，2018.

［8］杨宗勇．用爱经营：宜家的经营哲学［M］．北京：中国法制出版社，2017.

［9］绪方知行，田口香世．零售的本质：7-Eleven便利店创始人的哲学［M］．陆青，译．北京：机械工业出版社，2016.

［10］欧阳海淼．店长应该这样当［M］．3版．北京：北京联合出版公司，2017.

［11］杜博奇．名创优品没有秘密［M］．北京：中信出版社，2016.

［12］新山胜利．服务的细节：完全商品陈列115例［M］．扈敏，译．北京：东方出版社，2016.

［13］陈根．色彩设计及经典案例点评［M］．北京：化学工业出版社，2015.

［14］陈佩华．沃尔玛在中国［M］．刘建洲，鲍磊，等译．上海：复旦大学出版社，2016.

［15］王新新．以产品为中心还是以品牌为中心［J］．上海质量，2021（8）：51-52.

［16］王小梅．有趣的色彩心理学［J］．发明与创新（中学生），2020（9）：55-57.

［17］李丹华．一场视觉的盛宴——论电影《布达佩斯大饭店》的色彩表现［J］．艺术大观，2020（26）：87-88.

［18］李俊斌．李宁品牌：国货潮流的引领者［J］．企业文明，2020（4）：111-112.

［19］钱丽娜．音乐：品牌营销的魔术棒［J］．宁波经济（财经视点），2018（9）：56-57.

[20] 高玉冰.楼宇店，新消费模式下的另类崛起［J］. 中国眼镜科技杂志，2021（9）：16-19.

[21] 胡紫璇.优衣库：品牌生态的可持续发展［J］. 中国广告，2021（9）：28-30.

[22] 王昕，崔晓农.太原：离消费者更近的新零售业态“露头”［N］. 山西经济日报，2021-08-16（001）.

[23] 饶贤君.新世界中国行政总裁黄少媚：打造年轻一代的文化新地标［N］. 经济观察报，2021-08-09（032）.

[24] 张萱.“颜值”升级之后，书店还能做什么？［N］. 中国出版传媒商报，2021-06-01（007）.

[25] 谢启军.商品条码让商品开口说话［J］. 条码与信息系统，2021（1）：46-47.

[26] 李煜冰.明日博物馆：遇见过去，预见未来——迅销集团全球资深副总裁吴品慧谈品牌的预见力和创新力［J］. 中国广告，2021（1）：42-44.

[27] 李超德，孟少妮.从“接受美学”的理论逻辑看时尚美学建构［J］. 服装设计师，2020（10）：74-81.

[28] 郑洁，付爽，陈萍，等.“Z时代”客群的获客探讨［J］. 金融电子化，2020（1）：88-89.

[29] 成金兰.领跑平价赛道，名创优品为何能不失速？［J］. 销售与市场（营销版），2021（6）：45-49.

[30] 钟园园.名创优品如何成为“爆品制造机”［J］. 中国药店，2021（3）：84-85.